제3판

법학논문작성법

법학의 연구방법과 학문적인 글쓰기

홍영기

박영사

　초판을 쓰고 있을 때 태어난 딸이 올해 초등학교에 들어갔다. 그때는 이 책이 논문작성의 소소한 참고자료로 쓰일 것으로만 생각했다. 그러나 그 이후에 세상이 너무도 빨리 변했다. 독자층이 그때보다 대폭 엷어졌더라도, 실낱 같이 남아 있는 '학문으로서 법학'을 완전히 잃어버리지 않도록 하는 연명장치로서 역할이 한결 더 분명해진 것을 느낀다.

　제2판 서문은 '논문쓰는 방법이 달라지지 않았다'는 말로 시작하였는데, 이제는 '달라진 것도 있음'을 인정해야 할 듯하다. 생략해도 되거나 새롭게 추가해야만 하는 논문작성방식은 없지만, 세부적인 곳곳에는 수정과 보완의 손길이 필요했다. 새 판을 만들기 위한 전 과정을 세심하게 챙겨준 조성호 이사님과 이승현 과장님께 다시 한 번 감사드린다. 자신의 학위논문 쓰기에도 시간이 없을텐데 학위논문 쓰기에 대한 책 교정을 보느라 시간과 노력을 들인 지도학생 김혜민과 최한별에게 특별히 고맙다는 인사를 전하고 싶다. 이 책을 읽으라 한 것으로 논문지도를 대신하지 않았나 싶어서 내 방에 속한 모든 대학원생들에게 미안한 마음이 든다. 모두 이 시대를 잘 견뎌주었으면 좋겠다.

2020년 7월

홍 영 기

제2판 서문

　그동안 논문쓰는 방법이 달라졌을 리는 없기에, 중요한 맥락과 내용은 전혀 바꾸지 않았다. 논문 지도를 하다가 생각난 몇 가지 이야기를 더 써넣고, 이해가 쉽지 않은 곳에 설명을 덧붙인 것이 새 판을 낸 이유이다. 문장이 자연스럽지 않은 곳을 고친 데는 많다. 수동태식 표현을 될 수 있으면 피하려고 애를 써보지만 좋지 않은 습관은 쉽게 바뀌지 않는다.

　관심과 조언을 보내주신 많은 분들께 감사드린다. 특히 학생들의 논문을 지도하는 분들과 논문쓰기를 배우려는 직장인들의 격려가 많았다. 조금이나마 도움을 드렸다면 다행이다. 출판사에도 감사 인사를 전한다. 조성호 이사님과 문선미 대리님은 이번 개정작업까지도 수고를 반복하였다.

　즐겁게 공부하고 글을 쓰는 것이 무엇보다 중요하며, 이 책의 여러 내용은 그저 참고사항에 지나지 않는다는 사실을 개정판을 내면서 다시 한번 강조하고 싶다.

이것은 완전히 계획 밖에 있던 책이다.

언젠가 기회가 주어진다면 전공이론서를 쓰지 않을지 짐작만 해봤다. 학교 안팎의 여러 일에 막혀 긴 글을 쓸 시간을 낼 수 없기에 막연한 가능성 정도로 생각하고 있었다. 여러 일에는 학생들의 논문을 심사하는 업무도 들어 있다. 지난해 박사학위논문 세 편을 포함하여 열 편이 넘는 학위논문을 심사하였다. 우수한 작품도 있었고, 아쉬운 결과물도 있었지만 나는 거의 예외 없이 논문쓰는 방법에 관련된 비슷한 이야기를 반복해야 했다. 그런데 그때마다 학생들의 반응이 의외였다. 한번도 '논문을 어떻게 써야 한다'는 말을 들어본 적이 없다고 했다. 지도교수께 그런 것까지 여쭙기는 이상하고, 선배나 동료들도 그런 조언은 하지 않으며, 마땅히 참고할 자료도 없다는 것이었다. 요령을 알았더라면 더 나은 결과를 만들었을 거라며 안타까워하기도 하였다. 논문을 논문답지 않게 쓰게 된 것이 학생들의 잘못만은 아니었다.

논문쓰는 방법을 학생들에게 일일이 알려주기 어려워서, 대학원 수업에 그 내용을 포함시킨 것이 10년이 되어간다. 논문을 쓰는 형식에 국한하지 않고, 관심사를 정하여 책을 찾아 읽고 정리하는 방법, 글로써 고유한 생각을 표현하게 되는 데까지 조심해야 할 점들에 대해서도 함께 말해주고 있다. 그 강의안을 볼 수 있겠냐는 부탁이 들어올 때가 있는데, 자료만 보아서는 이해가 어려울 것 같아 선뜻 보내줄 수가 없었다. 생각 끝에, 강의에서 한 이야기를 옮겨서 책을 쓰기로 하였다. 책에서도 논문을 작성하는 형식적인 방법에 그치지 않고, 공부를 하고 글을 쓰는 과정에 관련된 여러 이야기들을 편하게 담기로 마음먹었다.

대학원 석·박사과정생들뿐만 아니라, 직업활동을 하면서 학위논문이나 학술지 논문을 쓰려는 실무가들도 과거와 비교할 수 없을 정도로 많아지고 있다. 로스쿨 시대가 되어, 더 많은 사람들이 학술논문을 쓰기 원할 것이다. 논문에 대해 누구에게 물어보기가 쉽지 않은 이런 독자들도 책을 편하게 읽으면서, 공부해서 글쓰는 과정에 대해 같이 알아가게 되면 좋겠다.

학문을 시작한 지 오래되지 않은 연구자들을 대상으로 책을 쓰기 시작했지만, 쓰는 내내 자꾸만 선배나 동료학자분들이 읽으시면 어떡하나 걱정이 되었다. '홍 교수나 잘 하시오!'라는 꾸지람이 들려오는 것 같다. 글쓰는 방법에 대해서 누군가를 가르칠 입장이 아니라는 것을 잘 알고 있다. 그러니 이것은 조언을 해주는 책이 아니다. 그저 '나는 이렇게 해왔는데, 좋은 점도 있었고, 잘못된 결과도 많았다'는 식의 이야기에 불과하다. 책에 나온 사항을 다 지키라는 충고도 할 수 없다. 전부 주의기도 어렵다. 단지 글을 준비하는 사람들이 조금이라도 실수를 줄여가도록 도움을 줄 수 있다면 이 책은 제 몫을 다한 것이다. 더 욕심이 있다면, 독자들이 학문적인 글을 써보고 싶다는 느낌, 더 잘 쓰고 싶다는 의욕을 얻도록 도와주는 것까지다.

매년 해오던 강의내용을 옮긴 책이므로 쓰는 시간과 노력은 별로 들지 않았다. 착수한 이후에 첫아이이자 늦둥이인 딸이 태어났기 때문에 조금 지연되기는 했다. 수고한 아내와 딸에 대한 사랑의 마음을 담아 적는다. 글을 정성껏 읽어준 조교 이새미, 김아름솔 양에게도 고마움을 전하고 싶다. 이제껏 공부에 도움을 주신 소중한 분들에 대한 감사의 말을 이런 내용의 책 서문에 쓰는 것은 예의가 아닌 것 같다. 언젠가 다른 기회가 오길 기대해본다.

부족한 내용이 많을 것이다. 독자들의 조언을 적극 반영하고 보완하는 데에 주저해야 할 성격의 책이 아니다.

• 이 책은 이미 논문을 쓰고 있거나 논문을 거의 써놓은 사람보다는 아직 글쓰기에 착수하지 않은 연구자들에게 더 도움이 될 것이다. 공부할 분야조차 정하지 못한 사람이 읽으면 더욱 좋다.

• 독자에 따라서는 이 책이 '논문쓰는 법 자체'에 대해서 알려주지 못한다고 생각할 수도 있다. 목차 번호의 진행 순서, 키워드로 검색해서 자료 찾는 법, 각주를 달기 위해서 "ctrl + n + n"을 눌러야 한다는 식의 내용을 일일이 설명할 수는 없다. 독자들이 그런 내용은 모두 알고 있는 것으로, 또는 다른 길을 통해 알게 될 것으로 생각하려 한다.

• 이 책의 서술태도는 학문적인 글쓰기의 모범과 매우 거리가 멀다. 쉽게 읽으면서 공부에 애정을 갖도록 하기 위한 것이어서 비학문적이면서 비체계적이다. 저명한 학자들의 생각을 분명한 출처 표기 없이 이야기한 것도 학술적인 방법이 아니다.

• 글쓰기에 도움을 주려는 책을 읽는 것이 길어져서, 진짜 필요한 글을 쓰는 데에 방해가 되어서는 안 될 것이다. 전체가 통일성 있게 진행되는 것은 아니기 때문에 시간에 쫓기는 연구자들은 필요한 부분만 읽어도 아무 문제가 없다. 서술된 순서도 크게 중요하지 않다. 문헌을 먼저 수집하고 나서 테마를 정하는 것도 얼마든지 좋은 방법이다. 그리고 중간에 끼어들어 흐름을 깨는, 짧은 '읽을거리'들은 논문작성에 바로 도움을 주려 한 것이 아니므로 시간 날 때 보면 된다.

• 이 책은 그저 전통적인 논문쓰기의 표준적인 예들을 보여줄 뿐이다. 언제나 독자들이 소속된 곳의 규범과 관행이 더 중요하고, 특히 지도교수의 지도가 가장 앞선다. 그것과 책의 권고가 일치하지 않을 때 결코 이 책을 따라서는 안 된다.

• 이 책은 하나의 참고에 그칠 뿐, 자기 방식대로 편하게 논문을 쓰는 게 좋다. 책에 적힌 내용들이 부담이 되어 글을 쉽게 못 쓰게 되니 책을 읽지 않는 것이 낫다.

차례

1

◆

법학논문작성법

1
이 책의 대상

학문적인 글이란

어린 친구들에게는 미안하지만 중고등학교 시절까지 써야 하는 여러 모양의 글은 이 책의 대상으로 삼지 않으려고 한다. 학문적인 글이라고 부를 수 없기 때문이 아니라, 정해진 방법에 따라 쓰지 않더라도 충분히 용납이 될 것이기 때문이다. 대학의 학부 때에도 여러 형태의 학문적인 글을 쓰게 된다. 흔히 '페이퍼'나 '레포트'라고 부르는 형식의 글을 쓰는 데에도 이 책의 설명이 도움이 될 수는 있다. 그렇지만 그 정도 작업을 위해서 이 책의 권고에 따를 필요는 없을 것 같다. 기초적인 자료를 읽고 필요한 조사를 하여 솔직하게 작성하기만 하면 충분히 좋은 결과물을 만들 수가 있다.

학부를 마치고 대학원에 들어와 본격적으로 '학문을 하는' 사람에게는 이 책이 도움을 줄 수 있다. 직업인들 가운데 '학문을 하여' 성과를 내고자 하는 사람도 이 책으로부터 얻을 내용이 있을 것으로 생각한다.

책에서 다루고자 하는 '학문적인 글'이란 바로 '학문을 한' 결과물이다.

■ '과연 그런가, 왜 그런가'

법학은 일반대학원 석·박사과정에 진학해서 학문을 계속 하려는 학생이 많지 않은 드문 전공이다. 많은 학생들이 법조인을 비롯하여 여러 직역의 '실무가'가 되길 원한다. 과거에 사법시험, 행정고시를 준비하는 학생, 지금과 같은 때라면 로스쿨(법학전문대학원)에 가고자 하거나, 공무원시험 등을 준비하는 학생들이 많은 수를 차지한다. 학부 4학년을 마칠 무렵 내가 대학원에 가려 하자, 주변 동료들이 '저 친구는 대학원에 학문을 하러 간다'고 말했는데, 그것은 실무가가 될 준비를 한다는 것과 대비되는 표현이었다. 좀 특이한 진로라는 뉘앙스가 깔려 있기도 했던 것 같다.

대학원에 입학하여 책들을 읽다보니 '학문을 한다'는 숙어가 좋은 표현인 것 같다는 생각이 들었다. '학문을 한다'는 것이 '실무를 한다'는 것과 반대말로 쓰이는 것은 법학의 특수한 사정일 것이다. 지금 생각해보면 '학문을 한다'는 말과 대비해볼 만한 표현은 '준비를 한다' 정도가 아닐까 싶다.

대학에 들어가기 전까지 학생들은 준비를 한다. 입학전형에 대비하여 여러 과목의 많은 내용들을 익히는 작업이었다. 대학에 와서도 준비를 해야 한다. 취업을 위해서 영어를 공부하고, 자격증을 따야 하며, 직업을 얻기 위한 여러 시험들을 역시 준비하게 된다. 일상언어에서도 이런 과정을 놓고 '학문을 한다'고 말하지는 않는다. 무엇인가를 준비하기 위한 공부와 학문을 하는 공부 사이에는 어떠한 차이가 있기에 이렇게 다르게 쓰이는 것일까?

"학문을 한다는 것은 질문을 던지고 답을 찾는 것이다."

특히 다음의 물음을 던지는 것으로부터 학문은 시작된다.

"과연 그런가?", "왜 그런가?"

당위를 다루는 학문(특히 법학)에서는 아래도 중요하다.

"과연 그래야 하는가?", "왜 그래야 하는가?"

다른 시간 차원을 추가하여 "어떻게 될 것인가?"처럼 물을 수도 있어서, 학문을 위해 필요한 질문은 더 많다. 앞으로 이 책에서는 이런 물음들을 대표하여 '과연 그런가, 왜 그런가'로만 말할 것이다.

이러한 질문들을 이어가면서 답을 찾으려는 노력을 하고 있다면 학문을 하는 것이고, 이 과정을 생략하면 학문을 하는 것이 아니다. 그러니 취업 준비를 하는 학생들 가운데에서도 학문을 하고 있는 사람이 있고, 제아무리 박사학위논문을 작성하고 있더라도 학문을 하지 않는 사람이 있다.

취업에 필요하여 한국사능력검정을 받으려는 학생이 막연히 외우기만 하는 것이 아니라 궁금한 점을 떠올리게 된다. '과연 발해사를 중국역사가 아닌 한국역사의 일부라고 단정할 수 있는가?' 답을 찾아본다. 당시 발해주민들이 남겨둔 복식에 대한 자료나 무덤양식 등이 고구려의 그것과 같다는 사실을 알았다고 해보자. 또 묻는다. '과연 이러한 자료들이 있다고 하여 지금 한국이나 중국과 같은 근대적 의미의 국가 역사에 바로 포함되는 것으로 볼 근거는 무엇인가?' 답을 찾기 위해서 고대국가와 근대국가의 차이에 대한 자료를 읽어보고, 다시 이어지는 질문들을 생각하고, 또 답을 찾아가는 과정을 이어간다. 이 사람은 멋진 학문을 하고 있는 것이다. 그렇지만 프랑스에 유학을 가 학위논문을 쓰는 박사과정생이라고 할지라도 데리다(J. Derrida) 책을 옮겨 기계적으로 논문의 글을 채워 넣고 있는 사람이라면 그는 학문을 하고 있지 않다. 그저 학위를 따기 위한 준비를 하는 것이다.

학술논문은 논의가 필요한 문제를 제시하고, 그와 관련된 문헌과 자료를 분석한 후에 연구자가 자신의 답을 생각해내는 과정을 좇아 기록한 결과물이다. 지금 논문을 쓰고자 하는, 이미 쓰고 있는 독자라면 자신이 이렇게 질문과 답을 계속 이어가고 있는지를 되물어보자. 만약에 아니었다면 이제부터 무엇을 질문할 수 있을지, 무엇이라 대답할 수 있을지 '생각'을 시작해야 한다.

학문하는 것, 즉 질문과 답을 떠올려보는 과정은 흥미진진하다. 그러므로 이 즐거운 경로를 따라온 흔적을 남기는 작업 또한 고역이 될 수 없다. 반면에 질문과 대답 없이 그저 학위를 준비하는 일에 그친다면, 자료를 찾고 번역하고 타자치는 작업만 이어지니 재미가 있을 수 없다. 그 결과, 이 두 작업의 성과는 다른 사람이 보기에도 분명히 차이가 나게 된다.

학술논문의 종류

학위논문은 단연 이 학문적 활동의 결정체이다.

그 중에 석사학위논문은 지금까지 다른 사람들이 가져왔던 인식들에 대하여 연구자가 재인식한 내용이 중심을 이룬다고 보면 된다. 연구자가 제기한 물음에 답을 하기 위해서 선배 학자들의 업적을 성실히 읽고, 잘 이해하려 노력했으며, 그런 여정을 거친 끝에 자신의 생각을 나름의 방식대로 정리하여 보여주는 것이 석사학위논문이다. 계속 공부를 할 계획이 있는 학생이라면 장차 어떤 연구를 더 해보고 싶다는 표현을 남겨두어도 괜찮다.

박사학위논문은 훨씬 더 갖춰야 할 것이 많다. 달리 작성기간이 두 배 이상 걸리는 게 아니다. 박사학위논문이 되기 위해서는 일단 연구자가 어느 수준을 넘어서는 독창적인 물음을 제기해야만 한다. 그리고 대답을 찾기 위해서 기존 논의를 빠짐없이 연구해야 한다. 외국의 예들도 충분히 분석하게 된다. 중요한 것은, 이렇게 정리·비판된 것을 넘어서는 새로운 인식을 반드시 포함하고 있어야 한다는 것이다. 박사학위논문은 하나의 완성된 단행본, 이론서이기 때문에 교수나 연구원, 학위준비자 등 선후배학자들이 참고문헌으로 읽게 된다. 그러니 독자들의 수준을 감안하여 기대에 부합하는 글을 써내야만 한다. 그렇다고 해서 엄청난 이론적인 폭을 보여주는 '대작'을 만들어내려고 애쓸 필요는 없다. 주어진 분야 안에서 특정한 주제를 정했을 때에, 바로 그 부분에서 두드러지는 성과를 내는 것으로 충분하다. 이렇게 하면 박사학위논문은 기본을 갖추게 된다. 이에 더해, 논문 안에 연구자 고유의 이론적인 시각과 개성 있는 방법이 고안되어 있으면 더할 나위 없이 좋다. 그 학위논문은 이후에 이어질 연구가 그 뚜렷한 맥락 안에서 진행될 수 있게 하는 토대가 될 것이다.

이 책의 많은 부분은 학위논문을 염두에 두고 있다. 전문 학술지에 게재되는 논문(이 책에서는 '학술지 논문'으로 줄여서 쓴다)도 학위논문의 양에 못 미치지만 반드시 치열한 질문과 대답을 담고 있어야 한다. 분량에 제한이 있기 때문에, 자료를 압축적으로 정리·분석하고 자신의 생각을 짧고도 선명하게 밝힌다는 데에만 차이가 있다. 논증이 생략되어서는 안되며, 학위논문을 쓰는 것과 같은 수준의 학문적인 대화들이 간단한 분량 안에서도 동일하게 진행되어야만 한다(학술지 논문의 특유한 방식에 대해서는 책의 마지막 부분에 설명하기로 한다).

학위논문의 특징

저자로부터 학위논문을 받아본 경험이 있는지 모르겠다. 있다면 대체로 논문을 내놓는 손이 왠지 부끄러워하는 것을 느꼈을 수도 있다. '이게 내 작품이오!'라면서 큰소리치며 학위논문을 건네주는 사람을 아직 만나보지 못했다. 앞으로도 안 만났으면 좋겠다. 자기 생각이 담긴 무언가를 남에게 보인다는 것은 실로 약간 민망한 일인가 보다. 많은 경우, '받아두시기만 하고 읽지는 마세요'라고 하던가, 이제는 식상한 표현으로 '그냥 라면 드실 때 냄비받침으로 쓰세요'라고 말한다. 받는 사람도 '수고하셨네요'라는 정도로만 말하거나 '시간 되면 한번 볼게요'라는 식으로 반응해야지, '기대됩니다. 꼭 정독하겠습니다!'라고 하게 되면 어색

함은 극에 달한다. 겸양이 넘치는 순간이 아니다. 학위논문을 다 쓸 때까지 그것만 붙들고서 고생한 탓에, 막상 책으로 만든 다음에는 자신도 좀처럼 들춰보지 않게 된다는 말을 자주 들었다. '좀 더 잘 쓸걸' 싶은 후회도 남게 마련이다.

그렇지만 좋으나 싫으나 학위논문은 연구자 자신의 얼굴이 된다. 특히 박사학위논문은 더욱 그렇다. 학위논문으로부터 저자의 개성을 본다. 학위를 마친 누군가를 떠올리면 그 사람 위에 그의 학위논문이 겹쳐서 연상된다. '무엇을 공부한 사람'이라는 것은 명함에 쓰여 있는 어지간한 직함보다 앞선다. 만약에 논문을 읽은 사람이라면 그 글에 대한 인상을 저자의 실력으로 바로 이어 연상할 것이다. 그리고 그 특징은 끝까지 저자를 따라다니게 된다. 이것은 학위논문을 쓴 사람들의 공통적인 운명이다. 그리고 이로부터 우리는 학위논문을 쓸 때 가장 중요한, 다음의 사항들을 떠올려볼 수가 있다.

논문의 테마는 물론이고, 그 내용도 전적으로 자신으로부터 나온 것이어야 한다. 될 수 있으면 자기 스스로 좋아서 선택한 주제를 담고 있어야 하고, 자기 스타일에 맞는 내용으로 이어지게 해야 한다. 자신은 늘 철학적인 사고를 하는 사람이라고 믿고 있지만 논문은 아주 실천적인 것만 다루고 있다면, 누구도 그의 추상적인 생각을 알아챌 수 없다. 형법으로 학위논문을 쓴 학자가 헌법전공자로 구별되기를 바랄 수 없는 것과 비슷하다.

연구자의 공부한 깊이가 논문에 충분히 반영되어야 한다. 그 전에 아무리 깊은 성찰을 반복했다고 하더라도 논문글의 수준이 낮다면, 그의 실력을 정확히 평가할 방법은 없다. '논문은 맘에 안 들게 썼지만, 내 학문성은 뛰어나다'라고 말을 하고 다니면 좀 나아질까? 그 반대일 것이다. 의사나 엔지니어는 좋은 기술을 통해 실력을 보여준다. 예술가의 능력은 만들어낸 작품의 예술성으로부터 드러난다. 그렇지만 법학과 법실무 영역에서는 '말과 글' 이외에 실력을 드러낼 다른 어떠한 통로도 없다.

다음으로, 논문의 형식을 충분히 갖추고 있어야 한다. 논문 분량 면에서도 어느 정도의 부피가 필요할 뿐만 아니라, 바른 표현을 사용하고 교정을 꼼꼼히 보아 완성도를 최대한 높여야 한다. 논문의 첫인상이 연구자의 첫인상이다. 아무리 좋은 내용을 담고 있더라도 맞춤법이 심하게 틀려 있거나 참고문헌이 잘못 인용되어 있다면 그로부터 글쓴이가 좋은 인상을 얻기란 거의 불가능하다.

결과물이 이렇게 중요하기 때문에 만들어내는 과정 또한 의미가 크다. 학위논문을 쓰기 위해 공부를 할 때만큼 집중적으로 문헌을 분석하고 심사숙고를 반복하는 경험은 좀처럼 다시 겪어볼 수가 없다. 인생에서 가장 열심히 공부하는 순간이다. 시간을 최대한 활용하여 실력을 비약적으로 키우는 과정으로 엮어가야 한다.

논문 작성에 필요한 시간

시작에 앞서 자기가 논문을 작성하는 데에 필요한 여건을 갖추고 있는지 한번 생각해보면 좋겠다. 우선 논문의 작성에는 시간이 필요하다. 어느 정도 시간이 걸릴까?

사람마다 같을 수는 없다. 전공과 분야, 테마마다 다르고, 우리말로 쓸 것인지 외국어로 쓸 것인지에 따라서도 계획은 완전히 달라진다. 그렇지만 필요한 시간이, 곧 '논문의 글을 쓰는 시간', 즉 워드프로세서를 이용하여 타자를 치는 시간이 아니라는 사실은 분명하다. 그 시간은 전체 소요되는 시간 중에 절반을 넘지 못하는 경우가 많다. 논문의 분야를 결정하고 테마를 잡기 위해서 여러 문헌을 읽는 시간과, 교정을 하고 출판 또는 학술지 게재를 마치는 시간까지 전부 계획에 넣어야 한다. 물론 논문을 작성할 수 있는 지적 수준에 이르는 시간까지 포함하면 수 년에서 수십 년도 걸리겠지만 그 이야기는 하지 않더라도.

논문작성 시간이 길어지면 연구자에게 부담이 된다. '인생의 진도'라는 게 있는 대부분 사람에게 그렇다. 그렇지만 너무 조급해 하거나, 얼마든지 짧게 끝내도 될 것처럼 논문쓰기를 가벼이 여겨서는 안 된다. 며칠 전 박사학위 종합시험(논문 제출 전에 보는 시험)을 대체하는 구술시험 심사를 했다. 한 참여자에게 논문 주제는 무엇이냐고 물었다. 구체적으로 아직 안 정했다고 한다. 대충 이러저러한 것에 관심 있는 정도라고 대답했다. 언제 논문을 제출할 거냐고 물었다. 내년 봄에 낸다고 했다. 이 계획은 실현 가능한 것이 아니다. 제출 일 년 전인데 아직 테마조차 확정되지 못한 그 결과물이 '박사학위'논문이 될 수는 없다. 그 학생이 겸손해서 그렇게만 대답했을 것으로 믿고 싶다.

많은 논문 작성자들이 실수로 또는 부당하게 논문을 잘못 쓰는 이유는 간단하다.

"짧은 시간 안에 많은 양을 쓰려고 하기 때문이다."

둘 중에 하나는 포기해야 한다. 짧은 시간 안에는 짧은 글만이 가능하다. 긴 글을 쓰려 한다면 당연히 긴 시간 동안 노력해야 한다. 생각해보자. 짧은 시간에 긴 글을 쓰려면 어떻게 해야 할까? 방법은 두 가지뿐이다. 하나는 다른 사람들의 글을 그대로 옮겨오듯이 가져다 쓰는 것이고, 다른 하나는 기존 문헌을 분석하지 않고 순전히 자신의 머릿속에서 떠오른 내용만으로 문장들을 채워나가는 것이다. 전자를 '표절'이라 말하고, 후자는 부정적 의미로 '순수한 창작'이라 부를 만하다. 이 둘을 한꺼번에 다 갖추면 그야말로 논문이라고 부를 수도 없다. 자신의 학문적인 얼굴을 그렇게 망쳐버리면 안 된다.

빨리 쓰여진 학위논문이라고 해서 꼭 표절이나 부정적인 '순수한 창작'이 아닐 수도 있지 않을까? 실제로 있다. 써야 할 모든 내용을 머릿속에 넘치도록 갖추었고, 논문 목차를 비롯하여 구체적으로 해야 할 말들도 정확한 순서로 구현되어 있는 사람. 그래서 굳이 다른 저자의 문헌을 읽으면서 논문을 준비할 필요가 없이, 그대로 타자만 치면 바로 학위논문이 되는 경우. 도올 김용옥은 하버드의 박사학위논문을 바로 그 상태에서 불과 수십 일만에 다 작성했다고 말한 적이 있다. 비트겐슈타인(L. Wittgenstein)은 전쟁통에 수필 쓰듯 써 놓은 "논리-철학 논고"로 박사학위를 취득했는데, 심사위원이었던 러셀(B. Russell)과 무어(G. E. Moore)가 논문을 완전하게 이해하지 못한 것을 비트겐슈타인이 위로했다는 일화가 있다.

주장해보고 싶을지도 모른다. "자, 되지 않는가! 이렇게 해도 학위논문이 될 뿐만 아니라, 그 논문이 학자들의 경력을 빛내고 있지 않은가! 내가 쓴 작품도 마찬가지이다. 심사위원들은 논문에 들인 시간을 보지 말고, 그 내용의 진수를 보았어야 했다. 그것을 알아보지 못한 교수들은 딱하고, 나는 늘 외롭다……."

아는 것이 없는데도 논문을 빨리 써내는 사람에 대해서는 이야기할 필요도 없다. 아이디어가 아주 뛰어나고 그것을 글로 구성해내는 속도도 빠른 사람이 논문을 신속하게 쓸 때 어떻게 평가될 것인지만 생각해보자. 짧은 시간 안에 작성된 결과가 다른 것이 아니라 학위논문이라면 그에 대한 평가는 대체로 야박한 것 같다. 그 안에서 천재성을 엿보기보다는 준비를 안 해 게으르거나, 건방진 사람으로 볼 확률이 더 높다. 법학이 비교적 더디게 발전하는 학문이라서 더 그런지도 모르겠다. 물리학이나 수학이라면 사정이 완전히 다를 것이고, 철학이라고 해도 법학보다는 덜 보수적일 수가 있다. 법학은 인간의 삶을 직접 취급하는 학문이기 때문에, 머리가 비상한 타고난 천재보다는, 시간을 길게 잡고서 권리와 의무를 둘러싼 문제들에 깊이 천착하는 학자를 조금 더 선호해왔다. 그리고 생각나는 대로 옮겨진 글보다는 기존의 성과를 모두 이해하려 노력한 이후에, 그것들을 각주에 일일이 인용해가면서 작성된 논문을 더 좋게 보아왔다.

에디슨이 '천재는 1퍼센트의 영감과 99퍼센트의 노력'으로 만들어진다고 했을 때, 그 말은 '열심히 노력하는 것만이 중요하다'는 뜻이 아니라고 한다. 천재가 되기 위해서는 1퍼센트의 영감이 반드시 있어야만 한다는 말이었다고 전한다. 그리고 더 중요한 것은, 그 1퍼센트의 영감을 얻기 위해서는 그 전에 99퍼센트의 노력이 쌓여 있어야만 한다는 사실을 에디슨이 강조하려 했다는 것이다. 이 해설이 그의 생각을 그대로 옮긴 것인지는 중요하지 않다. 법학 글쓰기의 요령이 꼭 그와 같다는 사실이 더 의미 있다. 단언하건대, 문헌을 꾸준히 읽으며 준비하고 있지 않은 사람에게 '법리적 영감'이 하늘에서 뚝 떨어져 내려오는 일은 결코 있을 수 없다.

연구자가 진정한 천재라서 정말 좋은 아이디어를 많이 갖고 있다면, 불필요한 오해를 줄이기 위해서라도 논문쓰는 데에 더 충분한 시간을 들일 것을 권하고 싶다. 재능이 뛰어날수록 더 많은 시간을 들여 다른 사람들의 문헌을 진지하게 검토하고, 자신이 가지고 있는 생각(의 우월성)을 꼼꼼히 확인하는 절차가 필요하다. 박사학위논문까지 그렇게 써내어 다른 사람들에게 기본기를 인정받은 다음에, 이후 작품들을 통해 천재성을 유감없이 드러내어 보여도 늦지 않다.

법학계는 언제나 예링(R. v. Jhering)의 "권리를 위한 투쟁", 리스트(F. v. Liszt)의 "마르부르크 강령"처럼 새로운 원리를 선도하는, 이른바 프로그램적인 논문(programmatische Schrift)을 기다리고 있다. 그렇지만 석사학위논문 중에서 기대하는 것은 아니다.

'석사학위는 일 년, 박사학위는 삼 년', 이런 식으로 논문작성 시간을 정하는 것은 불가능하다. 개인적인 능력의 차이, 테마의 차이, 작성방식의 차이가 있기 때문이다. 그렇지만 지나치게 짧은 시간 안에 학위논문이 만들어질 수 없다는 것은 분명하다. 그리고 막상 작업을 해보면 대체로 처음 계획보다 길어진다. 그러니 가능하면 일찍 논문작업에 착수하라고 권하고 싶다. 처음 생각했던 것보다 좀 더 앞서 테마와 줄거리를 정하고, 미리 목차를 만들 것을 권한다.

그리고 아직 아무것도 시작하고 있지 않은 사람들을 위해 이야기해 둘 것이 있다. 논문글을 쓰기 전까지의 과정, 특히 테마를 결정하고 목차를 정하고 문헌을 분석하는 시간을 지금 계획하고 있는 것보다 더 충분히 확보하는 것이 좋다는 것이다. 이 시간을 짧게 생략해버리고서, 타자를 쳐 글을 쓰는 일부터 시작하면 실패할 확률이 아주 높아진다. 그 이유는 이 책을 조금만 더 읽어보면 알게 된다.

매우 일반적으로만 이야기한다면, 평균 정도의 우수성을 가진 약 백 페이지짜리 석사학위논문을 쓰기 위해서는, 늦어도 논문 제출 시점의 일 년 전까지는 테마를 확정하는 것이 바람직하다. 문헌을 모아 분석하고 어떠한 내용이 논문에 들어가게 될지 정하는 것을 그 이후의 서너 달 안에 마치고, 문헌을 읽어가며 논문을 본격적으로 작성하는 데에 대여섯 달 걸린다고 생각하면 될 것이다. 남은 시간은 논문의 완성도를 높이는 데에 할애된다. 박사학위논문에 대해서는 말하기가 더 곤란하다. 연구자의 학문성을 그대로 보여주는 과정이기 때문에, 개성 또는 능력에 따라 작업기간은 크게 달라진다. 그렇지만 적어도 제출 일 년 전 즈음에 겨우 테마를 정한 경우라면, 그 계획으로부터 생산된 글을 박사학위논문이라고 부를 수는 없다.

이 시간 계획은 일반대학원에서 하루 종일 공부에만 전념할 수 있는 학생('전업학생'이라고 하자)에 해당하는 이야기이다. 직업인으로서 직장에 다니는 사람들('실무가'라고 하자)이 비슷한 테마로 같은 수준의 글을 쓰려 한다면 훨씬 더 긴 시간이 필요하다. 실무가가 똑같은 시간만 들여 자기와 능력이 비슷한 전업학생과 같은 수준의 논문을 내려고 한다면 그것은 불가능에 도전하는 것이다. 그것이 가능하다면 전업학생들은 억울하기까지 할 것이다. 전업학생이 일 년 걸린다면, 하루에 그들의 4분의 1의 시간만 공부하는 실무가는 사 년을 계획하는 것이 맞다. 같은 시간 안에 같은 테마로 논문을 쓰면 그 질적인 수준은 4분의 1에 그친다. 논문심사 때 탈락되는 것이 공정하다. '좀 더 준비해서 쓰라'는 심사위원의 말을 서운하게 들을 일이 아니다. 수준이 그 정도여도 별 지적 없이 통과되었다면, 그 논문제출자에 대한 학문적인 기대가 그렇게 크지 않아서일 수도 있다. 이 부분을 읽으며 적잖이 실망하는 사람들이 있을 것이다. 그런데 실무가들이 전업학생들과 다른 차원에 놓인 주제로 논문을 쓰고자 한다면 문제는 조금 달라진다. 실무에서 중요한 구체적인 글감에 집중한다면 효율성을 높일 수가 있기 때문이다. 이에 대해서는 아래에서 이야기하게 된다.

연구자마다 시간을 활용하는 방법이 다를 것이다. 그런데 집요하게 묻고 답하는 과정을 충분히 반복하기 위해서는 한 번 공부할 때 집중할 수 있는 시간을 넉넉히 확보하는 것이 좋다. 진지하게 심사숙고를 하려 해보면 한두 시간은 금세 지나간다. 직장인이라고 하더라도 하루에 두 시간씩 나누어서 공부하느니, 하루 날을 잡아 한 번에 열 시간을 집중하여 연구하는 것이 더 낫다고 할 수 있다.

마음가짐

학문을 처음 시작하는 사람이라면 논문들의 수준을 분별하기 힘들다. 그런데 논문 분량의 차이는 쉽게 보인다. 논문의 질적인 차이를 알 수는 없는데 두껍기는 해야 할 것 같으니 분량을 늘리기 위해서 진지하지 않은 글을 쓰게 된다. 흐름이 없는 목차, 성긴 논증, 자기도 이해하지 못하는 인용, 입수하기 쉬운 자료의 나열, 표절, 의미 없는 반복……. 지금 법학영역에서 이런 식의 글들이 '학위논문'이라는 타이틀을 달고 얼마나 쉽게 생산되는지 알면 놀랄 사람이 많다. 부족한 글이라는 사실을 쓰는 사람도 알고, 심사하는 사람도 알고, 업적을 계산하는 사람도 안다. '많이들 그런 논문을 낸다'라며 위안을 삼고 있는지도 모르겠다. 그래서인지 논문의 질이 하향평준화되고 있다는 우려도 자주 접했다.

직업 명칭이 될 수 있을지는 모르지만 '학자'라고 하면 책 읽고 글쓰는 사람이다. 책을 안 읽고 다른 글을 옮겨 적어 논문을 쓴 사람을 학자라 부를 수 없는 이유는, 엄격하게 정해진 조건과 훈련을 거치지 않은 사람을 법조인이나 의사라고 부를 수 없는 것과 똑같다. 후자의 전문직업을 얻기 위해, 직업인으로서 인정받기 위해 얼마나 모진 노력을 오랜 기간 동안 해내야 하는지 잘 알고 있다. 그러면서, 전문적인 글을 작성하여 학위를 얻고 학자가 되는 과정이 그보다 한결 간단한 일처럼 생각되는 것은 참으로 답답한 상황이다.

학위를 따서 약력 한 줄 더하고자 한 것과, 자신의 실존을 통째로 걸고 만들어 낸 작품의 질을, 경험이 없는 사람들은 구별할 수 없을지 모른다. 그렇지만 자신이 구별할 수 없다고 해서 차이가 없는 것이라고 믿어서는 안 된다. 별 다를 바 없어 보이므로, 대충 해도 그와 같은 결과를 자기도 그대로 만들어낼 수 있으리라고 기대해서도 안 된다.

논문을 쓰는 것은 즐거운 작업이다. 관심 있는 분야를 정했다면 책이나 논문을 찾아 읽는 것도 재미있을 것이고, 자기 생각을 펼치면서 설득하는 과정도 흥미진진하다. 그런데 그렇게 집중하는 시간이 길어지면 차츰 육체가 힘들어한다. 주변 사람들에게도 무심해지기 쉽다. 다른 할일은 눈에 들어오지도 않는다. 게다가 논문쓰는 도중에 돌연 나아갈 길을 잃고 방황하게 된다면 이제는 정신마저 극도로 피폐해진다. 힘겹게 글을 마친 뒤, 교정을 보고 모양을 만드는 작업도 완성이 없는 노동이다.

무라카미 하루키는 소설쓰는 것을 놓고 깊은 우물 밑바닥에 혼자 앉아 있는 일로서 아무도 구해주러 오지 않고, 누구도 '오늘 아주 잘했어'라고 어깨를 토닥여주지 않는 일이라고 쓴 적이 있다. 그래도 당신 소설은 엄청나게 많은 사람들이 읽어주는 글이 아니냐고 대꾸하고 싶어진다.

학위논문작업은 결코 그러한 미래를 약속하지 않는다. 있는 에너지를 전부 기울여 써봐야, 완성된 그것을 읽어줄 사람이 거의 없다는 사실이 우리를 더 맥 빠지게 만든다. 우물 밑바닥보다 더 아래로 파고 들어가 앉아 있는 일이고 아무도 구해주거나 격려를 하지 않는 것은 물론, 그로부터 겨우 빠져나와도 누구도 쳐다보아주지 않는 일, 바로 그것이 학위논문의 작성이다. 쓰는 과정에서 실력을 쌓아가는 것, 그리고 그것을 통해 성장하는 자신을 뿌듯하게 바라보는 것 이외에 다른 효용을 기대할 수 없는 글이다.

성장하는 자신을 바라보며 흐뭇해하는 정도의 보람이라도 찾으려면 이와 같이 고단한 심연에 자신을 한 번 푸욱 담갔다 꺼내야만 한다.

"누구나 할 수 있는 쉬운 작업으로 귀한 결과를 얻을 수는 없다."

■ 논문은 지식을 드러내는 가장 좋은 방법이다 ■

연세가 예순 근처이신 실무가 한 분과 몇 해 전에 저녁을 먹은 기억이 난다. 당시 유행대로 막걸리를 시켰다. 흔히 마시는 S표의 막걸리가 나왔다. 그 분은 그 막걸리의 제조법과 맛의 특징을 말씀하시기 시작하여 포천막걸리, 광주막걸리 등과 비교에 이르기까지 긴 이야기를 하셨다. 두릅이 차려져 나오자 두릅을 먹게 된 유래와 그 성분, 그리고 몇 가지 조리법을 말씀해주셨다. 그 분의 말씀 덕에 심심하지가 않았다. 백과사전을 머리에 이고 다니시는 듯한 그 풍모는 가히 전통적인 지식인의 모습이라고 할 만했다.

그런데 아쉽게도 그런 지식인의 상(像)은 오래가지 못할 것 같다. 젊은 학생들에게 포천막걸리의 유래를 물어보면 공부를 많이 하신 그 분에게 여쭙는 것보다 더 많은 정보를 빠르게 얻을 수가 있다. 늘 손에 들고 있는 휴대폰에서 인터넷을 통해 바로 정보를 찾을 것이니까. 수업 시간에 판례 내용을 고스란히 잘 인용해줄 필요도 없다. 대충 키워드만 이야기해주면 학생들이 해당하는 판례를 찾아내어 기록을 해둔다. 역사적 사실을 아주 분명하게 기억하지 못한다면 이제 강의 때 즉흥적으로 그 예를 들지 않는 것이 좋다. 인터넷을 찾아서 바로 지적할 학생들이 있다. 이런 상황이니, 동서고금을 넘나드는 정보의 양을 암기하는 지식의 효용은 예전보다 크지가 않다. 조만간 그런 정보량 자체가 더 이상 지식이라고 여겨지지 않을 것 같다. 그렇다면 이제는 지식인이라는 개념이 더 이상 통용될 수 없는 것일까? 누구도 지식인이 될 수 없거나 또는 아무나 지식인이 될 수 있는 그런 시절인가?

이 시대에 더 쓰임받는 지성의 차원이 무엇인지 관찰해보면 답을 떠올릴 수 있다. 이제는 머리 안의 정보량이 아니라, 쉽게 말하면 '분위기를 파악하는 능력'이 더 중요한 관건이 되고 있다. 지금 주어진 주제가 무엇인지 정확히 아는 능력, 그리고 그에 가장 알맞은 대응을 해내는 능력이 중요하다. 우리가 문제파악능력, 문제해결능력, 판단력, 이해능력, 발표능력 등으로 표현해왔던 것들이다. 정보의 양을 묻던 사법시험으로 연수원생을 뽑는 것이 아니라, LEET(법학적성시험)와 대면평가를 통해 로스쿨생을 선발하게 된 것이 이러한 변화를 간단히 보여준다. 리프킨(J. Rifkin)은 '더 이상 소유하는 것이 중요하지 않고, 이용하는 것만이 가치 있다'고 했는데, 이용의 대상으로 '지식'이 중요한 예가 될 수 있을 것이다.

새로운 지식의 모습을 보여줄 수 있는 매체 중에 학술논문이 포함된다. 논문을 작성하기 위해서는 지금 문제되는 관건이 무엇인지 정확히 파악해야 하고, 다른 사람의 말을 잘 이해하고 분석해야 하며, 그에 적절한 대응을 창의적으로 해내되, 그것을 자연스러운 흐름의 글에 담아내어 독자들의 관심을 붙잡아둘 수 있도록 해야 한다. 이 모든 것이 머릿속의 정보의 양으로 이룩되는 것이 아니다. 시험준비와는 달리 암기한 내용은 큰 의미가 없다.

어릴 때부터 시험을 잘 봐서 성적이 좋았기 때문에, 대학원에서도 두각을 드러내고 학위논문까지 문제없이 잘 써내리라고 믿는 사람들에게는, 꼭 그렇게 되지 않을 수도 있다는 것을 조심스럽게 말해두어야겠다. 반면에 중고등학교, 학부 때까지 암기력이 모자라 평가에 손해를 보아왔다고 하더라도, '분위기파악'을 잘 하는 사람이라면 이제 학위논문을 통해 만회할 수 있을 것으로 기대해도 좋다. 중요하지도 않은 문제를 가지고 심각하게 생각한다는 지적은 대학원에서는 핀잔이 아니라 칭찬이다. 거기에다 책 읽고 글쓰는 것 자체가 좋아서 대학원에 오게 되었다면 큰 염려를 할 필요가 없다. 이제야 비로소 자신의 실력을 알아줄 터전에 들어선 것이다.

'학문의 장'에 처음 발을 내디딘 이들을 진심으로 환영한다.

2
분야 정하기

이 책을 읽는 독자들이 법학 가운데에서 특정 전공에 이미 몸담고 있을 것으로 본다면, 전공 안에서 논문이 속하게 되는 분야를 정해야 한다. 여기서 말하는 '분야'란, 특정한 속성을 공유하는 제도들과 개념들이 취급되는 부분으로서 어느 연구자가 전문적으로 관심을 두고 공부하는 영역을 말한다. 분야를 정한다는 것은, 헌법학을 예로 들자면 헌법사, 헌법이론, 기본권론, 통치구조론 등으로 나누고, 헌법사가 마음에 든다면 그 다음에 한국헌법사, 유럽헌법사, 미국헌법사 등으로 구별하여 그 가운데 하나로서 '프랑스 근대헌법사'를 연구하기로 결정하는 과정이다. 그것이 자신이 집중하는 '분야'가 될 수 있다. 민법에서 '채권법'은 아직 자기의 분야라 말할 수 없고, 그 가운데에서 '보증계약' 정도로 줄이면 전문분야라고 할 만하다.

전문분야는 그 연구자의 관심을 대표하는 영역을 가리키게 된다. 전에 어느 분이 '홍 교수는 형법의 시간적 한계를 공부하였다'라고 나를 소개하신 적이 있는데, 이때 언급된 '형법의 시간적 한계'가 내가 공부했던 '분야'를 가리키는 표현이다.

'논문의 테마'는 이보다 훨씬 더 좁은 개념이다. 나는 '형법의 시간적 한계'라는 영역에서는 '공소시효의 본질', '과거사에 대한 형법적 처리', '소급효금지의 효력', '일사부재리원칙의 효력범위'와 같은 소재로 글을 썼었는데, 그렇게 구체화된 글감이 논문테마이다.

■ 어떻게 시작해야 하나

학부 때까지는 모든 것을 한꺼번에 배워왔다. 그 상태만 보면 중고등학교 때와 크게 다르지 않다. 배워야 할 분야의 종류와 양이 주어져 있기 때문에 그것만 따라가면 되었다. 그런데, 대학원에 오게 되거나 직업인으로서 학문을 해보겠다고 마음먹었더니 이제 분위기가 아주 다르다. 무엇을 공부해야 하는지를 스스로 결정해야 한다고 한다. 이 차이는 실로 엄청난 것이다. '이걸 공부하라'고 말해주면 쉽겠는데 누구도 그런 이야기를 하지 않는다. 물어보면 '너한테 맞는 것, 네가 하고 싶은 것을 공부하라'는 답을 듣게 된다.

한 대학원 신입생의 예를 보자. 대학원 도서관에 처음으로 앉아 이제 무엇을 공부해야 할지 고민을 시작해본다. 우선 전공자에게 기대하는 수준의 지식이 있는지를 스스로 물어보니 자신이 없다. 그래, 전공교과서를 더 면밀히 읽어보자! 교과서를 꺼내어 처음부터 읽어보는데, 이런 ……. 학부 때 읽던 느낌과 아무 차이가 없다. 아니, 정해진 시험범위의 내용을 외워야 하는 것이 아니라고 하니까 오히려 더 막막하고 집중이 안 된다. 지나가던 선배가 '대학원생이 왜 교과서를 읽고 있느냐'라면서 무안이라도 주는 날에는 쥐구멍에라도 숨고 싶어진다. 아무리 생각해도 교과서는 아닌 것 같다. 대학원공부는 무엇보다도 '이론'과 '기초'가 중요하다고 들었다. 그렇다면 기초를 다루는 책을 우선 읽어보자. 학문방법론과 철학입문책을 빌려와서 읽어본다. 한 시간, 두 시간 ……. '아니, 저자 양반! 이게 도대체 무슨 소리요?' 오랜 시간 뚫어지게 보고 있는데 이해가 되는 문장이 손으로 꼽을 정도이다. 게다가 이런 이야기가 내가 하려는 공부와 무슨 상관이 있나 싶다. 그렇지만 한 술에 배부를 수는 없다고 하니, 비슷한 다른 책 몇 권을 연달아 읽어보기로 하였다. 그렇게 알듯 말듯한 이야기를 읽는 것으로 두 달이나 지나, 첫 학기 발표문 기한이 다가온다. 다른 사람들은 발표문도 다 써놓았고 공부에 재미도 느낀다는데, 자신은 지금까지 뭐 했나 싶어서 마음은 더욱 급해진다.

이 학생의 공부법은 어떤가? '전공에 익숙해야 한다, 학부와는 다른 공부를 해야 한다, 기초에 대한 학습이 중요하다'는 생각 중에 틀린 이야기는 하나도 없다. 그런데 결국 효율이 떨어지고 남는 것도 없는 것처럼 되어버렸다. 내가 보기에 이 학생의 문제는 '목표'가 분명하지 않다는 것이었다. 공부할 때 바라보고 걸어야 하는 지향점이 없었다.

못질을 해본 적도 없는 사람이 2년 안에 멋진 별장을 짓는다는 계획을 세웠다. 그 사람은 맨 처음에 무엇을 할 것인가? 건축학 교과서를 읽을까? 아니면 망치질, 톱질 등이 다 나와 있는 실무서적 한 권을 다 읽을까? 아니면 기초가 중요하다고 하니, 터를 잡을 때 필요하다는 풍수지리책을 볼까? 전부 아닐 것이다. 당연히도 어떤 집을 지을 지부터 결정한다. 1층인지, 2층인지, 지하를 포함하는지, 나무로 짓는지, 벽돌로 짓는지 등을 정하는 게 제일 먼저다. 그 다음에 어떤 나무가 필요한지, 땅을 얼마나 파야 하는지 등을 생각하게 된다. 그 이후에야 실제로 필요한 기술을 배우기 위해 기술자에게 물어보거나 책을 찾아보게 될 것이다. 추상적인 이론도 중요하다는 것을 자연히 깨닫게 된다. 계절에 따른 나무종류별 변형정도에 대한 지식이나 지하수의 흐름에 대한 공부도 해야 한다. 그러다보면 어느덧 건축에 대한 일반이론, 실제 만들 때 필요한 지식, 추상도 높은 이론 중에 자기에게 꼭 필요한 중요한 지식들을 갖추어가게 되는 것이 느껴진다.

그렇다. 일단 자신이 하고자 하는 목표를 정해야 한다. 아주 먼 목표를 정하라는 의미가 아닙니다(대학원 입학을 고려하면서 어느 대학 교수가 될 수 있을지 고민하는 학생도 봤다). 석사학위에 의미가 있는지, 박사학위까지 마칠 것인지, 유학을 갈 것인지, 학자를 직업으로 삼을 것인지를 내다보아야 한다. 그리고 자신이 관심을 가지고 있는 분야가 있는지, 어떤 방법의 공부를 좋아하는지, 어떤 학자가 될지 등을 생각해본다. 어렵게 느껴진다면, 당장 주어진 과제를 떠올려보는 것도 좋다. 당장 학기말까지 제출해야 하는 페이퍼를 잘 쓰려는 계획, 수업 시간에 지적인 자극을 준 물음에 대한 답을 찾으려는 시도도 하나의 계획이 될 수 있다.

위와 같이 정해진 크고 작은 목표가 있다면, 그에 더 어울리는 자료를 찾아서 읽어가며 차츰 관심영역을 좁혀가는 것이다. 무엇이 필요한지를 알게 되면 더 효율적인 독서가 가능하고, 독서를 하면서 생각을 반복해보면 논문의 주제를 구체적으로 정할 수 있다. 테마를 놓고 공부를 진행할 때에, 바로 그 주제를 다루는 글만 읽어서는 안 된다는 것도 자연스럽게 알게 될 것이다. 주변 지식도 있어야 하고, 주제의 저변에 깔린 기초적인 이론들도 매우 중요하다는 것을 깨닫게 된다. 그러면 그에 관련된 문헌을 읽는 식으로 관점을 넓혀갈 수도 있다. 추상적인 이론을 공부하더라도 목표 없이 읽는 것이 아니기 때문에 일정한 테마를 향해 가는 지식이 될 것이다.

학위논문의 완성, 즉 특정한 목표의식을 갖고 진행되었던 공부가 일단락되고 나면 연구자에 따라서는 다음 논문을 또 쓰게 된다. 그때에는 다른 지향점이 필요하다. 새로운 목표를 따라가며 다시금 한 영역을 아우르는 지식을 쌓는다. 이런 식으로 관심분야와 그에 대한 지식이 차츰 넓어지다 보면, 어느덧 다른 사람을 가르칠 수도 있게 되고, 언젠가 교과서처럼 전 분야에 걸친 책도 쓸 수가 있게 될 것이다.

━━━━━━━━━━━━━━━━

　　학위논문의 관심영역을 정하는 것은 그 이후의 어떤 과정보다도 중요하다. 학문을 계속 하고자 하는 사람이라면 더욱 그렇다. 일단 정하게 되면 즉시 '무엇을 주로 공부하는 사람'이 되어버린다. 분야를 바꾸기도 좀처럼 쉽지가 않다. 그런데 이 정도로 결정적인 의미가 있다는 것을 알게 될수록 분야를 정하기는 더 어려워진다.

　　방법은 두 가지가 있다. 자기가 정하는 것과 남이 정하는 것이다. 아니, 남이 정해주는 경우도 있단 말인가? 선배, 특히 지도교수가 분야를 권하는 경우는 얼마든지 있으며, 그것이 바람직하다고 생각될 때도 있다. 지도교수가 공부할 분야를 정해주는 상황은 다시, 학생을 위해서 정해주는 경우와 지도교수 스스로를 위해서 정해주는 경우로 나뉜다. 교수 자신을 위해서 지도학생의 연구분야를 정해주다니! 처음 듣는 사람은 불편하게 느낄 것이다. 하지만 꼭 불합리한 것은 아니다. 마침 지도교수가 큰 관심을 갖고 있는 중요한 테마가 있는데, 그것을 같이 연구해야 할 인력이 필요한 경우가 얼마든지 있을 수 있다. 특히 그것이 연구사업(프로젝트)과 연계되어 있다면, 그와 관련된 공부를 하여 학위논문도 그 방향에서 작성하고자 하는 지도학생은 작업에 큰 도움이 될 것이다. 연구자 입장에서 보더라도 관심을 가져야 할 분야가 빨리 정해짐으로써 시간을 절약할 수가 있다. 그 안에서 논문주제를 정하기도 한결 쉽다. 그리고 지도교수가 늘 집중하고 있는 분야일 것이므로 논문의 지도도 현실적이면서도 구체적으로 진행될 가능성이 높다. 공동연구에 주어진 시간제한이 있다면 논문완성도 늦어지지 않을 것이다. 그리고 드물게는 연구비를 지원하는 측으로부터의 경제적인 도움을 조금 기대할 수도 있다. 좋은 점이 많다.

그런데 이렇게 다른 사람이 분야나 테마를 정해주었을 때의 단점은, 자신이 그것을 스스로 정하지 않았다는 사실 그 자체이다. 자신의 취향에 맞지 않는 것으로 정해졌을 때만 문제되는 것이 아니다. 공부할 분야와 논문의 테마를 정하는 것은 학문활동에서 가장 먼저 필요한 일이자, 연구자 자신에게 가장 중요한 과정이다. 스스로 이것을 해내는 것은 매우 의미 있는 훈련이 된다. 학위논문만 쓰고 더 이상 논문을 쓰지 않을 사람이라면 이 과정의 의미가 그렇게 크지 않을 수도 있다. 그렇지만 장차 다른 논문을 써야만 하는, 달리 말해서 계속 학문활동을 하는 데에 관심이 있는 연구자들은 전문분야를 스스로 정하고, 논문테마를 구체적으로 확정하는 연습이 꼭 필요하다고 생각한다. 이를 통해서 어떠한 과정을 겪어야 논문의 글감으로 추려낼 수 있는지를 알 수 있다. 논문테마를 받은 학생들은 대학원에서 웃지만 졸업하면 울게 될 수 있고, 논문테마를 자기 자신이 정해야 하는 학생들은 처음에는 혼란스럽고 더 고생한 것처럼 보이지만 졸업 후에 다른 논문 쓰기는 더 쉬워진다.

조심할 점들

분야를 정하려 하는 연구자들은 다음과 같은 점을 염두에 두면 좋겠다.

즐겁게 공부할 수 있는 것이어야 한다

공부하기가 즐거운 분야를 정하게 되면, 학위논문을 작성하는 긴 과정도 결코 힘들지만은 않을 것이다. 그 결과 논문의 질도 높아진다. 이는 학위논문을 완성한 이후에도 이어진다. 학위논문이 다루는 분야는 결국 그 작성자의 학문성이 가장 집중되는 영역으로 각인된다. 사람들은 연구자가 계속 그 분야에서 훌륭한 후속 논문을 쓸 것으로 기대한다. 학술회의에서 발표자나 토론자를 정할 때에도 주로 학위논문이 어떤 분야에 속했는지에 따라 부탁을 하게 마련이다. 학위논문의 분야가 정말 공부하기 즐거운 것이었다면 이후에 이어지는 공부도 자연히 흥미로운 일이 될 것이다. 반면에 별로 관심이 없는, 계속하고 싶지 않은 분야의 학위논문을 써서 학계에 발을 들이게 된다면, 그의 미래에 학위논문을 작성하는 것만큼이나 괴로운 일들이 계속 이어질 것으로 짐작해볼 수 있다.

그런데 여기서 말한 '관심', '즐거움'이라는 가치를 '지금 느낌이 쏠리는 것'과는 구별하는 것이 좋겠다. 가끔 로스쿨 지원자들에게 무엇에 관심 있느냐고 물으면 문화산업을 돕는 엔터테인먼트법, 게임 관련법 등에 흥미가 있다고 하는 경우가 있다. 물론 심사숙고한 끝에 지속된 관심을 갖게 되었을 수도 있지만, 취미를 고르듯 자기에게 재미를 선사하는 분야를 찾고 있는 것은 아닌지 염려스러울 때도 있다.

돌이켜보면 즉흥적인 재미를 넘어선, 차원 높은 즐거움은 일부러 관심을 갖고 오래 들여다보아야 발견되는 것이었다. 지금 당장 어렵고 관심이 안 생긴다고 하여 너무 일찍 눈길을 돌려버리는 영역 가운데, 진짜 자기 스타일에 꼭 맞는 분야가 있을 수도 있기 때문에, 처음 공부를 시작하는 때라면 조금 더 애정을 갖고 여러 분야에 기대를 가져보는 게 좋다. 전문분야를 정하는 것은 배우자를 정하는 것만큼이나 중요하다. 끌리는 외모는 첫눈에 보이지만, 평생 함께하고 싶은 성격은 좀 더 만나 봐야만 안다.

너무 많은 사람들이 관심을 둔 분야나 누구도 관심을 두지 않는 분야는 피하는 것이 좋다

지나치게 많은 사람들이 관심을 갖고 있는 분야에서는 독창적인 결과물을 내어놓기가 더 어렵다. 자신은 충분히 의미 있는 작업이라고 생각하지만 누군가 이미 연구해 놓았거나, 동시에 연구하고 있을 가능성이 높다. 오래된 과거의 일이다. 한 군인 장교가 석사논문을 쓰기로 하였다면서 조언을 구해온 적이 있었다. '신세대 장병에 대한 리더십'을 주제로 쓰고 싶다고 했다. 이유를 물었더니 많은 군인들이 그걸 쓰기 때문이라고 말했다. 확보하고 있는 학위논문을 나한테 보여줬는데, 대충만 세어 봐도 삼십 권은 족히 넘어보였다. 다 훑어볼 수도 없었지만, 적어도 그가 그 비슷비슷한 논문들을 뛰어넘어 새로운 내용을 논문에 담아낼 수 있을 것이라고 생각되지는 않았다. 말 나온 김에 지금 논문검색사이트에 '신세대 장병'과 '리더십(또는 리더쉽)'을 주제어를 넣어보니 학위논문 185개가 나온다! 그리고 많은 사람들이 관심을 갖는 분야에서는 당연히 더 많은 이들의 평가가 따라오게 된다. 수많은 이들이 연구내용에 대해서 '벼르고' 있는 분야에 굳이 일부러 발을 담글 필요는 없다.

아무도 관심 없는 분야라면 문제는 조금 더 심각하다. 심사 때 심사위원 몇몇 사람들만 읽어줄 뿐, 그 이후에 누구도 논문을 읽지 않게 될 것이다. 글쓰기의 효용이 거의 없는 셈이다. 학문적인 대화가 이루어질 수 없기 때문에 언제나 홀로 그 분야를 이끌어가야만 한다. 누구도 눈여겨봐주지 않는 선구자가 될 수는 있겠다.

지금만 주목되는 분야를 선택하는 것은 좋지 않다

인문학에 비해 법학의 관심사는 쉽게 변하게 마련이다. 현재 많은 사람들이 깊은 관심을 갖고 있는 문제라고 하더라도, 시간이 좀 지나면 서늘하게 눈길을 돌려버리는 것도 얼마든지 있다. 바로 위 문단의 두 가지 단점을 모두 경험하는 수가 있다.

한참 문제될 때 '증권관련 집단소송제도 도입론'만을 공부한 사람은 이미 실시 중인 제도를 물끄러미 바라만 보게 될 수도 있다. 미래가 불분명한 법률조문이나 판례를 대상으로 학위논문을 쓰는 것도 불안하다. "간통죄에서 고소불가분원칙의 적용", 위헌결정을 통해 없어진 이 범죄유형에 대한 논문을 지금 읽고 싶어 하는 사람은 많지 않을 것이다.

특히 현실에서 정책과 바로 연계되는 것을 다루고자 할 때에는 더 조심해야 한다. 이 책을 쓰고 있는 지금, 사람들이 큰 관심을 보이는 문제 중에는 '택시가 버스와 마찬가지의 혜택을 받아야 하는가'라는 질문이 있다. 전용차선으로 다니게 할 것인지가 핵심이다. 지금은 반드시 짚고 넘어가야 할 사항이고, 실제로 많은 실무가들이 일종의 '연구결과' 같은 것을 찾고 있을지도 모른다. 그렇지만 그에 편승해서 "대중교통 개념에 대한 연구 - 택시의 대중교통화 정책을 중심으로 - "라는 학위논문을 쓰는 것은 위험하다. 잠시 있는 지금의 관심이 지속될 것으로 보이지 않기 때문이다. 책을 읽고 있을 미래의 독자들에게 한번 물어본다. 이 문제가 여전히 중요한가?

특히 일반인들의 관심이 높은 것은 그만큼 연구대상을 확정하기도 어렵다. 위 예에서 '대중교통'이란 단어를 다양한 대화 마당에서 서로 일치하지 않는 개념으로 쓰고 있을 것이다. 연구자가 어떻게 개념을 설정했든, 그것과 상관없이 대화가 이루어지고 정책이 결정될 가능성이 높다. 깊은 연구를 통해 좋은 결과물을 내어놓았다고 하더라도 누구도 주목하지 않는 글이 되기 쉽다는 뜻이다.

세월이 흐르면 상황이 변하고 연구자의 생각도 변한다. 당시에 가지고 있던 특정한 신념에 따라, 그때에 문제되는 정책 방향에 찬성 또는 반대하는 내용으로 학위논문을 채우라고 권하고 싶지 않다. 나중에 기회가 되면 학술지 논문 정도에 담아도 충분하다. 정말 필요한 이야기라고 할 수 있겠지만 "SNS를 통한 후보 비방 금지에 대한 연구" 같은 학위논문은 쓰지 말았으면 좋겠다.

■ 법학글의 운명

이 책 뒷부분에 '법학논문의 최종적인 목표는 법실무에 도움을 주는 것'이라고 쓴 데가 있다. 그런데 실무는 지금 문제되고 있는 사안에 관심이 있는 게 당연하다. 그렇기에 곧바로 도움을 주려면 지금 가장 주목받는 테마로 논문을 작성해야 한다. 그랬을 때의 문제는 사람들의 관심사가 너무도 쉽게 바뀌어가기 때문에 논문의 생명력이 오래 가지 못한다는 데에 있다. 테마선정의 딜레마이다.

나는 현재 많은 사람들의 관심을 받고 있는 사안들에 매우 무심한 편이다. 이슈가 되고 있는 사건을 잘 모르고 지내기에, 그에 대해 논평을 부탁해오는 언론기관을 실망시키곤 한다. 과거에 어느 연구원에서 한참 문제되던 검찰·경찰 수사권조정에 대한 의견을 구해온 때가 있었다. 왜 나에게 물으시냐고 했더니 '그에 대해 아무 의견이 없는, 몇 안 되는 교수라서 연락했다'는 답을 듣기도 했다.

좀더 오래 지속될 주제에 대해 연구하고 글 쓰는 것을 좋아하기에 그런 것이지만, 내 논문의 효용도 그렇게 오래 가는 것은 아니다. 친고죄가 대폭 축소되면서 '성범죄에서 고소불가분원칙'을 다룬 학술지논문이 쓸모없어졌고, 2020년 법개정에 따라 '형사소송법 제312조 요건 해석'을 다룬 논문의 가치도 없어졌다. 독자들이 쓰는 학위논문의 미래도 이와 다르지 않을 것이다. 실제 사안에서 소재를 찾는 법학의 본질적인 한계 때문이다.

우리가 쓰는 글이 『니코마코스윤리학』이나 『파우스트』 같을 수는 없겠지만, 그래도 너무도 짧은 시간만 읽히다 만다는 사실은 서운하다. 법학은 재능이 뛰어난 사람이 할 일이 못 된다고 했던 키르히만(J. H. v. Kirchmann)의 독설에도 고개가 끄덕여진다. 진리를 발견하는 데에 목적을 둔 것이 아니라 늘상 변화하는 실정법과 판례를 연구대상으로 삼고 있기에, 모든 법학자들은 불완전한 장소에 둥지를 틀고 앉아 있는 셈이라고 그는 말했다.

그런데 법학논문은 학문적 기여 자체만이 아니라 현실개선에 목적을 두고 있기에 다른 방향에서 위안을 얻는다. 실무에 영향을 미치고, 그로부터 단 한 사람의 삶의 조건이라도 좋은 방향으로 바꾸어 놓을 수 있으면 된다. 미약했던 효과가 그를 비롯한 주변사람들의 현재와 미래로 넓은 파장을 남길 수도 있다. 법학의 학문성이 오로지 학문의 장 안에서만 펼쳐질 것을 바란다면 남는 것은 실망뿐이지만, 그 끝에 가닿는 개인들의 삶의 영역을 함께 응시해 볼 때 그 노력의 성과가 그렇게 단명하는 것만은 아니어서 다행이다.

전공에서 너무 멀어지지 않도록

과거 어느 학교에서 소위 기본 3법이라고도 불리는 것 중 한 과목의 교수를 모시려 했을 때였다(모호하게 이야기하는 것에 양해를 구한다). 지원하신 어느 박사분의 학위논문이 어떤 '지하자원 활용'에 대한 법문제를 다루고 있었고, 추가로 제출하신 다른 학술지 논문들도 발전소에 대한 것이었다. 읽어봤는데 아무리 연결하려 해봐도 초빙분야의 요구사항과 이어지지가 않았기에 서류심사에서 후순위에 둘 수밖에 없었다. 그 분이 관련분야의 연구원이 되신다면 아주 드문 인재로서 역량을 충분히 발휘할 수도 있을 것이다. 그렇지만 학교에서 강의하고 연구할 사람으로서는 꼭 맞지 않는다는 평가를 받게 되는 것도 이상하지 않다. 어떤 분야에 관심을 두고 있든 간에 그와 더불어 해당전공의 기본적인 이론들을 확실히 자기의 것으로 장악하고 있는지도 중요할 것이기 때문이다. 공부할 분야를 정하는 단계에서부터 미리 이런 분위기를 한번 생각해보는 것도 나쁘지 않다.

전공에서 비교적 생소한 전문 영역을 다룬 학위논문을 심사할 때가 가끔 있다. 소재의 분화와 융합이 동시에 진행되는 이때에, 새로운 영역을 선도하고자 하는 경향이라면 늘 좋은 평가를 해주고 싶다. 그렇지만 심사대상인 논문을 읽을 때, 전공분야에서 전통적으로 공유되고 있는 기본적인 방법과 용어가 거의 사용되지 않고, 낯선 단어들 위주로 일관되게 서술된 것을 보는 경우에는, 그 논문을 통해 연구자가 전공의 기초적인 지식을 갖고 있는지 심사하기 어렵다고 느껴지기도 한다. 그가 장차 학교에 남아 강의하고 연구할 계획을 갖고 있는 학생이라면 아쉬움이 조금 더 남는다.

물론 학위논문이라는 것은 하나의 자격증에 불과하고, 더 깊은 전공 공부는 학위취득 이후에 해야 한다는 이야기도 맞다. 그 학생이 장차 학위논문과 구별되는 다른 연구를 통해 전공의 핵심영역에서도 뛰어난 역량을 보여줄 수 있다. 그렇지만 학위논문이 연구자의 얼굴이라고 한다면, 그것이 너무 낯선 분야에 머물러 있지만은 않도록 조심해야 할 필요도 있을 것이다. 혹시 생소한 소재를 다루더라도, 될 수 있으면 더 많은 전공자들이 이해할 수 있는 방법과 언어를 이용하여 엮어진 글이 더 좋은 평가를 받을 수 있다. 새로운 소재에 관심 갖는 것을 번거롭게 여기는 (대체로 중견 이상의) 분들에게서라도 '이게 도대체 우리 전공 논문이기는 한가?'라는 반응을 얻는 것이 긍정적이지는 않다.

자신의 능력 범위 안에서 정해야 한다

학부를 막 졸업한 일반대학원생이 "종합부동산세 이론과 실천"이라는 글을 쓰고자 하는 것은 힘겨워 보인다. 왜냐하면 종합부동산세의 정당성을 둘러싸고 이데올로기 대립이라고 불릴 수 있는 원칙의 난맥상이 이미 드러나 있어, 그것을 다 소화하면서 적절한 수준 안에서 비평해내기가 쉽지 않기 때문이다. 게다가 실무의 상황까지 다루려고 한다면 직접 발로 뛰어다니며 세금을 부과하는 현실을 조사해야 할 텐데, 조세공무원이나 부동산업에 종사하는 사람이 아니라면 구체적인 정보를 얻기도 어렵고 분석하기도 쉽지가 않다. "국가정보원의 수사실무에 대한 비평" 같은 것도 마찬가지이다. 국정원이 어떤 수사권한을 갖고 있으며 어떻게 행사하고 있는지 낱낱이 알 수 있는 학생은 아마 없을 것이다. 완벽하게 분석할 수 있는 사람이라면, 그가 맘 편히 공부를 계속할 수는 있을지 염려된다.

때로는 관심 대상의 분위기를 더 잘 알아보아야 하는 때도 있다. 법철학 전공자가 인기 많은 철학가인 지젝(S. Zizek)을 연구하려 한다면 철학이나 정치학, 사회학, 심리학에서 지젝에 관심 있는 연구자가 지금 얼마나 많을 것인지 상상은 해보아야 한다. 아주 절묘한 연구분야로 특정하지 아니하는 한, 그들을 상대하기에는 능력이나 에너지가 달릴 것이 분명하다. 그런데 그 절묘한 연구분야란 다른 연구자들의 관심 밖에 놓여 있을 가능성이 크고, 달리지 않을 정도로 연구를 하려다보면 어느덧 법학으로부터 멀어질 수가 있다.

법과 관계가 없어 보이는 영역을 함께 취급하는, 소위 '통섭'(統攝, consilience)을 한다는 분야가 대체로 그렇다. 우선 각 영역의 전문가가 되고 난 다음에야, 교집합 내지 합집합을 다루는 전문가도 될 수 있을 것인데, 대학원생 역량으로는 대체로 그런 지배력을 갖기가 쉽지 않다. 이편 저편 아무 데에서도 눈길을 주지 않는 외로운 연구자에 머물게 될 염려가 있다.

능력 가운데 전문분야를 결정하는 데에 또 다른 중요한 변수는 '언어'이다. 읽을 수 없는 언어의 책으로 공부를 해야 하는 분야라면 그와 관련된 학위논문을 쓸 수 없다.

■ 외국어 독해능력에 대해

외국어 문헌을 읽어야 하는지, 꼭 외국문헌의 인용을 해야 하는지 물어보는 학생들이 많다. 이 물음에 대해서는 간단히 대답할 수 없다. 연구하고자 하는 분야에 따라 다를 것이다. 한국사나 국문학의 경우와 독일사, 프랑스철학의 경우가 같을 수는 없다. 법학에서도 가족법과 국제법, 헌법 전공이 이 문제에서 같은 기준을 가질 수 없다. 대학원에 들어올 정도의 관심이 있고, 지도교수를 직접 선택할 수 있는 식견이 있는 학생이라면 자신이 고르고자 하는 분야에서 외국문헌이 어느 정도로 중요한지는 이미 알고 있을 것으로 본다.

하지만 논문이 다루고자 하는 분야를 고를 때 외국어 독해능력을 아주 중요하게 생각하지 않는 경우도 있는 것 같다. 작년에 한 학생이 '형법에서 고의의 개념'에 대한 테마로 박사논문을 쓰겠다고 했다. 그가 독일어를 읽을 수 없다고 하기에 나는 그 계획을 말렸다. 논문주제를 나에게 와서 이야기할 정도라면 어느 정도 공부가 진행되었던 때였을 것이다. 실망한 표정이 이해가 된다. 공부할 분야를 처음 정할 때부터 외국어 능력에 대한 조언을 들었더라면 더 좋았을 뻔했다.

법학에는 외국어 독해가 반드시 필요한 분야가 많이 있다. 우리나라 법체계가 독일법을 포함한 대륙법계 전통에 속해 있는데, 그 이유는 독일의 법률체계를 받아들였던 일본의 영향 때문이라는 것을 알고 있다. 상황이 그렇기 때문에 실정법, 특히 가장 기초가 된다고 말하는 헌법, 민법, 형법 등의 법해석·적용과 관련된 이론들[이것을 법도그마틱(Rechtsdogmatik)이라고 부른다]이나 원칙들은 독일 논의에 근원을 두고 있는 것이 대부분이다. 최근 우리나라 고유의 법학을 발전시키려는 노력이 크게 진전되고 있지만 아직 독일의 법도그마틱 내용에서 완전히 벗어나지는 못하고 있다. 그렇기에 분량면에서 법학의 대부분을 차지하는 도그마틱 핵심적인 내용을 공부할 때에는 독일어의 독해능력이 중요한 수단이 된다. 형법학의 경우에 골격을 이루는 도그마틱, 예를 들어 고의론, 착오론, 인과관계론, 미수범론, 과실범론, 공범론 등 익히 들어온 형법총론의 대부분, 그리고 형법각론 많은 분야의 공부에 독일어가 필요하다고 말할 수 있다. 형사소송법적, 법철학적, 법이론적, 법사학적 테마들도 그렇다. 만약에 독일어 대신 영어를 읽을 수 있는 학생이라면 위의 것들보다는 형사정책적, 범죄학적, 국제(형)법적, 비교법적, 실무비평적, 일부 형사소송법적인 테마를 우선적으로 권하게 된다.

때가 어느 땐데 아직도 외국 문헌에 의존하라고 하는, 사대주의적인 논문지도라고 말할 사람이 있을지도 모르겠다. 그렇지만 학위논문을 일단 쓰기 시작해보면 외국어 독해가 왜 중요한지 알게 된다. 분야를 정하고 논문테마를 잡아, 그에 대해 전문적이면서도 구체적인 내용을 다루고 있는 문헌을 찾아보는 순간, 관련 글들이 국내에 별로 없다는 것을 곧바로 깨닫는다. 학술지에 실린 짧은 글들 몇 편이 전부일 것이다. '중지미수에서 자의성'을 테마로 학위논문을 쓰기 위해 도서관을 뒤져보자. 한국어로 되어 있는 문헌을 다 모아봐야 학위논문 두어 개, 학술지 논문 십 수 편이나 될까? 이걸 다 읽는 데에 1, 2주면 충분하다. 논문 작성 기간 일년여, 이제 뭘 가지고 연구할 것인가? 백 페이지가 넘는 학위논문 한 권을 쓰기 위해 턱없이 부족한 문헌을 자료로 하여 연구한다는 것은 정말 쉽지가 않다. 문장을 그대로 옮기듯이 가져오지 않는다면 말이다. 그리고 우리말로 된 글을 읽다보면 관심이 가는 내용이 발견되는데, 해당 각주를 보니 '이에 대해 더 자세히는 다음의 글을 참조하라'고 하면서 독일문헌을 소개하고 있는 것이 눈에 띌 것이다. 독일어 독해능력이 없다면 너무나 안타깝게 느낄 순간이다.

학위논문을 쓰고 있는 도중에 이런 느낌을 받으면 늦다. 전문적으로 공부하게 될 자신의 분야를 결정할 때에 미리 외국어 능력을 감안했어야 한다. 필요한 외국어를 모른 채 학위논문까지는 어떻게 썼다고 하더라도, 그 이후에도 해당 분야의 전문가로서 계속 활동하는 데에는 큰 제약이 따르게 될 것이다.

우리들 대부분은 비교적 영어에 익숙하다. 어릴 때부터 읽고 들은 게 있어서이다. 대학원 학위과정에 있는 연구자들은 일반인에 비해 더 잘 읽을 것이다. 그런데 영어 이외의 다른 언어, 즉 '제2외국어'라고 불리는 언어의 경우에는 좀 다르다. 요즘 일부 외국어고등학교를 제외하고 영어 이외의 언어에 대한 교육이 이루어지지 않고, 대학에서도 제2외국어 교양을 수강하지 않으며, 별도의 교육 프로그램도 신청자 미달로 폐강되는 예가 다반사라고 한다. 제2외국어를 잘 하는 것까지 바랄 수는 없고, 낯설지 않게 여기는 학생들도 점점 더 드물어지는 것 같다.

익숙하지 않은 언어로 글을 읽어야만 연구할 수 있는 분야는 피하는 것이 맞다. 우리말만 가지고서는 자료가 충분하지 않을 것이라고도 말했다. 그러니, 많은 수의 연구자들이 영어를 읽고 공부할 수 있는 분야에 더 관심을 갖는 것은 어쩔 수가 없다. 그런데 처음부터 모든 학생이 영어로 공부할 수 있는 테마에만 관심을 갖지는 않았을 것 같다. 헌법, 민법, 형법, 상법, 소송법, 행정법 등 실정법 도그마틱이 재미있어서 공부를 시작한 사람, 법철학이나 법이론에 큰 흥미를 느끼는 학생들이 참으로 많을 것이다. 그런데도 단지 독일어라는 장벽 때문에 이 분야들을 공부하지 못하게 된다면 참으로 애석한 일이 아닐 수 없다. 개인의 문제만이 아니다. 우리나라 사회과학의 분위기는 지금 유례가 없을 정도로 영미권, 특히 미국에 익숙한 분야의 연구로 채워지고 있다. 물론 미국이 우위에 놓일 수밖에 없는 전문적인 테마도 많고, 그 비율도 높아진 것은 사실이다. 그러나 도저히 영어만으로, 미국식의 학풍만 따라가서는 공부할 수 없는 분야가 분명히 있으며, 법학은 그 대표적인 전공이다. 나는 독일어를 정말 '조금이라도' 읽을 수 있는 학생에게는 독일이론이 포함된 분야를 공부해볼 것을 적극적으로 권하고 있다. 실로 광범위한 그 영역에는 공부할 사람이 별로 없는 반면에, 영어를 통해 학문활동이 이루어지는 곳에는 연구자들이 많이 몰려 있는 것을 보기 때문이다.

이 부분을 읽는 대부분의 독자들은 심기가 편하지 않을 것 같다. 독일어 읽을 수 있는 사람이 거의 없고, 배우려는 학생도 없는데 언제까지 독일 타령이냐고 할 것임에 틀림없다. '저자는 독일에 유학을 다녀왔으니 이런 이야기나 한다'고 생각할 사람도 많다. 당연한 말을 한다 해도 그것이 독일 관련된 내용이면 바로 물리쳐버리려는 사람도 적지 않게 만났다. 어느 학회에서 '홍 교수가 미수범의 처벌근거를 주관적 표지에서 찾는 것은 독일파이기 때문이다'라고 정리해버리던 사람도 기억난다. 과거에 독일학문에 대한 동경이 있었던 것보다, 현재 독일에 대한 반감이 더 크다고 느껴질 정도이다.

나는 개인적으로 독일유학의 효용에 대해 그렇게 긍정적으로만 생각하지 않는다. 유학기간 동안에도 그 나라 이론을 따르기보다는 그것을 극복하는 공부를 했었다. 지금 우리 고유의 법학이론을 찾는 데에 집중해야 한다는 것을 잘 알고 있고, 그렇게 만들기 위해 애쓰는 중이기도 하다. 그렇지만 아무리 그렇다고 하더라도 할 말은 해야 할 것 같다. 법학테마를 정해 문헌을 읽고 글을 쓰는 방법을 이야기하는 이 책에서 독일어의 중요성을 말하지 않는다면 그것이야말로 진실을 감추는 것이라고 생각한다. 거의 모든 사람들의 정서에 맞지 않는다고 해도 할 수 없다. 나는 우리글과 영어만 가지고서 헌법이론, 계약법론, 범죄체계론을 깊이 있게 공부할 수 있다고는 도저히 말할 수가 없다.

아래는 법학을 학문으로서 진지하게 해보려 하는 과정에 있는 학생들에게 해주고 싶은 이야기이다. 이미 논문을 작성한 연구자, 실무를 하면서 논문을 쓰는 독자들에게는 정중하게 양해를 구한다.

내가 독일어의 필요성을 이야기할 수 있는 이유는, 나 같은 사람도 독일어를 그럭저럭 읽고 있기 때문이다. 원래부터 독일어를 했었다면 쉽게 말을 꺼내지 못했을 것이다. 전혀 익숙하지 아니한 언어를 게다가 이십 대 중반이 넘은 나이에 배운다는 것이 얼마나 어려운지 잘 알고 있다.

나는 고등학교 때부터 대학교양에 이르기까지 프랑스어를 배웠다. 그렇지만 '꼬망 딸레 부' 이상의 말을 할 수 없고, 스물 이상 숫자도 프랑스어로 셀 수가 없다. 남은 게 없었기에 다른 언어를 새로 집어넣는 것이 가능했다고 생각할 정도이다. 대충은 짐작하고 있었지만 석사과정에 들어와보니 독일어의 위압감은 생각보다 더 컸다. 선배들이 자발적으로 모여서 공부하는 원서강독에 처음 들어가 보았는데, 생소한 이름의 여러 학자들의 독일책을 직독직해하는 고수 선배들을 보고 깜짝 놀랐다. 진작 독일어를 배워놓을걸 생각하는 후회는 별 의미가 없었다. 어차피 피할 수가 없는 것이라 하므로 부랴부랴 독일어공부를 시작했다. 대학원 도서관에 앉아 '아베체데……'부터 외웠다. 기초반 학원도 다녔다. 법학공부와 독일어공부의 비율이 일대일 정도였던 시절이다. 그렇게 일 년을 보내니 독일어 구조가 머릿속에 들어왔다……고 말하고 싶지만, 그건 과거미화이다. 그런 일은 없었다. 원서강독에서는 늘 어느 부분을 읽고 있는지 따라가기에 바쁜 수준이었다. 이런 시간들을 계속 보내고 이제 석사논문을 막 쓰고 있을 때에 이른 수준은 다음과 같은 정도였다. 일반독어사전 내지 법학독어사전의 힘을 빌어 어려운 전문용어들 아래에 우리말 뜻을 일단 써 놓는다. 그 이후에 그 단어들을 포함한 문장 전체를 한꺼번에 주욱 읽어보면서 대충 무슨 의미로 쓴 것일지를 짐작하는 수준. 이후 병역을 하면서 남는 시간을 이용하여 독일책을 읽어보려 노력하였고, 유학기간 동안에 비로소 독일어에 대한 두려움을 많이 없앨 수는 있었다.

이 진도가 정상은 아니다. 무척 달리는 수준이라고 생각한다. 이렇게 어재(語材)가 부족하여 특별히 딱해 보이는 사정을 상세하게 쓰는 이유는, 생소한 언어 배우는 것을 두려워하지 말라는 이야기를 하고 싶어서이다. 나이 삼십 전후의 묵은 머리로 새 언어를 배우는 것보다는 젊은 학생들의 성과가 훨씬 더 좋다는 것을 경험을 통해 알고 있다. 아울러, 독해를 배우는 데에 필요한 가장 중요한 소양은 바로 '해당 학문에 대한 지식'이라는 사실도 말해주고 싶다. 독일어 단어의 정확한 뜻을 몰라도, 문장 구조가 완전히 파악되지 아니하더라도, 그 저자가 무슨 이야기를 하고자 하는지를 우선 아는 것이 더 중요하다. 해당 분야의 전문지식을 갖고 읽을 때와 아무것도 모르고 읽을 때 독해능력의 차이는 생각보다 훨씬 크다. 어떻게 보면, 저자의 의도를 미리 알고 나서 자연스럽게 단어의 뜻과 문법도 뒤따라 이해된다고도 볼 수 있다. 이 면이 어려서 언어를 배우던 경험과 다르다. 외국어단어 및 문장구조와, 이미 알고 있는 전문 지식 사이에서 시각을 왔다갔다 해보면 독해는 그런대로 진행이 되어간다.

가장 중요한 의도는, 논문을 쓰기 위해서 필요한 실력이 그렇게 높은 수준이 아니라는 것을 말하고 싶어서이다. 외국어의 독해능력이라는 말을 쓴 것에 대해서 큰 부담을 가질 필요가 없다는 뜻이다. 해당언어를 쓰는 나라에서 살았던 경험이 있을 필요도 없고, 말하거나 쓰는 데에 능통할 필요도 없다. 석사과정생인 경우에 일반적인 크기의 전문서적 한 면을 읽는 데에 하루 정도가 걸린다면 충분하다. 한 달이면 어지간한 논문 한 편을 읽을 수가 있게 된다. 자신이 관심을 기울이고 있는 분야의 논문을 열 편 정도 원어로 읽어보는 것은 석사논문을 쓰기 위한 자료를 이미 갖춘 것이라고 해도 된다. 박사과정에 들어서는 그보다 더 익숙해질 것이다. 한 면을 읽는 데에 서너 시간 걸리는 수준이면 매우 훌륭하다. 속도가 늦어서 많은 글을 소화하고 싶은 욕심을 충족할 수 없는 사정은 분명히 안타깝다. 그렇지만 그 안타까움은, 언어 배우기 자체를 처음부터 꺼려하여 그냥 익숙한 언어만으로 공부할 수 있는 분야를 결정해버리고 마는 안타까움에 비교할 수는 없을 것으로 생각한다.

분야를 정하기 위해

공부를 본격적으로 시작하기 전에 지향점을 갖는 것이 중요하다고 하였다. 그런데 그것을 어떻게 발견하게 되는지는 아직 말하지 않았다. 이미 비유한 것처럼 배우자를 만나는 것과 같은 차원의 문제이기 때문에 옳은 방법, 효율적인 방법이란 없을 것 같다. 도저히 길을 못 찾고 있는 독자들에게 다음의 이야기 정도만 해보고자 한다.

우선 처음부터 관심을 갖고 있던 분야가 전혀 없는 때라면 전공의 대표적인 책, 예를 들어 교과서처럼 누구나 가까이 두고 읽는 책을 처음에 손에 잡게 되는 것은 생략할 수 없는 과정이다. 그렇지만 책 첫머리부터 한 장씩 읽어나가는 것은 좋지 않다. 법과대학이나 로스쿨을 다녔다면 시험에 나올 내용들만 주로 읽었을 것이다. 그렇지만 학문을 시작한 이상, 흥미가 있었거나 관심이 생기는 부분, 평소에 더 궁금함이 많았던 곳을 찾아서 읽는 것이 좋다. 그러다가 특히 중요하다고 생각되거나 관심이 더 커지는 곳, 아무리 읽어도 이해가 안 되거나, 때로 저자와 다른 생각이 드는 부분에는 일단 표시를 해두는 게 좋다. 이후에 자세히 이야기하겠지만 공부를 하는 과정 동안 많은 흔적을 남기는 것이 중요한데, 문헌에 자신의 관심을 표시하는 것이 그 출발점이다. 처음에는 이렇게 주목된 분야가 많아도 상관없다.

그 다음, 해당 전공자들이 많이 참고하고 있는 단행본을 읽어보아야 한다. 지도교수나 선배에게 추천해달라고 할 수도 있다. 그런데 도서관을 뒤져보면 법학분야와 관련된 단행본이 많지 않다는 것을 알게 될 것이다. 혹시 그 분야를 다루고 있는 번역서가 있는지도 찾아보자. 몇 권 되지 않는 책이니 전부를 읽는 것이 좋지만 시간이 많지 않은 경우라면, 책 전체를 숙독할 필요 없이 관심이 생기는 영역만 면밀히 읽어도 된다.

교과서 및 번역서를 포함한 전공서적을 몇 권 읽어서 여러 관심 분야들을 골라가고 있다면, 그 다음으로는 주요 논문을 찾아본다. 학술논문을 쓰는 데 가장 중요하면서도 또 많은 시간을 할애해야 하는 작업은 학술논문을 찾아서 읽고 분석하는 작업이다. 지금 말하고 있는 '분야 정하기'를 위해서도 논문을 찾아야 하고, 테마를 확정짓기 위해서도 논문을 살펴보아야 하며, 글을 쓰는 도중에도 필요에 따라 언제든 곧바로 논문을 찾아서 읽어야만 한다. 나중에 각주나 참고문헌을 정리할 때에도 논문을 인용해야 하는 것은 물론이다. 특히 법학처럼 학술단행본이 적게 출판되어 있는 영역에서 논문의 역할은 절대적이다.

"논문은 논문으로부터 나온다."

공부를 본격적으로 시작하기에 앞서 논문을 찾는 것은, 관심을 둔 분야를 자신의 전문분야로 결정할 만한 가치와 효용이 있는지 살펴보기 위한 것이기도 하다. 지나치게 많은 사람들이 연구해온 분야나 아무도 연구하지 않은 분야를 선택하는 것은 위험하기 때문에, 그 수준을 알기 위해서라도 논문을 찾아볼 필요가 있다. 관련된 학위논문의 개수도 세어보면 좋다. 이미 박사학위나 석사학위논문이 많이 쓰인 분야에서는 새로운 인식을 해내기 어렵다고 하였는데, 어느 정도가 많은 것이냐고 묻는다면 꼭 집어서 대답을 하기는 어렵다. 전공에 따라서 다를 것이지만, 대략 국내에서 박사학위논문의 수가 스무 개가 넘어간다면 해당분야에 대한 관심은 다른 분야에 비해 이미 충분한 것이 아닐까 싶다. 아예 없다면 미개척 분야이다.

일단 해당 분야의 논문을 찾았는데 많지 않으면 전부 읽어보고, 개수가 많으면 그 가운데 몇 개만이라도 우선 읽어본다. 선별하는 방법은 어렵지 않다. 제목이 마음에 든다는 이유도 괜찮다. 오래된 것보다는 비교적 최근에 게재된 논문을 찾아서 읽어보는 것이 좋다. 가장 좋은 방법은 자기와 관계있는 대학의 교수, 또는 흔히 이름을 들어왔던 저자의 논문을 읽는 것이다. 지도교수의 논문이 있다면 당연히 최우선 순위이다. 지도교수가 아니더라도 상담이 가능한 학자가 있다면 그의 논문을 읽고 직접 찾아가 해당 분야의 적합성이나 전망에 대해 대화를 나누어보는 것이 가장 좋은 방법이다.

이렇게 논문들을 어느 정도 찾아서 읽다보면 공부하고자 하는 분야가 저절로 정해지는 경우도 많다. 아무래도 더 관심이 가는 영역의 논문을 더 찾아서 읽어가고 있을 것이다. 그래도 끝까지 여러 분야가 남아 있고, 이제 학위논문을 본격적으로 써야 할 시기가 다가온다면 그들을 일별해 놓고 선택을 해야 하는 순간이 되었다고도 볼 수 있다. 이 상황에서는 지도교수가 결정적인 조언을 해줄 것을 기대해보자. 그것도 여의치 않다면, 관심이 그나마 덜 가는 분야를 먼저 가려내는 식으로 선별해볼 수도 있다.

관심이 가는 내용들을 많이 표시해두어도 괜찮다고 하였다. 체크된 것들 가운데에서 추려내는 작업은 쉽지만, 처음부터 너무 심사숙고해서 최선의 것을 하나만 골라야 한다고 생각하면 그렇게 쉽지가 않다. 우선 여러 분야를 생각해두었다가 나중에 다양한 요인들을 고려하여 배제하는 식으로 가려내다보면 최선의 분야가 남게 될 수 있다.

있는 것(있어야 하는 것)을 적극적으로 찾기보다는, 없는 것(없어야 하는 것)을 소극적으로 배제하면 결국 있어야 할 것이 남게 된다. '소극적 방법론'이라 불리는 이 인식론은 형법학자 배종대 교수가 비유하신 '홍운탁월법'(烘雲托月法)이 잘 설명해준다. 먹을 갈아 한지 위에 달을 그리려 할 때, 달을 직접 그리는 것이 아니라 검은 하늘이나 구름을 그려냄으로써 하얀 달을 드러내게 하는 것 말이다. 여러 모습으로 응용된다. 비판적 합리주의, 소극적 공리주의, 브레인스토밍(brainstorming) 등이 소극적 방법론의 중요한 성과들이다. 유명한 법철학자 카우프만(Arth. Kaufmann) 교수는 다음과 같이 말한다. '우리는 정의가 무엇인지는 알 수 없다. 그러나 부정의한 상황이 무엇인지는 알 수 있다.' 일상에서도 써먹을 수 있다. '연인을 만나려 할 때 바로 이상형을 찾기란 쉽지 않다. 그렇지만 저 인간이 이상형이 아니라는 것은 쉽게 알 수 있다.'

조금 더 쉬운 방법이다. 장차 자기가 전문으로 공부할 영역을 정할 때에 싫어하는 분야를 배제하고, 논문 테마를 정할 때에도 여러 가능성을 다 생각한 이후에 아닌 것을 빼내는 것이다. 보아야 할 참고문헌을 바로 찾는 것은 어렵지만 안 봐도 되는 문헌은 알 수 있다. 논문의 문장 가운데 꼭 필요한 표현이 무엇인지 바로 알 수는 없지만 이것저것 써놓은 가운데 없어도 되는 문장을 발견하는 것은 쉽다……

그러니 평소에 많이 읽고, 많이 정리해두고, 많이 써놓는 습관을 들이는 것은 참으로 소중하다. 분야를 가리지 말고 이것저것 많이 알아두는 것도 좋다. 일단 많이 갖추어 놓으면 그것을 깔끔하게 다듬어서 표현해내는 것은 쉽지만, 없는 데에서 새로 만들어내는 것은 언제나 더 어렵기 때문이다. 좋은 학술논문을 짧은 시간 안에 쓸 수 있는 사람들은 타고난 천재가 아니라 평소에 공부하고 정리해 놓은 게 많은 사람일 것이다.

3
테마 정하기

공부하고자 하는 분야를 정했다면 이제 논문을 생각하면서 논문 '테마(주제)'를 정하게 된다. 물론 아직 '분야'가 정해져 있지 않다고 해도 바로 구체적인 테마를 정할 수 있다. 분야를 정하는 요령도 지금부터 이야기할 테마 잡는 법에서 힌트를 얻을 수 있을 것이다. 논문이 관계되는 분야와 논문이 다루는 테마는 그 외연 크기의 차이일 뿐이므로 결정하는 데에 이르는 과정은 비슷하다.

테마가 너무 넓어서는 안 된다

테마를 신중하게 정하지 않고서 논문글 작성에 바로 돌입하는 것은 위험하다. 반면에 테마를 잘 정할 수 있었다면 이후 논문작성의 부담은 꽤 덜어진다. 그만큼 중요한 과정이다. 테마를 정한다는 게 도대체 무엇일까?

바로 위까지 이야기한 '분야'는 논문이 관계를 맺고 있는 넓은 영역인 반면, 논문의 테마는 그 논문만의 특징을 드러내는 구체적인 글의 소재이다. 많은 학생들이 논문이 관계되는 '분야'를 정해놓고서는 그것을 곧 '테마'를 정한 것으로 생각한다. 그렇지만 둘은 분명히 구별되어야 한다. 위에서 설명한 절차를 통해서 골라진 '분야' 가운데에서, 논문이 직접 취급하고자 하는 구체적인 '주제'로 더 좁혀나가는 작업이 다시 이어져야 한다.

나의 전공분야의 쉬운 예를 들어 보자. 법학을 공부하였으면 누구나 들어보았을 내용이다. 대학에서 배우는 형법학은 어떠한 요건을 갖추어야 범죄라고 할 수 있는가를 묻고 답하는 내용으로 되어 있다. 대체로 '구성요건에 해당하고 위법하며 유책한 행위'를 범죄라고 정의내린다. 구성요건에 해당한다는 것은 문제되는 행위와 결과가 형법전에 쓰여 있는 요건에 부합하는지를 따지는 과정이다. 구성요건에 해당하게 되면 위법한 것으로 생각되나, 예외적으로 정당방위행위였다든지 하는 사정이 드러나면 위법성이 조각(배제)된다. 책임이 있다는 것은 이 위법한 행위를 놓고 그 행위자를 탓할 수 있다는 뜻이다.

독자들이 이 개념들을 이해하지 않아도 아무 상관이 없다. 하나만 동감하면 된다. 적어도 "형법상 범죄 요건에 대한 연구"라는 식의 논문을 쓸 수는 없다는 것 말이다. 위의 모든 개념이 다 연구되어야 하니, 학부와 대학원 전 과정에서 계속 배워갈 것의 거의 전부이다. 그러면 한 단계를 줄여보자. 구성요건해당성, 위법성, 책임의 세 단계 가운데 하나만 고르면 어떨까? 즉 "형법상 구성요건해당성에 대한 연구"라는 논문테마 말이다. 형편없는 주제이다. 이 범위로도 역시 학위논문을 쓸 수 없다. 더 줄여야 한다. 아래의 단어들이 무슨 뜻인지 몰라도 전혀 상관없다. 어디까지 줄여갈 수 있는지만 짐작해보자.

범죄란 무엇인가? → 형법상 범죄 요건에 대한 연구 → 형법상 구성요건해당성에 대한 연구 → 주관적 구성요건에 대한 연구 → 주관적 구성요건요소로서 고의와 착오에 대한 연구 → 착오에 대한 연구 → 사실의 착오에 대한 연구 → 사실의 착오 가운데 방법의 착오에 대한 연구 → 방법의 착오와 인과과정 착오의 관계에 대한 연구 → 인과과정 착오 사례에서 객관적 귀속이론에 의한 해결방식 → 인과과정 착오사례에서 객관적 귀속이론에 의한 해결에 대한 비판 → 구체적 부합설의 시각에서 바라본 인과과정착오사례에서 객관적 귀속이론의 적용 한계

느낌이 오는가? 점점 더 좁은 영역을 다루고 있고, 더 구체화되고 있다. 그럴수록 점점 더 독창적인 논문 테마가 되어가고 있다는 것도 간파할 수가 있다. 앞서 말한 논문의 '분야'란 위의 구체화 단계에서 '사실의 착오' 정도의 범위를 말한다. 이것을 정한 것을 놓고 논문의 테마를 정했다고 생각해서는 안 된다. 즉 '형법상 사실의 착오에 대한 연구'는 해당 분야를 가리킬 뿐, 논문테마가 될 수 없으며, 논문제목이 되어서도 안 된다. 논문테마는 위의 단계 가운데 가장 구체적인 것에 근접하는 수준이어야만 한다. 논문테마를 이미 결정했다고 믿는 독자들은 지금 반드시 스스로 물어보아야 한다. "정해놓은 것은 논문의 테마인가, 아니면 논문이 관련된 분야인가?"

이해를 돕기 위해서 다른 예를 들어본다. 오른쪽은 각 소재에 대해 연구가 잘 이루어졌다는 가정하에 쓸 수 있는 책의 수준이다.

1. 서양사에 대한 연구: 이 테마로 글을 쓰려면 거대한 도서관 한 채를 채울 정도의 분량으로 써야 한다.
2. 독일사에 대한 연구: 도서관의 큰 방 하나 분량
3. 독일 현대사에 대한 연구: 거대한 책장 열 개 분량
4. 1990년대 독일 통일사에 대한 연구: 적어도 책장 서너 개
5. 독일 통일 이후 과거사 처리에 대한 연구: 적어도 큰 책장 하나
6. 독일 통일 이후 과거사에 대한 법적 처리에 대한 연구: 오십 권 이상
7. 독일 통일 이후 과거 정권의 범죄 행위에 대한 법적 처리: 스무 권 이상

8. 독일 통일 이후 구동독 정권이 저지른 도핑 사건에 대한 법적 처리: 두꺼운 책. 박사학위논문.
9. 구동독 정권하 도핑 피해자의 성정체성 문제에 대한 통일 이후의 법정책: 박사학위논문이나 석사학위논문
10. 구동독 정권하 도핑 피해자의 성정체성 혼란에 대한 국가 배상의 한계: 석사학위논문이나 학술지 논문

논문준비생들에게 물어보면 대부분 학위논문들의 테마가 9, 10의 수준에 이르지 못하고 있다. 석사와 박사의 차이는 있지만, 대체로 7, 8 정도의 주제를 잡는 것이 보통이다. 권할 일은 아니지만 그런 정도의 논문을 쓰는 것이 가능하다고는 할 수 있다. 그러나 결코 위의 5, 6을 테마로 잡아서는 안 된다. 학위논문으로서 성공적인 작품이 나올 확률이 극히 떨어진다.

테마를 구체적으로 정해야 하는 이유

공부가 쌓인 사람만이 테마를 줄일 수 있다

우선 하나 물어보고 싶다. 논문의 테마를 추상적으로 정한 학생과 구체적으로 정한 학생 가운데 누가 더 공부를 많이 했을 것으로 생각되는가? 한번 다시 보자. 5번 "독일 통일 이후 과거사 처리에 대한 연구"와 10번 "구동독 정권하 도핑 피해자의 성정체성 혼란에 대한 국가 배상의 한계" 중 어느 것이 더 공부를 많이 한 연구자의 작품으로 보이는가?

소수의 예외를 제외하면 대부분은 구체적인 테마를 다룬 경우가 그렇지 않은 쪽보다 더 많이 공부한 사람의 논문으로 보이게 된다. 테마를

구체적으로 정할 수 있는 능력은 일정 정도의 공부가 쌓이지 않고서 얻을 수 없는 것이기 때문이다. 10번을 테마로 정할 수 있는 사람이 5번 수준의 제반 지식이 없을 것으로 생각하기는 어렵다. 그렇지만 5번을 테마로 정한 사람이라면 10번 같은 구체적인 내용을 들어본 적도 없을 가능성이 농후하다. 교과서나 기본적인 이론서만 보아서는 좁은 테마를 잡을수가 없다. 그 이후에 분야를 정하고 참고문헌을 꾸준히 찾아서 분석해본 사람만이 테마를 줄여갈 수가 있다. 이 과정이 반복될수록 논문의 소재는 더 고유한 영역으로 축소된다.

학위논문에서 모든 것을 보여줄 수는 없다

"학생들이 쓰는 학위논문은 저명한 학자들이 쓰는 단행본과 달라야 한다."

이미 학식이 깊은 학자라면 충분히 넓은 테마, 추상적이면서도 포괄적인 내용을 많이 포함하는 테마로 책을 내어도 괜찮다. 구체적인 논증을 여러 차례 반복하여 왔을 것이고, 그것을 토대로 이미 큰 틀에서 문제점을 찾고 분석하며 대안을 제시할 능력이 있을 것으로 기대되기 때문이다. 그렇지만 이제 막 학위논문을 제출하는 학생이 그런 식의 능력을 다 갖추고 있을 것이라 생각하기는 어렵다. 감당할 수 있는 정도의 테마를 찾아 그것에 몰두하여 새로운 결과물을 내어 놓을 것을 그에게 바라고 있다. 논문작성자는 늘 겸손해야 한다. 교만하게 연구하면 안 된다는 뜻이 아니라, 자신이 모든 것을 다 해내야 한다는 책임감에서 벗어나야한다는 말이다. 능력만큼만 하면 된다. 읽을 수 있는 분량만 정해서, 쓸수 있는 만큼만 쓰면 된다. 그러기 위해서는 좁은 일부 영역에 집중하면되는 것이다.

인류가 쌓아온 학문적인 성과들을 생각해보자. 이루 헤아릴 수 없는 수많은 사람들이 '분업'을 한 결과물이 축적되어왔다. 제 아무리 아리스토텔레스, 레오나르도 다빈치라 해도 관심 둔 분야의 모든 업적을 완성시키려 하지 않았고 그러지도 못했다. 할 수 있는 것만 했다. 학위논문을 쓰고자 하는 초학자들로서도 할 수 있는 것만 하면 된다. 그러기 위해서는 테마를 될 수 있는 대로 구체적으로 정해서, 그 좁은 영역 안에서는 제대로 공부해야 한다.

이것은 학계에 기여하는 길이기도 하다. 학위논문을 작성하는 학생이 이미 쓰여진 여러 문헌들의 수준을 넘어서는 것은 쉽지가 않다. 그러나 자기만 관심을 가질 수 있는 수준으로 테마를 좁히게 된다면 적어도 그에 관한 한 전문가가 될 수 있다. 그 내용이 곧 학계에도 도움을 줄 수도 있는 것이다. 육중한 무게감을 지닐 수는 없더라도, 뾰족하게 도드라진 개성을 보여줄 수는 있다.

어차피 다 공부하게 되어 있다

좁은 테마를 잡는다고 해서 가벼운 공부만 하게 될 우려는 없다. 정해진 테마에 집중하다보면 어차피 넓은 범위, 추상성이 있는 이론을 함께 공부하지 않으면 안 된다는 것을 알게 된다. 그렇게 하지 않으면 논문이 나올 수가 없다. 좁은 영역의 땅을 깊게 파기 위해서는 반드시 넓게 테두리를 파내는 작업을 함께 해야 한다. "상품의 표시·광고와 계약의 내용 – 건물분양계약을 중심으로 한 고찰 –"이라는 테마를 잡은 사람이 계약법의 일반적인 이론들을 모를 것으로 생각할 수 있는가? 기본권 보장의 원리들을 모르는 사람이 "시설 이용에서의 차별과 국가인권위원회의 과제"라는 논문을 쓸 수는 없다. 학위논문심사의 경험이 많은 교수들은, 논문의 주제만 보아도 어느 정도 공부가 쌓여서 작성된 내용인지 알 수 있다고 말한다.

좁은 테마로 글을 쓰면 논문의 분량이 충분히 안 나올 것 같다는 걱정이 있을 수가 있다. 그렇지만 주제가 구체적이어야 한다는 뜻이, '논문에는 꼭 그 이야기만 써야 한다'는 의미는 아니다. 구체적인 주제에 논의가 집중하게 되는 과정들을 일반론을 포함하여 앞부분에 충분히 서술하고, 그 구체적인 주제를 치밀하게 다룬 이후, 뒷부분에 어느 정도 폭넓은 비평이나 전망을 덧붙여도 괜찮다. 바로 그런 구성을 통해서 중심을 이루는 테마의 가치가 더욱 부각된다.

높낮이의 차이가 없이 병렬적으로 늘어놓는 것이 아니라, 곧바로 구체적인 테마를 향해 집중되도록 배치를 하는 것이 중요하다. 좁은 주제만을 다룬, 논문의 노른자위가 전체의 60퍼센트를 차지한다면, 나머지 흰자위 40퍼센트는 넓은 공부내용으로 채워진다. 그렇게 하면 분량도 부족하게 되지 않는다. 그러나 논문 전부가 넓은 주제를 다루는 데에 그치게 되면 그 40퍼센트의 공부내용을 갖고 100퍼센트의 분량을 채워야 한다. 일반적인 내용의 나열에 그치는, 노른자위 없는 희미한 글이 될 것이다.

비판가능성을 낮춘다

"양성 간 고용 불평등에 대한 연구"로 박사학위논문을 썼다고 생각해보자. 세어볼 수도 없지만 그와 관련이 있다고 생각되는 전문가를 교수나 박사급으로만 한정한다고 하더라도 우리나라에만 적어도 수백 명이 넘을 것이다. 사회학의 거의 모든 세부전공과 관련이 있는 것은 물론이고, 경영학, 행정학, 심리학, 법학에도 전문가가 많이 있다. 논문작성자가 일이 년 동안 이들의 대표적인 저서나마 다 읽었을 것으로 생각되지 않는다. 물리적으로 가능하지가 않다. 그렇다면 200페이지 정도의 논문에 대해서 유감이 있는 사람도 헤아릴 수 없을 정도로 많아지게 된다. '기본적으로 모두가 알고 있는 내용이 빠져있다', '이 전공에서 누구나

다 읽어야 하는 기본서에 대한 이해가 없다'는 식의 비판을 도저히 피해 나갈 재간이 없다.

"사기업 여성 고용할당제에 대한 노동법적 비판"이라고 하면 관련된 전문가의 수는 대폭 줄어들 것이다. 공부가 부족했다고 비판을 받을 염려도 그만큼 줄어든다. 그 문제에 대해서는 무슨 자료를 더 읽어야 한다는 정도의 지적이 있다고 하더라도 이를 반영해서 보완할 수 있는 시간이 있다. 가상적으로 주제를 최소로 줄여보자. "사기업 영업팀의 업무시간 이후 이루어지는 비공식적 활동이 여성 신규채용을 제한하는 데에 미치는 영향과 그에 대한 과태료 부과 제안"으로 글을 썼다고 해보자(좋은 주제는 아니다). 백 페이지짜리 논문이다. 이 논문을 제출한 사람 이외에 그 누가 이런 연구를 할 생각이나 했겠는가? 내용에 대해 지적을 할 수 있는 사람은 거의 없을 것이다.

논문테마의 폭을 줄이는 것은 하나의 전략이 될 수 있다. 심사교수를 비롯한 선배 학자들이 FC 바이에른을 방불케 하는 축구팀을 이루어 공격할 태세를 갖추고 있을 때, 조기축구회 골키퍼로서 대비할 수 있는 유일한 방법은 골문 크기를 줄이는 길뿐이다.

테마를 줄이기 위해

논문제목은 다르다

논문의 테마가 곧바로 논문제목이 될 필요는 없다. 논문 겉표지의 제목은 조금 폭넓게 쓰거나 다소 추상적으로 표현하는 것도 허용된다. 그렇기 때문에 주제를 구체적으로 잡았을 때 겉표지의 타이틀이 지엽적으로 보일 것을 염려하지 않아도 된다. 논문의 핵심이 어떤 구체적인 대상을 향하고 있는지가 중요한 것이고, 제목이 그 내용의 폭을 고스란히 반영하고 있는가 하는 점은 그보다 덜 중요하다. 물론 양자가 일치하면 책을 손에 들게 될 독자의 수고를 덜어주게 된다. 그렇지만 테마를 구체화하는 바람에 너무 좁은 범위만 공부했다고 오해받을 것을 걱정하느니, 제목은 조금 그럴듯하게 붙여볼 수도 있다는 이야기이다.

제목이 테마와 다소 차이가 있다면, 서론에서 무엇을 집중적으로 논하였다고 연구범위를 특정하면 된다. 논문제목이 일반적이어서 구체적인 테마를 제대로 반영하지 못할 것을 염려하는 때에는 부제를 달 수도 있다. 논문 제목에 "– ……를 중심으로 –"라는 표현이 추가된 예들을 많이 보았을 것이다. "후기 조선 여성 복식에 대한 연구 – 특히 일상복으로서 저고리 형태를 중심으로 –" 같이 말이다. 줄표 사이에 들어 있는 것이 연구자가 구체화한 관심사이다. 그렇지만 앞에 써둔 논문제목과 관련된 공부도 함께 되어 있음을 드러내고 있다. 이 논문을 쓰기 위해서 곧장 일상복인 저고리만 공부하지는 않았을 것이다. 제목을 본 독자들은 후기 조선 여성의 복식전반에 대한 식견을 토대로 논문이 작성되었음을 짐작할 수가 있다.

논문제목에 대해서는 다시 말할 기회가 없을 것 같아, 여기서 추가적으로 몇 가지 권고를 덧붙이는 것이 어떨까 한다.

주제를 모두 반영하려고 하면 논문의 제목도 길어질 것이다. 제목을 더 명료하게 쓸 수 있을지에 대해서 고민해보는 게 좋다. 학위논문이든 학술지 논문이든 제목이 너무 긴 것보다는 간략한 것이 좀 더 나은 인상을 주는 편이다. 인용되기에도 쉽다.

논문제목은 모든 사항을 전부 심사숙고해서 마지막에 결정하는 것이 좋다. 논문작성 과정에서는 '가제'(假題) 정도만 만들어놓고, 논문을 제출하기 전에 '화룡점정'의 기분으로 제목을 달아보자. 약간의 멋을 추구하는 것도 개성의 표현으로서 존중될 수 있다. 학술지 논문이나 박사학위논문인 경우에 더 그렇다.

우리나라의 법학논문에서는 "……에 대한 연구", "……에 대한 고찰", "……에 대한 소고" 식으로 제목을 다는 예가 많은데, 좀 너무 많다 싶다. 과감하게 그 말들을 빼보면 어떨까? 어차피 그 글이 해당 대상을 '연구하고 고찰한 결과'라는 것은 모두가 알고 있다.

"현행 민법에 있어서 물권변동의 적용법리에 대한 체계적 연구 — 특히 민법 제186조를 중심으로 —" → "민법 제186조의 물권변동 적용법리"

자기전공에서 볼 때에만 특정된 주제는 아닌지

전공이 세분되어 서로 전혀 다른 내용을 다루고 있는 법학영역에서, 자기 분야에만 열중하다가 다른 전공에서 연구된 것들을 알지 못할 때가 많다. 연구자가 보기에 자기 분야에서 다루는 영역을 최소한으로 축소시켰다고 생각하고 있지만, 막상 그 좁아 보이는 연결관을 통과해 지나가 보면 다른 전공으로 연결되어 한없이 넓은 내용을 만나는 수가 있다.

형법전공자가 '보험사기 처벌의 정당성에 대한 연구'를 소재로 정했을 때, 형법의 눈으로만 살핀다면 아주 구체적인 테마로서 적당해 보일 것이다. 그런데 논문작업을 하다보면 '보험법과 실무'를 모르면 쓸 수 없는 글임을 발견하게 된다. 생소하기도 하거니와, 일이 년 안에 공부할 수 없는 내용일 수도 있다. 게다가 그 '남의 분야' 글을 보자니 자신과 같은 생각을 하고 있는 학자가 아무도 없다는 것을 알게 된다면 어떨까? 방대한 자료를 읽어가며 힘겹게 만들어낸 결과물은 형법학계에는 관심자가 많지 않은 글이면서도 보험법계에서는 엉뚱한 이야기에 그칠 것이다. 헌법학 전공자가 학위논문을 계획하면서 논의 범위를 '기본권' 가운데에서

'자유권'으로 구체화하고, 이를 다시 '사유재산제도 보장과 한계'로 국한한다고 해도 논의 범위는 조금도 줄어들지 않았다. 헌법적인 눈으로 보면 좁아 보일 수 있겠지만 그것은 실로 민사법의 전 영역과 만나는 주제이며, 이를 소재로 글쓰기를 시작하는 순간 태평양 가운데 떠 있는 뗏목에 몸을 던지는 셈이다.

가끔 철학 전공자와 규범 또는 윤리에 관련된 대화를 하다보면, '너희들은 법학을 하니까 이런 건 전혀 모르지?'라는 생각을 깔고서 말을 걸어오는 경우가 있다. 들어보면 이미 수백 년간 법학의 테마였고, 그에 대해 이미 다채로운 결론까지 갖추어진 내용인데도 말이다. '벌써 다 논의한 물음이고 그에 대한 우리의 답은 이렇소'라고 말해주기도 애매한 분위기가 된다. 그냥 그러려니 하고 잠자코 듣고 있을 수밖에.

만약 다른 전공, 다른 분야와 테마가 연계된다는 것을 알면 반드시 그 계통에 옮겨 가서 문헌을 일일이 찾아 분위기를 파악해보아야 한다. 그 분야에 속한 사람에게 물어보는 것이 더 좋은 방법이다. 논문이 출판되었을 때, 막상 자기 분야 연구자들보다 주제와 관련된 다른 전공 사람들이 더 많이 찾아볼 것임을 미리 염두에 둔다면 테마를 정할 때에 좀더 조심스러워질 것이다.

분야도 특별해야 하는가

테마를 좁은 영역에서 도드라지게 만드는 것은 분야를 정하는 것과 전혀 다른 문제이다. 앞서 말한 것처럼, 연구할 분야는 잘 알려진 보편적인 데에서 정하는 것이 독특한 영역에 머무는 것보다 나은 경우가 대부분이다. 어떤 분야에 속한 연구자들이 많다면 그만큼 학위논문에 관심을 갖는 사람 수도 많을 것이며, 장차 그 논문이 읽힐 가능성도 높아진다.

얼마 전 연구실에 찾아온 학부생이 자신은 심리학 가운데 '고통심리학(원래 다른 단어인데 임의로 붙인 명칭임)'에 관심이 있다고 하였다. 그 독특한 분야를 창시한 저명한 교수가 있기에, 그곳에 유학을 가고 싶다고도 했다. 나는 그것은 심리학의 세부전공 내지 분과라기보다는 기존 심리학의 다양한 성과 가운데 일부내용을 응시하는 특별한 시선에 해당할 것이라고 말하면서, 그것이 만약 심리학 중 하나의 분야가 될 수 있다고 하더라도 관심을 갖는 사람이 극히 드물 것이라고 이야기했다.

기성학자들 중에는 자기 분야 안에서 쓰인 논문주제가 독특한 때에 큰 관심을 갖는 반면, 자기 관심영역과 무관한 분야는 마치 같은 전공이 아닌 것처럼 거리를 두는 사람이 많다. 아쉬운 일이긴 하지만, 자기에게 낯선 분야에 일부러 관심을 갖고 최근에 나온 박사학위논문까지 진지하게 찾아볼 학자는 거의 없다고 보면 된다.

그렇기에 전공 내 널리 익숙한 연구분야 안에서, 논문의 주제가 뚜렷한 개성을 갖추고 있는 것이 가장 좋다. 그 반대로, 분야는 매우 독특한데 그 안에서는 누구나 할 수 있는 이야기로 논문주제를 삼는 것을 추천하기는 어렵다.

논문 쓰는 도중에 테마의 폭 조절하기 Ⅰ

한 가지 분명한 점이 있다. 논문 쓰는 후반부 작업을 하면서도 '어떻게 논문 분량을 늘릴까'를 고민하고 있다면 확실히 뭔가 잘못 가고 있다고 생각하면 된다. 논문 쓰는 바른 길을 따른다면, 대체로 '어떻게 하면 분량이 계속 늘어나지 않도록 할 수 있을까'를 고민하게 되어 있다. 구성했던 목차에 맞게 문헌을 분석해가며 글을 작성해가다보면 목차 아래 써야 할 본문이 점점 더 늘어나게 마련이다. 처음에는 생각지 못했지만 필요한 내용이 추가되어 새로운 목차도 만들고 싶어진다. 물론 분량에 제한이 없는 학위논문에서, 저자가 꼭 하고 싶은 이야기를 본문 안에 많이 쓰는 것은 논문의 질을 높이는 방법이지만, 시간과 에너지의 한계가 있는데 더 만들어야 할 목차, 분석해야 할 문헌이 계속 늘어나는 것이 좋지만은 않다. 이때, '처음부터 좀 더 구체적인 주제를 정할 걸' 하는 후회가 생길 수 있다.

이런 처지에 놓인 연구자들에게는 '늦었다고 생각할 때가 가장 빠르다'는 흔한 이야기를 해주고 싶다. 예를 들어 다음과 같은 방법이 있다. 주제가 너무 넓었다는 생각이 들자마자 논문쓰기를 잠시 중단하면서 새로운 마음가짐으로 논문 목차를 펴본다. 그중에 가장 많이 신경 쓴 부분이거나 하고 싶은 말이 많은, 핵심적이고 구체적인 영역만 남기고 앞뒤의 다른 목차를 한 번 지워보는 것이다. 이에 따라 본문내용도 '아깝지만 과감하게' 덜어낸다. 이렇게 하고나면 100장 가까이 쓰고 있었던 것이 갑자기 50장이 될 수도, 20장이 될 수도 있다. 말할 수 없이 허전해 보일 것이다. 그런데 그렇게 간소해진 목차만을 갖고서 다시 1~2주 그 구체적인 주제에만 집중하여 작업을 해본다면, 언제 그랬냐는 듯이 분량이 두 배 이상 늘어나고 있는 것을 발견할 수 있다. '진작 이렇게 좁은 테마로 시작할 걸' 싶기도, '줄이지 않고 그대로 작업했으면 큰일 났겠다' 싶기도 할 것이다.

목차와 내용을 대폭 들어낼 때에 걸리는 단 하나는 '공부해 놓은 것이 아깝다'는 마음이다. 그렇기에 그냥 지워버릴 것이 아니라 파일을 따로 만들어서 지운 내용 그대로 보관해두어야 한다. 이것을 이용하는 방법이 있다. 그중 많은 내용은 집중된 주제로 쓰고 있는 학위논문을 보완하기 위해, 또는 각주에 추가하기 위해 쓰일 것이다. 만약 그렇지 않더라도 나중에 다른 논문, 예를 들어 학술지 논문을 쓸 때에 활용할 수 있다. 특히 박사학위논문을 쓰다 미뤄둔 내용이라면 논문심사를 마칠 무렵, 곧바로 다른 소재의 학술지 논문 글감으로 이용해보자. 자신 있는 구체적인 내용만을 학위논문으로 써냈고, 다른 학술지 논문에 이용할 바탕도 준비된 셈이니 아까울 것은 전혀 없다.

다른 이야기로, '학술지 논문'을 쓰다가도 테마를 줄이고 싶은 순간이 분명히 있을 수 있다. 이때도 마찬가지이다. 공부가 잘 되어 있는 부분만을 남기고 다른 부분은 일단 별도 파일에 옮겨 놓는다. 우선은 집중된 주제로 논문을 충실하게 써서 게재한 다음에, 남겨둔 내용으로 다시 다른 학술지 논문을 또 쓰면 된다. 앞의 논문과 뚜렷한 연속성이 있다면 상, 하 편으로 나누어 낼 수도 있다. 학술지에 따라 똑같은 제목의 글을 상, 하로 나누어 두 번 게재하는 것이 허용되지 않는다면, 핵심적인 내용으로 대조하여 두 논문의 제목을 다르게 만들면 된다. 학술지 논문은 분량에 엄격한 제한이 있기 때문에 이런 식으로 관련된 논문을 나누어 내는 일은 국내외 학계에서 흔한 것이며 연구윤리 면에서도 아무런 문제가 안 된다.

논문 쓰는 도중에 테마의 폭 조절하기 II

어느 박사과정생이 보안처분에 대한 논문을 쓰고 있다며 연구실에 들렀다. 이미 테마와 관련된 국내서적과 논문들을 전부 읽어 알고 있는 듯 했다. 우리나라에는 특별법이 너무 체계 없이 흩어져 있고, 엄벌주의 경향 때문에 필요하지 않은 사안에 보안처분을 형식적으로 덧붙이기도 하며, 유사한 범죄에는 또 그렇게 하지 않아 불평등문제가 있다고도 했다. 문제의 근원을 밝히기 위해 우리나라 보안처분제도의 발전과정을 역사적으로 살피는 한편, 지금 현황을 비판적으로 분석하고 마지막으로 입법론을 제시하는 것이 논문계획이었다.

그런데 잠시만 보아도 위 테마는 결국 '보안처분을 둘러싼 모든 것'이라는 사실을 알 수 있다. 관련된 자료도 헤아릴 수 없을 정도다. 현행법상 보안처분의 문제점은 그동안 너무도 많은 논문이 다뤄온 소재이다.

보안처분을 하나의 법률에 통합해야 한다는 것이나, 그 상위원리로서 비례성원칙을 규정해야 한다는 이야기도 이미 40여 년 전 논문에 정리되어 있다. 보안처분 개선에 대한 제안도 사정은 비슷하다.

논문주제가 이렇다면 기존 문헌의 일부만 곳곳에 인용해 넣더라도 분량 전체가 채워질 것이다. 그런데 이 상황은 결코 반가운 것이 아니다. 그렇게 조합하여 논문을 만들기는 편하지만 아무 개성이 없어 학위논문이라 부르기 어렵고, 그렇다고 해서 연구자가 특별한 주장을 내세우자니 극복해야 할 대상이 너무 많기 때문이다.

누구든 연구의 시작은 관련분야를 다루는 모든 문헌을 읽어보는 것으로 출발한다. 그와 동시에 독서한 내용을 정리해두는 것은 좋은 습관이기도 하다. 그렇지만 이는 논문을 쓰기 위한 준비인 것이지 논문 쓰는 작업은 아니다. 공부해온 것을 최대한 이용하려고 하는 욕심, 독서하고 정리한 분량을 아까워하는 마음이 공부가 덜 된 상태에서 더 나아가지 못하게 만드는 중요한 원인이 되곤 한다.

테마의 폭을 줄이는 방법의 예를 들어보자. 보안처분의 역사와 지금의 문제점 그리고 입법론은 그것의 '과거', '현재' 그리고 '미래' 전부이다. 그 가운데 일단 하나에 집중함으로써 주제를 축소할 수 있다. 만약 과거, 즉 보안처분의 연혁에만 집중하면 범위는 대폭 줄어든다. 그래도 다른 문헌과 차별되기는 어렵기 때문에, 예를 들면 2000년대의 보안처분 법제사, 또는 특정한 정부(정권) 하에서 보안처분의 입법경향을 분석하는 것을 목표로 정할 수도 있다. 바라보는 시각을 더 좁게 할 수도 있다. 예컨대 '국회의 구성원 변화를 기준으로 바라본 보안처분법의 연혁'이나 '주요 범죄사건이 보안처분법 개정에 미친 영향'처럼 말이다. 더 줄여서 어느 특정 사안을 언급한 후, '○○○ 사건이 신상공개제도 개정에 미친 영향'처럼 구체화할 수도 있다.

아마 이 정도에 이르면 다른 이들로부터 학위논문테마답지 않다는 지적을 받을지도 모른다. 그런 비판을 피하려면, 주제를 좁힌 만큼 그 안에서 전문가로서 압도적인 기량을 보여주어야 한다. 자료분석도 누구나 쉽게 할 수 있는 수준에 그치면 안 된다. 당시의 시대배경이나 여론은 물론, 그것이 입법에 미친 영향 그리고 국회에서 입법안을 내놓은 경위, 공청회 진행과정의 특유점 등 입법에 이르는 모든 내외의 영향을 구체적인 자료로 제시해야 한다. 이런 정도의 문헌을 면밀히 분석한 부분만 보더라도 학위논문답지 않다는 평가를 받지는 않을 것이다. 이에 더하여 연구자의 독창적인 관점을 통해 위 과정들을 비평하고, 개선을 위한 제안까지 덧붙인다면 '보안처분과 관련된 모든 것'을 취급한 논문보다 훨씬 더 의미 있는 작품이 된다. 먼저 공부해둔 폭넓은 주제의 여러 문헌들은 이 좁은 테마를 연구하기 위한 논의배경이나 참고자료로서 활용하면 된다.

　지극히 구체적인 테마에 대해 다루는 자료가 없는데 어떻게 논문을 쓸지 걱정된다면 아직 논문을 쓸 정도의 공부량에 충분히 미치지 못한 것이 아닌지 돌아봐야 한다. 학위논문 쓰는 작업은 다른 자료를 읽고 이를 옮기는 작업이 아니기에, '좁은 주제'와 연결되는 '넓은 범위'의 문헌을 분석한 흔적을 포함한다. '대기환경보전법상 신고의무'를 주제로 글을 쓰는 사람이 '대기환경보전법'이나 행정법상 '신고의무'를 직접 다룬 문헌을 읽고 있다면 연구를 막 시작한 때임에 틀림없다. '위임입법의 허용범위'를 공부하는 사람은 좀 더 진도가 나간 것으로 보인다. '행정법규 위배 사안에서 증명책임원리'를 찾아 읽고 있다면, 테마를 변경한 것이 아닌 한 연구가 많이 진척된 것으로 보인다.

　구체화된 테마에 더 오랜 시간 골몰할수록, 그와 직접적으로 관련되지 않는 것처럼 보이는 영역까지 연구해야 할 필요성을 깨닫게 된다. 반대로 말해, 그러한 경지에 스스로 이르지 못한 사람은 결코 특정한 테마에 집중할 수가 없다. 적지 않은 연구자들이 테마줄이기에 실패하는 이유는 구체적인 주제에 이를 정도의 연구에 아직 이르지 못했기 때문일 것이다.

예외?

테마가 좁을수록 좋다는 조언은 석사를 마칠 무렵 에코(U. Eco)의 책에서 처음 읽었다. 그 전에는 그런 이야기를 들어본 적이 없었고 일부 선배들은 '될 수 있는 대로 큰 테마로 글을 쓰라'는 충고를 하기도 했다. 당시 선배학자들의 학위논문 몇 권을 찾아보았는데 실제로 구체적인 테마로 쓴 예가 거의 없었다. 생각해보면, 이십 년 전에 에코의 책은 우리 법학의 사정에 맞지 않았던 것 같다. 에코가 인문학의 학위논문 쓰는 방법을 그것도 유럽에서 이야기하였기에 그렇게 말한 것이지만, 당시 우리나라의 법학은 아직 그 정도로 역사가 깊지도 연구자의 폭이 넓지도 않았다.

학술논문 테마는 학계의 당대 분위기를 보여주는 척도이다. 학위논문이나 학술지 논문의 제목들을 시대별로 살펴보면, 분위기가 확실히 달라지고 있다는 것을 알게 된다. 일본 영향에 힘입어 법학을 처음 시작하신 제1세대 분들은 아주 기초적인 개념이나마 우리나라에 알리는 데에도 시간이 부족했다. 이후 독일유학을 처음 가기 시작하였던 시대에 공부하신 제2세대 학자들은, 매우 폭넓은 분야를 모두 다루는 논문들을 통해 꼭 필요한 이론의 기초를 세워주는 작업을 담당하셨다. 지금 정년퇴직 전후에 계신 제3세대 학자들은 그보다 훨씬 더 구체적인 작업을 하셨지만, 아직 우리나라 현실에서 일어나는 개별적인 문제점들을 연구에 반영하기 위한 여건을 충분히 허락받지는 못했다.

지금 활동하는 학자들은 제4세대인가? 그런 분류에 넣기도 어려울 것 같다. 아예 세대를 따질 수 없는 때라고 하는 게 맞겠다. 최근 십 수 년간 우리나라 법학은 컴퓨터나 휴대폰 발달에 비견될 정도로 발전했다고 말해도 과장이 아닐 것이다. 내외로부터 주어진 여러 사정의 변화 때문에, 그 어느 학문분야에서 유례를 찾아볼 수 없을 정도로 상전벽해 급으로 달라져가고 있다.

이 책을 읽게 되는 독자들은 바로 이런 시기를 살고 있다. 더욱이 대부분은 다가올 미래에 활동하게 될 것이다. 학술논문을 쓰고자 하는 때에 상황에 맞는 자신의 역할을 인식할 필요가 있다. 어느 정도의 폭, 어느 수준의 구체성을 가진 주제를 정할 것인지를 자기 역량과 기대의 정도를 고려하여 결정해야 할 것으로 생각한다. 바로 여기서 나는 "테마는 무조건 좁을수록 좋다"는 에코의 조언과는 다른 이야기를 해야 할 필요성을 느끼고 있다.

학문의 선배들이 해놓은 업적을 디디고 올라서서, 그보다 더 구체적인 작업들을 결실로 거두어야 할 의무가 있다는 것은 언제나 타당한 이야기이다. 그런데 바로 그렇기 때문에, 이제껏 학문적 결실이 없거나 부족한 영역에서는 어느 정도의 폭을 갖춘 논문도 나와주어야 한다. 이 점에서 특히 독일의 법학과 우리나라의 사정이 다르다고 생각한다.

예를 들어, 사인(私人)이 행정청에 일정한 처분을 구하는 수단 가운데 하나인 '의무이행소송'에 대한 독일의 논의는 매우 많이 쌓여 있을 것이다. 그렇지만 우리나라에서는 지금 이에 대한 연구가 막 시작되고 있는 상황이다. 그런데 모든 논문작성자가, 구체적인 문제를 취급하는 것이 더 용이하다고 생각하여 "건축 사전 결정으로서 입지선정허가의 의무이행소송 문제" 같은 소재만을 다룬다면, 뿌리나 줄기는 없는 식물에서 잎사귀와 열매를 찾는 모양이 될 수도 있다. 물론 이렇게 구체적인 테마는 언제나 좋은 것이고, 그런 연구를 할 사람들이 많아져야 하는 것은 분명하다. 그렇지만 다른 한편에서 누군가는 '의무이행소송의 본질과 입법'을 연구하고 있어야 한다. 현재 우리 법학에서는 둘 다 함께 이루어져야 할 것 같다.

지금 법학과 법실무의 거리가 전에 비해 무척 가까워졌다. 실무에서 다루고 있는 현실적인 사례들이 학문에 끊임없는 자극을 주고 있으며, 실무가들도 과거에 비해 학문적 결과에 대해 더 많은 것을 기대하고 있다. 이런 때에, 실천적인 문제에 더 근접해 있는 연구자라면 아주 구체적인 테마를 정해, 그 결과를 현실에 직접 반영할 수 있는 법학논문을 작성하는 역할을 맡는 것이 자연스럽다.

반면에 전공분야의 발전과정 전체를 생각해볼 여력이 있는 연구자 (여기서는 주로 '전업학생'을 떠올리고 있다)가 아직 논의가 넉넉히 이루어지지 않은 곳을 찾았다면, 간단한 주제를 고르는 것에 만족할 것이 아니라, 학계가 원하는 수준에 걸맞는 이론적 깊이와 폭을 지닌 논문을 만들어주길 기대한다. 실무가는 물론, 세부적인 테마를 공부하는 후속연구자들이 꼭 읽어야만 하는 학술적인 글을 바로 이런 저자들이 학위논문으로 써주어야만 한다. 논의가 많이 된 내용을 반복해서 보편적인 테마의 논문을 또 하나 쓰라는 것이 아니다. 즉 주제가 구체적이어야 한다는 요청에서 벗어날 자유를 누린다는 의미가 아니라, 이론적인 바탕이 부족한 영역에 발을 디뎠다면 그 토대를 마련하는 역할까지도 진지하게 생각해보았으면 하는 것이다. 능력 있는 연구자들에게 더 큰 과제를 부탁하고 있는 것이라고 보면 되겠다. 이전 세대와 다가올 세대를 잇는 이론적인 가교를 마련하려는 사명감을 가진 연구자들을 학계는 더 간절히 기다리고 있다.

■ 지도교수는 무엇을 지도하는가

지도교수의 역할이라는 제목으로는 쓸 말이 많지가 않다. 교수마다 각자 다른 스타일이 있어서 공통적인 특징으로 묶을 수 없다. 나는 한국에서 석사학위논문을 쓸 때와 외국에서 박사학위논문을 쓸 때 지도교수님의 역할이 비슷했다. 박사학위논문의 서문에 '무엇이나 연구할 수 있는 한없는 자유를 주신 지도교수에게 감사한다'라고 썼는데, 두 분 다 공부하고자 하는 학생의 의지에 맡겨두는 편이었다. 그 방식은 논문에만 집중하지 않고 이것저것 아무 공부나 하는 내 스타일에 매우 어울리는 것이었기 때문에 자유를 만끽하면서 즐겁게 학위과정을 보냈다. 그런가 하면 거의 매주 한 번씩 지도학생들을 불러서 일주일간 작성한 글에 대해서 체크를 하고 하나하나 가르쳐주는 방식을 고집하는 분도 봤다. 옳고 그른 방법이 있는 것이 아니라 이처럼 지도하는 스타일이 다를 뿐이다. 지도교수의 방식에 어울리는 학생이라면 만족할 것이고, 운이 안 좋게 안 어울리는 학생들은 답답하게 여길 수도 있다.

그런데 교수마다 갖고 있는 개성이 이렇게 다르다고 해서, 학생들의 논문쓰는 방법이 완전히 달라질 수는 없다. 자유를 충분히 부여하는 교수 연구실 소속이라고 하더라도 반드시 지도를 받아야 하는 순간에는 교수에게 조언을 구해야 하고, 수시로 논문을 점검하는 교수와 자주 만난다고 해도 자기의 것이 아니라 거의 지도교수의 논문이 되어가는 것을 보고 안심해서는 안 된다.

학생들에게 자유를 충분히 부여하는 지도방식을 취하는 교수도 막바지 제출이 임박하였을 때는 학생이 작성해 놓은 논문을 들춰본다. 그런데 이때는 되돌이킬 수가 없다. 석사라면 일 년 이상, 박사라면 이삼 년 이상 작성해 온 논문의 완성된 초안 한 권을 눈앞에 두고서 그때부터 심각한 지도를 할 수는 없다. 그 순간에 '뭐 이런 식으로 썼느냐'라고 지적을 당하면 논문작성자는 억울하다. 그동안 자기를 내버려둔 지도교수를 원망할 수도 있다. 반대로 교수 입장에서 보면 지도를 구하지도 않은 채, '나름대로' 다 써놓은 글을 그제야 들이미는 것을 이해 못할 수도 있다.

대학원이 학생 스스로 공부하는 과정이라는 이야기를 반복할 필요는 없을 것 같다. 중고등학교가 아니다. 자기가 필요한 때에 교수를 찾아가 지도를 구하는 것으로 생각해야지, 교수가 자기를 불러서 가르쳐줄 것으로 기대해서는 안 된다. 어느 나라 대학원이나 이 점은 똑같다. 그러므로 알아두자. 지도교수가 자기를 방임한다고 해서 자신도 교수를 방임해서는 안 된다는 것을. 마지막에 어이없는 글을 지도교수에게 들고 가게 되지 않도록 연구자 스스로 미리 준비해야 한다.

논문글을 본격적으로 쓰기 시작하면, 지도교수가 요구하지 않더라도 학생이 자발적으로 일정 분량 쓴 원고를 연구실에 들고 가는 것을 바람직하게 여기던 시절이 있었다. 심지어 외국에서 박사학위논문을 쓰는 때에도, 작성된 원고를 한국의 지도교수에게 함께 보내기도 하였다. 지금은 좀 낯선 모습이라고 생각할 것이다. 학생도 바쁘고 교수도 정신없는 시절에 뭐 그렇게까지 할 필요가 있느냐 싶은 사람도 있겠다. 그렇지만 대학원 수업시간 이외에는 숨어 지내듯이 몇 학기 넘게 지도교수 얼굴을 보지도 않고서, 논문 초안이 만들어진 이후 제출에 임박해서 연구실을 찾는 학생들이 많아지는 지금 현실이 정상적이라고 할 수는 없을 것 같다. 대체로 그렇게 말한다. '교수님 바쁘실까봐…….' 사정을 생각해주는 것이라면 고마운 마음이 들어야 하는데, 써온 글을 보면 낯이 뜨거워지는 때가 많으니 그게 문제. 교수를 바쁘게 만들지 않는 것과 좋은 논문을 쓰는 것 중에 하필 전자를 택했다.

연구실마다 스타일이 다르다고 하더라도, 최소한의 기본적인 지도는 반드시 이루어져야만 '누구의 지도를 받은 학위논문'이라고 일컬을 수가 있다. '최소한의 기본적인 지도'가 무엇일까? 논문을 쓰는 과정에서 중간점검도 필요하고, 초안이 완성된 이후에 목차의 흐름이나, 논문글의 말투, 형식을 지도받는 것도 중요하다. 그렇지만 무엇보다도 구체적인 테마를 확정하기 위해서 지도를 받아야 한다는 사실만큼 중요한 것은 없다. 첫 단추부터 잘못 끼워놓고서 거의 단추를 다 채워놓은 후에 교정을 받으려고 하면 어쩔 수 없이 논문지도의 범위는 크게 제한될 수밖에 없다. 연구자의 능력에 맞는지, 논의할 만한 가치가 있는 것인지, 한때 유행에 그치지는 않을지, 특히 너무 일반적인 주제여서 교과서 식의 서술이 되지 않을지를 미리 점검받아야 한다.

일단 학문을 시작하여 최소한의 독서가 되었을 때, 자기가 연구할 분야를 정해야겠다고 마음먹은 순간에 지도교수를 만나야 한다. 그런데 교수가 학생의 취향을 모두 알 수가 없는 상황에서, '저는 무엇을 공부하면 좋을까요?' 식으로 막연히 묻는 것은 곤란하다. 테마는 자기 자신이 스스로 결정하는 것이 좋지만, 지도교수가 보기에 부적절한 것이면 안 되기 때문에, 둘의 판단을 모두 고려하는 방법이 바람직할 것이다. 자기가 공부하고 싶은 분야를 2~5개 정도 생각하여 놓고 지도교수를 찾아가는 것이 좋다. 그러면 그 중에서 권할 수 없는 분야를 배제하는 식의 지도가 가능해진다. 이후 그 분야를 더 공부하다가 논문의 테마를 정해야 할 시기가 닥쳤을 때도 똑같다. 자기가 마음에 드는 두 개 이상의 테마를 정해보고 그 다음에 지도교수를 찾아가서 묻는다. 그렇게 해야 논문감으로서 어울리지 않는 것이 배제되는 한편, 선별된 테마를 놓고 더 구체화하거나 다른 방향으로 바꾸어야 할 것을 지도받을 수 있다. 나중에 테마를 완전히 확정하고자 할 때에 한 번 더 점검을 받으면 더욱 좋다.

그렇다. 처음 시작할 때가 가장 중요하다. 이때를 놓치면 이후에는 언제나 늦다. 지금 이 책을 읽는 독자들 가운데 아무것도 되어 있는 게 없으니 지도교수를 만나기에 이르다고 생각하는 학생들이 있다면 그때가 최적의 때이다. 이제 논문을 좀 썼으니 비로소 만나야 할 단계라고 생각한다면 늦었을 가능성이 크다. 그동안 한 번도 지도를 받은 적이 없는데, 논문 다 썼으니 이제는 만나야겠다고 생각하는 사람이라면, 좋지 않은 분위기를 겪을 각오가 되어 있어야 한다.

4
연구의 방법

연구방법의 종류

테마를 풀어나가는 방법은 다양하다. 데이터를 수집하여 정리하는 방식, 그것을 분석하는 방식, 그리고 그에 대한 비판적인 평가를 하는 것, 대안을 제시하는 것 등이 있다. 미래를 예측하는 방식도 있을 것이다. 이들 가운데 무엇을 주로 이용할 것인가 하는 것도 테마와 함께 결정해야 한다. 한 논문 안에 이 모든 성격이 조금씩 들어있는 것보다는 하나의 속성을 근간으로 하고, 다른 방법들을 추가하는 식으로 작성하는 것이 훨씬 더 통일된 느낌을 준다.

'미래예측형'이라고 부르면 뭔가 혜안을 가진 사람만이 접근할 수 있는 방법처럼 생각되고 '자료수집형'이라고 하면 좀 평가능력이 떨어지면서 단순노동에 익숙한 연구자라고 생각될 수도 있겠다. 그런데 미리 답을 해두자면 이 성격들 사이에는 어떠한 질적인 차이도 없다. 그저 각기 다른 학문의 방법들 가운데 하나이고, 무엇을 선택하는가 하는 것은 연구주체의 개성에 따른다. 전공분야마다 차이가 있는 것도 물론이다.

법사학과 상법학의 방식이 같을 수 없다.

학자들을 수집가(Sammeler)형과 사냥꾼(Jäger)형으로 나눌 수 있다고 하는 설명도 들은 적이 있다. 전자는 자료를 수집하고 분류·분석하는 유형의 학자들을 가리키는 것이고, 후자는 새로운 방식을 제시하거나 대안을 찾아내는 데에 주된 관심을 두는 학자들이라고 했다. 이렇게 둘로 나눌 때에도 역시 사냥꾼형이 좋아 보이는가? 그렇지만은 않다. 로마법의 대가 폰 사비니(v. Savigny)는 전자에 속하는 학자라고 할 수 있지만 누구보다도 후대에 큰 영향을 미친 인물이다. 어설프게 애매한 아이디어를 발명하느니, 기존 문헌을 충분히 이해하고 분석한 내용을 차근차근 써내는 것이 훨씬 낫다고 분명히 말할 수 있다. 특히 석사과정에서는 더욱 그렇다. 공부를 시작하자마자 '나의 독창적 이론'이라고 이름 붙일 수 있는 아이디어를 내놓고 싶을 수 있겠지만, 우선은 '누구의 무슨 이론을 이렇게 이해했다'는 겸손한 글이 더 나아보이는 때가 많다.

한 방향에 집중하자

여러 방식의 작업을 동시에 진행하려고 하는 것은 좋지 않다. 아래의 두 가지 예를 비교해 보자. 제목은 둘 다 "개인정보보호법의 실효성에 대한 연구"이다.

```
[논문 1]

서론 — 5
개인정보보호의 현황 — 10
여러 나라의 개인정보보호 정책 — 10
여러 나라의 개인정보보호에 대한 입법례 — 10
개인정보보호법 제정을 둘러싼 논의들 — 15
현행 개인정보보호법의 효력 — 15
개인정보보호법에서 실효성이 문제되는 제규정 — 15
개인정보보호법에 대한 제안 — 10
맺음말 — 10
```

```
[논문 2]

서론 — 5
개인정보보호의 현황 — 10
개인정보보호법 입법과정의 논의 — 10
현행 개인정보보호법의 실효성에 대한 문제제기 — 10
개인정보보호법 제18조 제2항의 문제점 — 30
개인정보보호법 제18조 제2항의 개선에 대한 제안 — 30
맺음말 — 5
```

목차를 잡은 것이 아니라 대강 흐름만 써본 것이다. 뒤의 숫자는 전체 가운데 대략적으로 차지하는 비율인데, 백 페이지를 썼다고 했을 때 차지하는 페이지수라고 봐도 되겠다.

둘 중에 더 나아 보이는 것은 무엇인가? 여기까지 읽어온 독자들은 이미 답을 알고 있다. 후자 [논문 2]가 훨씬 더 학위논문답고 좋은 것이다. 두 논문이 다룬 내용이 크게 다르지는 않다. 둘 다 현황을 분석하였고,

대상이 되는 법률의 유효성을 검토하여 자신의 생각을 제안으로 추가하고 있다. 그런데 핵심적인 비중을 어디에 그리고 얼마만큼 두고 있는가에 차이가 있다. 전자는 어느 한 방법에 비중을 두지 않고 여러 방향으로부터 테마를 다루고 있다. 기존에 연구되었던 내용들을 모아놓은 것 같은 인상도 준다. 이런 형태의 학위논문을 '보고서식'이라고 부르기도 하고, '파노라마식'이라고도 하는데, 결코 칭찬이 아니다. 다른 연구들을 다 모으고 조금씩의 저자의 생각을 추가함으로써 분량을 만들어낸 방식으로부터 잘 된 학위논문의 모양이 되기는 어렵다.

[논문 2]는 법률의 효력문제를 한 법조문을 대상으로 분석하는 방식으로 취급하는 것이 보인다. 한 규정의 실효성에 대한 문제제기와 제안으로 60페이지 가까운 글을 써 내기 위해서는 직·간접적으로 관계가 있는 모든 문헌을 다 조사하여 철저히 분석했을 것이며, 규정의 한계와 새로운 개정의 제안, 그리고 그 개정내용이 적용될 미래에 대해서 오랜 기간 고민했을 것이다.

자료를 모으고 독서하여 분석하는 방법도 충분히 좋다고 하였다. 그럴 때에는 기존의 문헌에서 손쉽게 얻어지는 정보 이외에 다른 방법을 취하여 새로운 정보와 분석을 제공하도록 노력해야 한다. 이 방향에 놓여 있는 다음의 논문들도 비교해보자. 셋 다 '프랑스 혁명 이전의 국가관'으로부터 출발하고 있다.

[논문 3]

도입글 — 5
유토피아 모델 — 10
마키아벨리의 기술적 문제로서의 국가권력 — 10
홉스의 질서지움의 권력으로서 국가 — 15
민주주의 이념의 등장 — 15
개인의 권리와 정치적 권력의 대립 이념 — 15
근대의 자연법 사고 — 15
정리 — 5

[논문 4]

도입글 — 5
근대 자연법적 전통의 등장 — 10
후고 그로티우스 시대의 사상적 배경 — 10
후고 그로티우스의 생애 — 20
후고 그로티우스의 저작들에 드러난 이념 — 30
후고 그로티우스가 후대 법학에 미친 영향 — 20
요약 — 5

[논문 5]

도입글 — 5
근대의 자연법적 전통의 등장 — 10
자연법 이념이 당대 국가개념에 미치는 영향 — 10
후고 그로티우스 국가개념의 시대적 배경 — 20
후고 그로티우스의 'Mare liberum'에 드러나는 국가개념 — 30
'Mare liberum'이 국제법학에 미친 영향 — 10
현대 법학에 남아 있는 후고 그로티우스의 유산 — 10
요약 — 5

더 분명해졌다. [논문 3]보다는 [논문 4]가 훨씬 낫고, [논문 5]가 가장 뛰어난 것이다. [논문 3]은 기존의 많은 자료들 중에 골라서 읽고 내용을 모아놓으면 분량을 대충 채울 수가 있다. 여러 조사내용을 나열한 후 간략한 생각을 추가하는 이런 형태의 일반 교양서 비슷한 글이 학문적으로 기여할 가능성은 높지 않다. [논문 4]는 그 위에 그로티우스에 대한 여러 자료를 많이 읽어보아 작성된 것이다. 좋지 않다고 하기 어렵지만 아마 유사한 내용을 가진 문헌들이 이미 많을 것으로 짐작된다. [논문 5]는 이 정도까지의 과정들은 기본으로 하고, 하나의 자료를 선택하여 곁에 두고 꾸준히 읽으면서 치밀하게 분석한 내용으로 채워졌으리라 기대할 수가 있다. 독창적인 내용이 들어있을 것 같아서 읽어보고 싶어진다.

■ 이른바 '비교법논문'

외국에 유학을 가 학위논문을 쓰는 경우를 예로 들어보는 것도 좋을 것 같다.

유학을 가서 그 나라의 법제도에 대해서 박사학위논문을 쓰는 것은 분명히 쉽지가 않다. 언어문제도 있지만, 무엇보다도 본토 학자들이 오랜 역사에 걸쳐 연구해온 성과들을 충분히 이해한 이후에 어느 정도의 새로운 인식을 더해야 한다는 것에 부담을 느끼지 않을 수 없다. 그 나라의 교수도 그 사실을 알고 있기에 다른 나라에서 온 학생들에게는 '제도 비교'에 대한 논문을 쓰라고 권하는 경우가 많다. 법학에서 흔히 '비교법논문'이라고 불리는 것이다. 이해된다. 외국에서 학위를 받으려면 무엇인가 그 나라의 학계에 기여할 수 있는 내용을 포함한 논문을 써야만 하는데, 만약에 한국 특유의 제도가 있거나 그 나라의 제도와 비교해볼 만한 대상이 있다면, 그것을 소개하고 분석하는 것은 성공확률이 높은 길이라고 할 수 있다. 예를 들어 한국의 전세제도 같은 것을 독일에 소개하면 독일학계에서는 매우 특정된 테마를 다룬 것으로서 독창적인 가치가 있는 물권법책이라고 생각하게 될 것이다.

잘 쓰인 비교법논문은 우리나라 학계에도 기여할 수 있다. 외국 제도에 대한 충분한 이해가 바탕이 되어야 제대로 된 비교가 가능하기 때문에, 그 논문이 우리나라의 법현실을 개선하는 데에 직접 쓰일 수도 있고, 연구자가 장래에 국내에서 더 기여할 수 있는 역량을 키워올 수도 있다. '비교법논문'이라는 표현을 그저 '굳이 외국까지 나가서 쓸 이유가 없는, 쉽게 작성된 논문'이라고 낮추어 보는 사람들을 몇 명 본 적이 있는데, 그렇게 평가될 것은 아니라고 생각한다. 물론 '다른 나라에서는 제도가 어떻게 운영되는 반면에 우리나라는 다르다'는 정도의 표면적인 비교만을 다루고 있는 비교법논문이 적지 않기에 그런 인상이 생겼을 수는 있다.

최근에는 국내에서 쓰여지는 논문 중에서도 외국의 입법례나 판례의 소개가 많은 부분을 차지하는 예를 흔히 보고 있다. 논문 전체 분량의 절반 이상을 '미국의 예, 독일의 예, 일본의 예……' 등으로 채운 이후에 나머지 절반 가운데 또 대부분은 기존 우리나라에서의 도입논의를 반복하여 소개하는 데에 할애한다. 그리고 일부에서만 저자의 견해가 드러나는데, 그 사견이라는 것이 '이상에서 본 자료들을 보자면 독일제도의 특유성은 무엇이고 미국제도는 어떻기 때문에, 이 가운데에서 미국제도의 어느 부분을 참고하여 입법하는 것이 바람직하다'는 식의 간단한 내용으로 되어 있다. 외국의 예를 소개하는 부분도 최소한 자기 스스로 외국 법률이나 판례를 인터넷에서 직접 찾아서 번역하여 소개하면 좀 나은데, 국내에서 나와 있는 논문이나 보고서 가운데 몇 개를 모아 적음으로써 분량의 대부분을 만들어 놓은 글도 드물지가 않다. 제아무리 각주 등을 조작해서 자료를 그대로 옮겨오지 않은 것처럼 포장을 해봐야 심사위원이 모를 리가 없다. 그런 걸 보고 있노라면 '일주일이면 타자칠 수 있는 것을 학위논문이라고 냈구나' 하는 생각밖에 안 든다. 이런 식의 결과는 비교법논문이라고 부를 수도 없다. 그저 자료를 짜깁기한 것에 그친다.

꼭 필요한 비교법논문을 쓰기 위해서는 우선 제도비교의 목적이 분명해야 한다. 단순히 입법례를 나열하는 것이 아니라, 왜 비교를 해야 하며, 그것이 결국 어떻게 자신의 제안에 효과적으로 이용되는지를 드러내어 보여야 한다. 얼마 전에 한 일본의 연구원이 '피의자신문 영상녹화 제도'에 대해 조사하기 위하여 학교에 들른 적이 있었다. 일본에 없는 제도이기에 관심이 있다고 했다. 그 연구원이 일본에 돌아가 "피의자신문 과정의 영상녹화제도에 대한 입법안"이라는 논문을 쓰면서 한국의 입법과 도입론을 소개한 다음에 일본 논의를 똑같은 비중으로 대칭해두고 만다면 잘 된 논문이라 보기 어려울 것이다.

다음과 같은 식이 훨씬 낫다. 그가 일본에 영상녹화제도를 만드는 것에 대해 비판적인 입장을 갖고 있다고 해보자. 영상녹화제도가 수사과정에서 갖는 의미를 도입 부분에 서술하고,

그것을 둘러싼 일본 내에서의 논의들을 상세히 쓴다. 그런데 그 논의과정에서는 영상녹화물이 기존 증거방법의 역할과 겹칠 가능성이 지적되고 있지 않다는 점을 함께 이야기한다. 이 장치가 오랜 시간을 거쳐 논의되고 발전되어 온 전문법칙 예외 요건을 일순간에 뒤흔들 수 있다는 위험성을 경고하면서, 바로 그 문제가 드러나는 중요한 예로서 이미 제도를 도입하여 시행 중인 한국의 현실을 소개하는 것이다. 그러면서 한국에서의 비판과 대응을 설명한다. 한국의 논의 중에 어떠한 것은 일본 사정에 비추어 문제가 되지 않을 것이지만 어떤 비판은 충분히 경청해야 하는 것이고, 그렇기 때문에 일본의 법개정은 장차 어떤 식으로 진행되는 것이 바람직하다는 견해를 밝히는 것으로 글을 맺는다. 이 정도 되면 꼭 필요한 정보를 제공하여 입법에 바로 영향을 미칠 수 있는 중요한 학술논문이 될 가능성이 크다.

이렇게 하기 위해서 비교법논문은 법현실에 직접 반영될 수 있게끔 더 구체적으로 작성되어야 한다. 다른 나라의 제도들에 근접하여 분석하는 것이 필수적인 전제가 된다.

직업활동을 하는 연구자(실무가)의 경우

공부를 직업으로 여기면서 하루 종일 몰두하는 '전업학생'이 아니라 학교 밖에서 직업활동을 하며 연구를 병행하는 '실무가'의 경우에는 조금 상황이 다르다는 이야기를 추가해야 할 것 같다.

실무가들이 전업학생에 비해 공부하기 불리한 여건에 놓여 있다는 사실을 부정할 수 없을 것이다. 능력이 비슷할 때, 전업학생에 비해 공부 시간이 4분의 1만 주어진다면 논문 작성 기간이 네 배가 되어야 비슷한 작품이 나올 것이라고 하였다. 그렇다면 언제 학위를 취득하게 되겠는가! 만약 박사까지 하길 원하면 10년이 훨씬 넘게 걸린다는 말이 된다. 같은 기간 안에 쓴다면 글의 수준이 4분의 1밖에 안 된다는 이야기도 실망스럽게 들릴지 모르겠다.

그런데 한 가지 다른 점이 있다. 논문의 테마를 줄이는 과정은 실무가에게 불리하지가 않다. 이미 직업활동을 통해 구체적인 문제점들을 체험하였고, 그것을 토대로 하여 논문테마를 결정하기 때문에 처음부터 추상적이거나 폭넓은 이론에 치중된 논문을 쓰려고 시도하지 않는 경우가 많다. 곧바로 현실적인 문제제기로부터 글을 시작하게 되면 학설, 판례 등의 분석이 훨씬 쉬워진다. 분명한 자기 생각을 갖고 글쓰기를 시작하게 된다는 점도 유리하다.

그렇지만 절약은 여기까지라고 보아야 한다. 논의에 대해 자신이 고유한 생각을 갖게 된 근거가 무엇인지를 이론적으로 충분히 논증해야만 한다는 점은 다르지 않다. 쉽게 얻은 내용을 적은 것은 결국 가벼운 결과물이 된다고 하였다. 실무가의 논문이라고 해서 긴 내용의 판례를 판시이유의 문장까지 그대로 옮겨서 나열하여 분량을 채운 후, 외국의 입법례와 판례를 간단히 추가하고 그에 몇 마디의 논평을 더하는 것으로 이루어져서는 안 된다. 그것이 가벼운 결과물이라는 것은 심사위원이 지적하기에 앞서 작성자 본인이 알고 있다. 그 상태로도 논문이 통과되는 것이 당연하다고 생각하는 것은, 학문을 가르치고 배우는 교육기관과 심사를 하는 교수들의 기능을 진지하게 여기지 않는 것이 아닐까 싶다.

예를 하나 들어보자. 이른바 '사법협조자의 형벌감면 및 소추면제 제도'와 관련된 내용이 요즘 논문 테마로서 유행하고 있다. 아마도 검사, 경찰 등 수사기관에 속한 실무가나 형사법에 관심 있는 변호사에게 익숙한 소재이고, 독일어보다는 영어 독해가 가능한 연구자가 접근하기에 비교적 용이하기 때문에 자주 다루어지는 것 같다. 이 제도는 간략히 말해서 형사절차에서 '협상'을 하는 것이다. 사법기관에 협조한 피고인에 대해서 처벌정도를 낮추어주는 식인데, 아직 우리나라는 형식적으로 제도화하지는 않고 있다. 이 주제를 다루는 많은 논문들은 다음과 같이 진행되는 것으로 보인다.

현실적인 문제(수사의 어려움) — 논의 필요성 — 논의과정과 입법안 — 외국의 예(미국의 플리바게닝 — 독일의 협상제도 — 프랑스의 형량조절 — ⋯⋯) — 바람직한 입법의 방향 — 구체적인 제안 — 결론

앞으로는 이 테마에 관심이 있는 사람들에게 이런 식의 논문구성을 더 이상 권할 수가 없다. 이미 나와 있는 학위논문들과 구별이 안 될 뿐만 아니라, 특별한 인식이 더 발견되기 힘들다. 외국 입법례는 충분히 소개되어 이제는 더 읽고 싶은 사람이 없을 정도이다. 특히 미국의 플리바게닝(plea-bargaining) 이야기는 학부생들도 지겨워할 것이다.

유사한 테마로 논문을 쓰게 된다면, 더 따져 묻고 답을 찾는 작업이 이루어져야만 한다. 우선 왜 논란이 되는지를 물어본다. 협상을 도입하자는 견해는 수사의 효율성이 중요하다는 의견을 갖고 있다. 제도의 도입을 반대하는 견해는 이러한 제도가 곧 법치국가성을 훼손하게 될 것이라고 한다. 모든 문헌이 이 수준의 배경설명은 전제하고 있다. 이제 여기서 그치면 안 된다. 또 다시 물어봐야 한다. '과연 이 제도가 법치국가성을 훼손하는가'를 물었다고 해보자. 이때 언급되는 '법치국가성'이라는 것이 무엇인지 답을 해야 한다. 실질적 정의의 구현을 목적으로 하고 있는, 옳은 법에 의한 문제해결방식을 의미한다고 간략하게 대답해본다. 그러면 또 묻게 된다. 피의자, 수사기관, 법원 모두에게 유익한 것이라고 할 수 있고 범죄의 실체를 밝혀내는 데에도 도움이 될 수 있는 제도인데, 그것에 대립되는 '정의'란 도대체 무엇을 말하고 있는 것인가? 피고인을 강하게 처벌하기 원하는 피해자에 대한 공감을 말하는가? 또 묻는다. 만약 그렇다면 국가는 피해자의 억울함을 풀어주는 기능을 담당하는 주체인가?

곧 생각나는 단 한 개의 물음만 더 캐물어도 이와 같이 이론적인 중요성을 갖고 있는 질문과 대답들이 연이어 쏟아져 나온다. 이 질문들 가

운데 하나만을 붙잡아 논문의 테마를 구체화할 수도 있다. "검찰이 제시한 협상제도 도입론과 피해자권리강화 방안의 모순성에 대한 비판". 이렇게 해보면 이미 제목부터 "유죄협상제도 연구"보다 한결 나아진다. 기존연구와 차별되는 저자의 생각이 담겨 있을 것으로 기대해볼 수가 있다.

데이터를 분석하여 입법에 도움을 주고자 하는 글을 쓴다고 해도 각국의 입법례를 평면적으로 나열하는 것은 도저히 권할 수 없다. 적어도아래와 같이 되어야 한다.

> 논의의 필요성 – 독일에서 협상제도의 입법 – 입법 이후 독일실무의 경향 – 독일연방헌법재판소 결정(BVerfGE: 2 BvR 2628/10, 19. 3. 2013)에서 드러난 논거로서 국가형벌의무의 실현 – 국가형벌의무에 대한 비판적 견해 – 우리 입법에 대한 시사점

연구자가 외국의 중요한 예를 소개하면서, 이론적인 근거로서 언급되는 하나의 소재를 매개로 하여 제도의 장단점에 대한 자신의 생각을 전하고 있다. 이미 나와 있는 논문들과 다른 내용이 들어 있을 것으로 짐작이 된다.

실무가가 구체적인 테마와 가깝다는 것은 분명하지만, 반복하여 묻고 답을 생각해가는 '학문의 과정'을 생략할 수는 없다. 그 가운데에서 이론적인 배경이 필요하다는 것도 알게 되고, 더 의미 있는 자료를 제공해야 한다는 사실도 발견하게 될 것이다.

쉽게 시작할 수 있지만 모든 과정이 다 쉬울 수는 없다.

무엇부터 무엇까지 쓸 것인가

법학논문에 포함되는 추상적인 내용으로부터 구체적인 것까지를 나무에 비유해보자.

① 뿌리: 법이나 제도의 이념, 법사상이나 연혁 등[이론의 토대].
② 기둥: 실정법 및 현행제도를 평가할 수 있는 원리 · 원칙, 본질론[이론].
③ 줄기: 사안을 분석하거나 법률을 해석한 내용. '학설대립'도 이 부분에 속함 [이론의 구체화].
④ 가지: 위에서 논의된 것이 실천에 옮겨지는 방식. 개별 요건이나 판례에 대한 평가 등[법과 실무 비평].
⑤ 잎과 열매: 위 내용들이 어떻게 실무에 구체적으로 적용될 것인지를 보임. 입법론 등[적용 및 제안].

학문으로서 법학을 바라보는, 상대적으로 더 이론적인 글을 쓰려는 연구자(예: 전업학생)가 있고, 그보다 더 실무적인 내용을 다루어 구체적인 결론을 내려는 사람(예: 실무가)이 있다. 전자는 좀더 추상성 높은 글을, 후자는 더 개별사안과 관련된 글을 쓰는 것이 보통이다.

그렇지만 이론적인 글을 쓰려 하더라도, ①과 ②의 내용을 담는 데에 그쳐서는 안 되며, ③을 통해 이를 구체화하는 모습을 보여야 한다. ④나 ⑤를 세세하게 작성하지 않더라도, 그 논문의 전체 내용은 모두 ④, ⑤에 시선을 두고 이를 향해 나아가는 과정이라는 사실을 잊어서는 안 된다. 법철학이나 법사상 등 고도로 추상적인 분야의 글이라고 하더라도 마찬가지이다.

다른 한편 실무현실을 대상으로 하는 글이라고 해서 단지 ④와 ⑤만

취급하는 것을 추천할 수는 없다. ①은 아니더라도 적어도 ②와 ③에 대한 서술이 반드시 필요하다. ①까지 포함하고 있으면 더욱 좋다. 꾸준히 이론을 탐구해온 연구자들처럼 추상성이 높고 치밀하지는 않다고 하더라도, 구체적인 결론을 제시한 데에 이론적인 근거가 결여되어 있다는 인상을 주면 안 된다.

즉 이론적인 관심을 다룬 글과 실천에 바탕을 둔 글이 서로 완전히 다른 분위기에 놓이는 것은 아니다. 실무가들이 전혀 읽을 수 없거나 극소수만 관심을 갖는 이론, 판례를 나열하고 간단한 평석으로 채워진 글은 바른 법학논문이 아니다.

위 각 단계에서 글쓴이의 고유한 생각은 어디에 들어가야 할까? 흔히 ④나 ⑤ 등 후반부에 사견을 드러내 보이는 것이라고 생각하지만 반드시 그렇지는 않다. ①, ②, ③, ④, ⑤를 불문하고 어디서든 자기의 생각을 펼쳐 보일 수 있다. 아니, 오히려 생각해온 것보다 한두 차원 추상성이 높은 데에서 자기 개성을 보여줄 수 있는지를 검토해보자.

예를 들어 ④에 이르기까지 과거에 다른 사람들이 진행한 논의만 열거하고 나서 ⑤에서 새로운 입법론을 고안하는 것은 불가능하다. ④에서 독창적인 생각을 구체화하기 위해서는 ③에서 또는 그 이전에 연구자의 고유한 생각의 씨앗이 심어져 있어야 한다. 학자가 되기 위해 이론적인 글을 쓰는 연구자, 특히 박사학위논문을 쓰는 사람이라면 ②나 ③에서 자기생각을 드러내는 것을 넘어, ①부터 이미 고유한 시각을 내비치도록 욕심을 부려보면 좋겠다. 학위과정을 마친 후에도 그 관점은 자기 학문 활동의 개성과 일관성을 드러내어 보여줄 중요한 수단이 된다.

5
참고문헌의 활용

주제와 논문의 방향을 정하였다면 준비가 끝났다. 이제 약간의 노동이 시작된다. 테마와 관련된 문헌을 수집하는 작업이다. 테마의 범위가 구체적으로 확정되었다면 참고문헌을 수집하는 것도 어렵지 않은 일이 될 것이다. 그렇지만 대체로 테마를 정하는 과정과 문헌을 수집하고 읽는 작업은 동시에 진행되는 것이기 때문에, 그러한 상황을 염두에 두면 좋겠다. 이후에 본격적으로 논문을 쓰는 때, 그리고 논문을 거의 다 완성했다고 생각하는 때에도 문헌의 수집은 계속 이어진다. 참고문헌은 학위논문과 관련이 없는 것이라고 하더라도 미래의 작업에 쓰일 수 있는 소중한 도구이기도 하다. 많이 수집하고, 많이 읽고, 많이 정리해두면 언젠가는 귀하게 쓰이게 될 것이다.

참고문헌을 수집하는 요령에 대해서는 과거처럼 길게 설명할 필요가 없을 것으로 생각한다. 이제는 인터넷으로 광범위한 자료를 얻을 수가 있다. 대학마다 도서관도 잘 갖추어져 있어서 외국문헌을 입수하는 것도 어렵지 않다. 필요한 책이 없을 경우에 대학도서관에 신청하면 외국으로부터 구입해주기도 한다. 법학분야에서 어지간한 석사·박사학위, 학술지 논문을 쓰는 때에는 이 정도도 썩 만족스러운 수준이다.

문헌과 테마의 관계

테마를 결정하는 데에는 참고문헌이 필요하다. 다른 문헌, 특히 다른 학위논문이나 학술지의 논문들이 다루고 있는 테마의 폭과 내용을 미리 확인하기 위해서 참고문헌을 활용해야 한다. 다른 학자들이 쓴 글을 통해서 자기가 작성해야 하는 학위논문이 어떤 모습이 되어갈지 미리 생각해볼 수도 있다. 그리고 앞서 말한 것처럼 이미 나와 있는 논문의 질과 양을 감안해보면 테마가 적절한 범위를 다루고 있는 것인지를 알 수 있다.

그렇지만 참고문헌의 개수만을 고려해서 곧바로 테마를 결정하고자 하는 것은 매우 잘못된 방법이다. 많은 연구자들이 오해하고 있는 것이기도 하다. '해당 테마를 다루는 자료를 찾아봤더니 세 개밖에 없으니 그 테마로 논문을 쓸 수 없다', '해당 테마의 자료가 서른 개 있으니 그 테마로 논문을 쓸 수 있다', '지금 내가 정해둔 테마를 다룬 자료가 두 개밖에 없으니, 더 큰 테마로 확대해야겠다'는 식의 오해이다.

이런 판단은 참고문헌의 역할을 잘못 생각하는 데에서 비롯된다. 테마를 직접 다루고 있는 문헌을 곧바로 이용해서 논문의 글을 채워가는 것이 아니다. 널리 관련되는 분야의 자료들을 평소에 읽고 있는 연구자가, 그로부터 얻어진 폭넓은 지식을 구체적인 테마로 집중되도록 구성한 것이 학술논문이다. 그러니 테마와 간접적으로만 관련되거나, 전혀 관련성이 없어 보이는 자료도 얼마든지 분석대상이 된다. 구체적인 테마를 똑같이 다루고 있는 자료는 연구자의 가장 직접적인 대화상대로서 더 자세히 언급해주어야 하는 대상에 불과하다.

박사학위논문의 테마가 "변호사의 비밀유지의무에 대한 법철학적 비평"이라고 해보자. 이 테마를 직접 다루고 있는 문헌을 찾아보니 우리나라에 두 개밖에 없다면 박사학위논문을 쓸 수 없는가? 아니면 "변호사의 비밀유지의무에 대한 연구"로 테마를 확대시켜야 하는가? 그렇지 않다. 찾아낸 두 개의 자료로 논문을 쓰는 것이 아니라, '변호사의 의의와 기능'과 '비밀유지의무의 본질', '비밀과 진실을 둘러싼 철학적 고찰'을 비롯하여 매우 광범위한 문헌들을 읽은 연구자가 그 모든 자료를 참고해 가며 쓰는 것이다. 그러니 관련 자료는 국내에서 구할 수 있는 것만 해도 충분히 많다. 오히려 테마가 너무 넓지 않은지 걱정해야 하지, 결코 테마를 확대해야 하는 때가 아니다. 같은 테마로 쓰여진 두 개의 문헌을 찾아냈다면 그것은 논문 안에서 직접적으로 언급하면서 더 자세히 비평해야 할 극히 일부의 자료에 해당한다.

참고문헌 수집에서 조심할 점

우리나라 법학의 짧은 역사에 비추어볼 때, 국내의 연구결과들이 아주 부족하다고는 말할 수 없다. 그렇지만 아직 외국 자료에 질적·양적으로 크게 못 미친다는 사실을 부인할 수도 없다. 차이가 줄어들고 있긴 하지만 비슷한 수준이 되기에는 시간이 오래 걸릴 것 같다. 사정이 이런데, 우리나라에서 발행된 문헌조차 전부 수집하여 분석하지 않고서 학위논문을 쓰려 하는 것은 참으로 난감한 계획이다. 요즘처럼 문헌을 손에 넣기 쉬운 사정에서는 더욱 그렇다. 학위논문 심사를 하다보면 관련된 국내문헌 중 절반도 채 읽지 않고 쓴 것도 있다. 연구자가 게으르거나 그 정도만 읽어도 논문을 쓸 수 있을 것으로 안 경우 또는 테마가 모호하거나 범위가 넓어서 해당 문헌을 다 수집하는 게 불가능한 경우이다. 모두 다 좋지 않다.

외국문헌도 능력이 되는 데까지 최대한 많이 찾아보아야 한다. 번역서도 여기 포함되나, 가능하면 원전에 가까운 문헌을 확보하는 것이 좋다. 다른 사람의 학위논문에서 외국문헌의 글이 인용되었다면 그 글을 의존하지 말고, 직접 인용된 원전을 찾아서 읽어보는 것이 좋다.

철학적 방법론 가운데 해석학(Hermeneutik) 분야의 글을 쓰는 사람이라고 해보자. 우리나라에서 단행본이나 학위논문으로 출판된 것을 찾아, 그 안에 들어 있는 외국의 저자들에 대한 부분을 자신의 학위논문에 그대로 인용하는 것은 가장 좋지 않다. 외국 저자의 것을 직접 읽은 듯이 인용하면 연구윤리에도 반한다. 그 책의 저자가 읽은 책을 살펴보아, 그것을 직접 찾아야 한다. 즉 우리나라 글을 읽을 때 푀겔러(O. Pöggeler)가 쓴 해석학에 대한 문헌이 인용된 것을 발견했다면, 그 해당부분을 읽는 것으로 만족하지 말고, 푀겔러의 책을 찾아서 읽어보아야 한다. 만약 푀겔러가 그 안의 많은 내용을 하이데거(M. Heidegger)의 원전에서 인용하였다고 하자. 그렇다면 푀겔러의 책을 인용하는 것에 만족하지 말고, 될 수 있는 대로 하이데거의 원전을 찾아서 읽어보아야 한다. 물론 하이데거의 독일어 원문을 입수하여 그것을 읽으면 가장 좋은 연구가 되겠지만, 대부분의 학생들에게, 특히 하이데거라면 거의 불가능한 일일 것이다. 하이데거 번역서는 문제없이 입수할 수도, 인용할 수도 있다. 하이데거를 후대의 저자인 푀겔러가 나름대로 이해한 2차 저작물, 푀겔러를 국내의 저자가 또 나름대로 해석한 3차 저작물을 읽는 것에 만족한다면, 이제 학위논문을 쓰는 자신이 이해한 것은 곧 4차 저작물이 된다. 거기에서 하이데거가 원래 의도한 내용이 고스란히 반영되었을 가능성은 별로 남아 있지 않다.

그리고 참고자료는 될 수 있는 대로 가까이에 보관하는 것이 좋다. 적어도 논문에 인용될 수준의 문헌들은 핵심적인 학문활동에 영향을 미친 것이고, 언제든 다시 꺼내어 볼 가능성도 높기 때문에 구입하거나 사본으로 갖고 있을 것을 권한다. 물론 요즘에는 대부분의 자료를 언제든 인터넷이나 도서관에서 가져올 수가 있기 때문에 굳이 곁에 둘 필요가 없다고 하는 사람도 많다. 그렇지만 자기 책장에 꽂혀 있으면 더 편하게 자주 들여다볼 것이고 자료에 줄을 치거나 표시를 할 수도 있다. 자료를 갖고 있다는 심리적인 안정감도 있다. 논문에 인용된 일부분 몇 장만 복사해서 보관하는 학생들도 있는데, 물론 아예 입수해두지 않은 것보다는 낫지만 모두를 읽어야 하거나 앞뒤 맥락을 확인해 보아야 할 때도 있으므로 될 수 있으면 문헌 전체를 보관하고 있는 것이 좋다.

■ 문헌을 대하는 자세 ■

외국자료에 대한 동경을 갖고 살아오다가 막 유학을 갔을 때였다. 한 연구실을 공부방으로 얻었는데, 그것이 법대도서관 안에 있었다. 높은 서가가 모든 공간을 둘러싸 있고, 전설처럼 들어왔던 고서를 포함한 원서들이 가득히 채워져 있는 그런 도서관이었다. 곧바로 사무용복사기 한 대를 중고로 구입하였다. 그러고는 공부를 하러 온 학생인지, 복사가게 운영자인지 구별이 안 될 정도로 열심히 책을 빌려다 복사를 하고 제본을 해댔다. 스테이플러제본, 스프링제본, 열제본도 했지만 내가 한 작업의 절정은 본드제본이다. 우선 종이 묶음을 바이스로 고정한 후 제본될 단면의 표면적을 늘리기 위해 톱으로 켜서 요철을 만든다. 그 위에 본드를 충분히 얹은 다음에 무명으로 된 헝겊을 길게 잘라 덧대어 말린다. 마른 다음 그 부분 위에 두꺼운 테이프를 깔끔하게 붙이면 책이 완성된다. 그렇게 제본된 책은 힘주어 책장을 당기면 찢어질망정 결코 한 장씩 떨어져나가지 않는다. 방에는 작업을 위한 공구들이 한 공간을 차지하였고, 늘 본드 마르는 냄새가 났다. 복사본들이 쌓여가는 것이 마치 나의 실력이 늘어가는 것처럼 생각되어 매우 뿌듯했다.

귀국하고 나서 그 책 중 많은 양이 대학도서관에 들어와 있다는 사실을 알았다. 위 작업에 쓴 재료비 정도면 아예 표지까지 같은 모양으로 복사·제본해주는 가게가 있다는 것도 알게 되었다(법적 문제는 일단 접어두자). 그리고 이제는 일부 책과 어지간한 논문들을 인터넷 공간에서 그대로 pdf 파일로 받을 수도 있다. 필요한 책을 도서관에 부탁하면 외국 인터넷서점에서 사다준다. 유학 시절 힘겹게 만든 사제 책들을 앞으로 얼마나 자주 손에 들게 될지 알 수 없지만, 이런 세상이 올 줄 알았더라면 그렇게 많은 시간을 자료 모으는 데에 쓰지는 않았을 것이라고 분명히 말할 수 있다.

그렇지만 순전히 시간을 낭비한 경험만은 아니라는 생각도 든다. 복사라는 노동으로 자신을 밀어넣기 전에 과연 그만한 가치가 있는 자료인지 내용을 한번 훑어보게 되어 있다. 들인 노고가 아까워서 그 책들을 곁에 두고서 한 장이라도 더 펴 보려고 했다.

지금 문헌 모으기에 집착하지 않게 해주는 기술의 발달은 고맙지만, 오히려 그 도움으로 인해 문헌의 가치가 점점 희미해져가는 것이 아닌가 싶어 아쉬울 때도 있다. 몇 테라바이트의 하드디스크 안에 클래식음악 명반 수천 장을 넣어준다는 광고를 봤다. 사놓으면 뿌듯하긴 하겠지만 용돈을 아껴 LP판 하나씩 사던 때만큼 소중히 감상할 것 같지가 않다. 그와 똑같이, 쉽게 자료를 구할 수가 있게 된 상황이 과거보다 더 많은 노력을 독서에 할애하도록 돕는 것만은 아닌 듯하다.

책을 많이 소장하는 것이 실력과 아무런 상관이 없듯, 자료를 확보할 수 있는 도구를 쉽게 사용할 수 있는 사람의 지식이 저절로 늘어나는 것은 아니다. 오랜 시간 책상 앞에 앉아 활자를 꾸준히 읽음으로써 저자의 생각을 깊이 이해하기 위해 노력하는 것이 공부의 기본이라는 것은 아무리 시대가 바뀌어도 변하지 않을 것이다. 문헌을 취하는 길은 손쉬워졌을지언정, 그 역할은 달라질 리 없다. 변해가는 것은 우리의 생각일 뿐이다.

문헌을 찾는 요령

키워드로 검색하여 국내외의 참고서적이나 학술지의 논문들을 찾아내고 출력하는 방법에 대해서 자세히 쓸 필요는 없을 것이다. 나는 국내문헌을 찾을 때 한국교육학술정보원(www.riss.kr)을 먼저 살펴보고, 독일문헌은 학술지가 많이 올라와 있는 벡출판사(beck-online.beck.de), 영미권문헌은 웨스트로(westlaw.com)를 먼저 들어가 보는 편이다(자료를 출력하기 위해서는 대학도서관을 통해 로그인해야 하는 경우가 많다). 그런데 이런 데를 검색하는 요령에 대해서는 이 책보다는 동료들이나 학교도서관 등에 물어보는 것이 더 낫다. 여기서는 무엇이 필요한 문헌인지 알게 되는 경로만 이야기하는 것이 좋겠다.

아무런 대책이 없는 단계라면, 우선 많은 테마가 보편적으로 서술되어 있는 교과서 등 기본서를 먼저 살펴보는 것으로 시작할 수 있다. 그곳의 각주 등에서 언급하거나 인용하고 있는 자료들은 그 분야에 관심이 있는 모든 연구자가 참고하고 있는 것이라고 할 수 있다. 반드시 확보해 두어야 한다. 이렇게 찾아본 문헌을 검토하면서 또 거기의 각주에 소개된 인용자료들을 다시 수집하는 방식으로 작업을 계속 진행하다보면 테마와 관련된 여러 자료를 만나게 된다.

이 방법으로는 외국문헌을 찾는 것이 쉽지 않을 수 있다. 검색어를 해당언어로 알면 비교적 간단하지만, 검색어조차 모른다면 여러 온라인 사전들을 활용해보아야 한다. 요즘에는 전문용어의 용례도 싣고 있기 때문에 검색어를 알아내는 것은 어렵지 않다. 국내 학술지 논문에는 제목과 핵심어(검색어)를 외국어로 함께 표기하도록 되어 있으니 그것을 참조해도 된다.

인터넷 밖에서는 코멘타(Kommentar: 주석서)가 특히 법학분야에서 많은 도움을 주고 있다. 코멘타는 실정법의 조문 순서에 따라 해석론과 판례를 요약하고, 관련 문헌의 목록을 나열해둔 참고서적을 말한다. 치밀한 논증은 없지만 논의가 되는 사항들은 거의 빠짐없이 언급되어 있고, 참고할 만한 문헌을 많이 소개하는 것이 코멘타의 미덕이다. 특히 독일의 전공별 코멘타들은 참고문헌의 리스트를 확보하는 데에 매우 좋은 수단이 된다. 대학도서관, 교수연구실, 각종 연구소에 비치되어 있으므로 빌려서 참고해볼 가치가 있다. 해외로부터 직접 구입하기에는 비싸다. 주제와 관련된 법률조문을 안다면 페이지의 맨 위마다 법조문표시가 있기 때문에 바로 해당부분을 찾아가면 되고, 코멘타의 맨 뒷부분 색인에서 검색어를 찾아보면 쉽게 내용을 찾을 수 있다. 색인에는 법률조문이나 코멘타에 다루고 있는 페이지, 란트눔머(Randnummer [Rn.] = 페이지 가 장자리에 나와 있는 숫자로서 문단을 표시해 주는 것. 옆 번호. 쉬운 인용표시를 위 한 수단임) 등이 나와 있다.

판례를 찾는 방법은 모든 독자들이 알고 있을 것이다. 우리나라 판례만 이야기한다면, 나는 대한민국법원 홈페이지(glaw.scourt.go.kr)의 '종합법률정보' 사이트를 주로 이용하고 있다. 최근에 나온 대법원판례가 궁금하면 법원도서관(library.scourt.go.kr)의 '판례판결정보'를 참조하기도 한다. 그러나 이러한 곳에 모든 대법원판례가 수록된 것은 아니다. 고등법원이나 지방법원 등 하급심판례를 찾는 것은 더 쉽지가 않다. 이처럼 공개되지 않은 것 가운데 필요한 판례가 있다면 대한민국법원 홈페이지 대국민서비스에 '판결서 인터넷열람'이나 '판결서사본 제공신청 제도'를 이용하는 방법도 있다.

참고문헌이 글을 써주지는 않는다

'문헌을 읽는 요령' 같은 것은 없다. 책을 읽고 저자의 뜻을 이해·분석하는 방법에 대해서도 굳이 필요한 말은 없는 것 같다. 여기서는 문헌의 역할에 대해 오해할 여지를 줄이기 위해 몇 마디만 추가해보려 한다.

앞에서 다른 저자의 글을 읽지 않고 자신의 생각만으로 논문을 쓰려 할 때 있을 수 있는 문제에 대해 이야기한 부분이 있다. 그런데 그렇게 저돌적으로 글쓰기를 하는 사람의 다른 편 극단에는, 글 읽는 데에는 능하나, 쓰는 데에 아주 더딘 사람들이 있다. 한 가지 논점이 떠올랐을 때에 일단 관련 서적을 잔뜩 찾아서 책상 위에 쌓아 놓은 후에 이를 전부 섭렵하고서야 비로소 한두 마디의 이야기를 할 수 있을지 모른다고 생각하는 사람들이다. 그런 스타일의 학생은, 지도교수가 논문 써놓은 부분을 가져오라고 채근을 하여도 좀처럼 어떤 글도 갖고 오지를 못한다. 그저 '무엇을 읽고 있다'는 정도의 대답만 한다.

그런 사람들에게 해주고 싶은 이야기가 있다.

우선 문헌의 기능을 과대평가하지 말라는 것이다. 참고문헌은 그야말로 '참고'로 삼을 자료에 그친다. 그것이 글을 대신 써줄 수 없다. 우리는 어릴 때부터 '공부하는' 것을 '책 읽는' 행위와 동의어로 생각하도록 배워왔던 것 같다. 그 연장선에서, 여러 문헌을 읽으면서 이해하고 분석하는 것만으로 대학원시기를 보내면서, 스스로는 학문활동을 하고 있다고 여길 수도 있다. 그렇지만 그것은 잘못된 생각이다. 학문은 읽는 과정이 아니라, 스스로 묻고 대답하는 과정이다. 이때, 참고문헌은 물음을 발견하기 위한, 그리고 대답을 찾기 위한 보조수단에 불과하다. 물음과 그에 대한 답을 옮겨 놓은 것이 논문글이기 때문에, 문헌으로부터 글이 나오는 것이 아니라, 저자의 머리로부터 나오는 것이다. 문헌을 읽고 글로 옮겨야 하는 곳도 있지만, 논문의 훨씬 더 중요한 부분은 생각을 통해 먼저 글을 써놓고 문헌을 통해 보완하는 방법으로 만들어진다.

그리고 글쓰기는 과감한 작업이어야 한다는 것을 말하고 싶다. 많은 사람들이 모여서 서로 자기의 주장이나 지식을 이야기할 때, 주목받는 것이 꺼려지거나 반응이 어떻게 나올지 염려되어 말을 안 하고 있으면서 '나는 더 많이 알고, 더 좋은 아이디어가 있다'고 생각만 하고 있으면 그 가치를 누가 알아볼 수 있겠는가? 결국 입을 열어 이야기를 꺼내야 알게 할 수가 있다. 마찬가지이다. 글을 쓰는 것은 일단 자신의 생각을 '던져 놓는' 활동이다. 그에 대한 비판이든, 칭찬이든, 무관심이든 간에 일단 글을 던져야 나올 수 있는 반응이다. 지도교수의 역할이 중요하다고 했는데, 지도교수도 뭔가를 읽어야 지도를 할 수가 있다.

다른 사람의 반응만 중요한 것이 아니다. 글을 쓰고 있는 자기 자신도 '생각' 자체에 대해서는 반응하기 어렵다. 문헌을 통해 다른 사람의 뜻을 알려고 노력만 해서는 무엇이 문제의 핵심에 놓여 있으며, 무엇을 논의로부터 덜어내야 하는지 잘 구별되지도 않는다. 생각을 '글'로 옮겨 놓았을 때에만 그 구체적인 대상에 대해 스스로 반응할 수가 있다. 일단 글을 써봐야 논의의 흐름과 자기의 생각, 그리고 더 묻고 답해야 하는 내용이 비로소 정리되는 것을 느낄 것이다. 학위논문 작업을 하면서 아무 관점이 없이 테마를 정하고 문헌을 읽고 있는 사람은 없다. 그렇다면 어떠한 생각이든 좋으니, 일단 자기 생각을 글로 옮겨 놓고 보자. 그렇게 해두면 그 다음 단계에서 문헌을 통해 보완하는 작업이나 교정 또는 삭제하는 작업이 훨씬 수월해질 것이다.

자기 생각을 과감하게 쓰지 못하는 경우 뿐만 아니라, 문헌을 분석한 내용도 선뜻 못 옮기는 사람도 있었다. 문장들 이외에 앞뒤로 뭔가를 쓰자니 누구나 다 아는 내용을 주저리주저리 갖다 붙이고 있는 듯 하여 꺼려진다는 이야기도 들었다. 무슨 뜻인지 알 수 있다. 나도 잘 알려진 테마로 학술지논문을 쓸 때, 교과서에 나오는 수준의 학설소개까지 다 늘어놓자니 그 부분이 마음에 안 들고, 그것을 생략하면 사견과 요약문만 남을 것 같은 경험을 종종 하고 있기 때문이다.

그런데 그건 알아야 한다. 많은 이들이 알 만한 이야기를 빼고 자기만의 고유한 생각으로만 고스란히 이어지게 쓴 문헌은 거의 없으며, 세간에 인정받을 수 있는 그런 법학글이 있다면 헤겔의 『법철학』급일 것이라는 사실을. 그토록 저명한 법학자들의 두꺼운 책들도 대부분 자기의 생각에 독자들이 따라오도록 돕기 위해 기존 진행된 논의들을 모두 소개하고 분석하는 등 많은 분량을 그야말로 '주저리주저리' 채워 넣고 있다.

자기 생각만을 이어서 논문을 쓰려는 계획은 허황된 것이며 실현불가능한 것이다. 구슬이 서 말이어도 꿰어야 보배이지만, 그렇게 만들기 위해서는 구슬 서 말이 있다는 사실을 보여주어야 한다. 즉 다른 선행연구의 결과물이나 판례의 내용을 옮겨서 드러내는 부분이 반드시 필요하다. 그 내용들을 작성자 자신의 말로 옮겨놓고 인용을 붙인다면 표절도 아니다. 그 과정만으로 논문을 쓰려고 하는 것이 문제이지, 그 과정을 생략할 수 있는 것은 아니다.

누구나 다 아는 내용일거라 생각하지만 실상은 그렇지 않은 것이 더 많다. 교과서에 나오는 수준의 평이한 내용들도 더 이해가 쉽게 또는 자신만의 이해로 옮겨놓을 필요가 있다. 만약 대부분 독자들이 알지 못할 것 같은 것이라면 더 세심하게 풀어서 설명해두어야 한다.

생각이 완벽한 형태에 이르기 전까지는 글로 옮기지 못한다는 식의 고집을 보이는 사람들을 만나면 답답할 때가 있다. 왜냐하면, 어떻게 하든 인간이 쓴 글이란 완벽한 그 무엇이 될 수가 없는 것이기 때문이다. 글을 저지르지 않는 사람은 대체로 겸손하고 소극적인 성격일 것이라고 생각하지만, 반대로 다른 사람의 글로부터 비판거리를 아주 잘 찾아내는 사람도 글을 쉽게 쓰지 못한다. 자기 글의 부족한 점도 잘 보일 것으로 염려하기 때문일 것이다. 그렇게 부담을 가질 필요가 없다고 생각한다. 어차피 학문적인 문화란 여러 사람들이 덜 된 생각들을 서로 내세워보고, 이것저것 비교해가며 논쟁을 벌이는 것이고, 그로부터 살아남는 결과가 학문적인 성과로 고정되어가는 것이기 때문이다. 혼자서 완벽한 글을 생산해내어 끝을 보려 해봐야, 그렇게 뜻대로 되지는 않는다.

■ 무슨 책을 읽을까

석사(碩士)는 '머리가 찬 사람', 박사(博士)는 '넓게 아는 사람'이라는 뜻이다. 학위과정의 대부분은 자기가 쓰는 논문 주제에 집중하게 되지만, 한편으로는 여러 분야의 공부를 같이 하고 있을 것으로 기대하게 한다. 특히 박사학위를 받고 나면 학술지에 다른 테마의 글을 써내야 하고, 논문분야 이외의 과목을 맡아 강의를 해달라는 부탁을 받을 수도 있다. 학교에 오래 다녔다는 이유로 이것저것 물어오는 사람도 많아질 것이다. 그렇기에 몰두했던 테마 이외에도 다양하게 알고 있어야 하는데, 그 폭은 넓을수록 좋다고 말할 수 있다. 넓은 폭의 공부는 자기의 좁은 분야에 집중할 때에 딛고 있어야 할 굳건한 토대이기도 하다. 직접 경험해보아 폭넓은 지식을 갖추는 것이 가장 좋겠지만, 형편이 그렇지 못하기에 우리는 책을 읽어 간접적으로 체험하고자 한다.

어린 학생들이 대뜸 '무슨 책을 읽는 게 좋겠냐'고 물어올 때가 있다. 기특한 마음이 들어 사회과학책이나 철학책 중에 좋다고 생각하고 있는 몇 가지를 소개해주던 때가 있었다. 부푼 마음으로 그 책들을 사서 읽어보았나 보다. 그런데… 어쩐지 표정이 좋지가 않다. 이유를 물으니 이걸 읽는 게 필요한지 감조차 잡을 수 없다고 했다. 일단 읽기가 너무 불편하다는 것이다. 전체가 이해 안 되는 것은 물론, 단어 뜻도 제대로 모르니 문장 하나하나가 어려워 진도도 안 나가고 억지로 읽어봤자 남는 게 없었다고 말한다.

무슨 기분인지 잘 알 수 있다. 사회과학, 인문학 책은 쉽게 읽을 수 없는 것이 많다. 깊은 내용을 담고 있다고 알려진 좋은 책일수록 어려우면서 두껍다. 우리는 임마누엘 칸트라는 사람을 알고 있고, 대표작 『순수이성비판』이라는 책 제목도 들어봤다. 그렇지만 그 책의 첫 열 페이지나마 제대로 이해한 사람이 얼마나 있을 것인가!

무게를 가진 책을 읽는 데에는 참을성이 필요하다는 말을 하고 싶다. 잘 안 읽히더라도 그 순간을 버티면서 문장을 이해하려 애쓰는 모습이다. 어려움의 정도는 다르지만 영화나 소설도 마찬가지 아닐까? 추리물 같은 것을 대할 때 처음 얼마 동안은 뭐가 뭔지 잘 모르고 앞뒤가 와 닿지 않아서 답답하기 그지없지만, 그 순간을 견디면서 집중하며 기다려보면 자기도 모르게 재미가 생기고 결국 깊이 빠져들게 된다. 전문서적도 그런 것 같다. 한 권 읽어서 다 이해가 안 되었다면, 주요한 책들을 두 권, 세 권 … 열 권 이상 읽어보자. 그러면 어느 정도 윤곽을 잡게 된다. 그때부터는 조금씩 재미를 느낄 수가 있다. 속도가 더 붙어서 이후 다시 수십 권 이상 더 읽다보면 책들이 다루는 소재의 얼개, 전개되는 내용의 날줄과 씨줄을 머릿속에 조금씩 갖추게 되고, 그로부터 저자가 무슨 말을 하고 있으며, 또 하려 하는지 알 수 있을 것이다. 수백 권을 훌쩍 넘기면 여러 책을 자신의 관점으로 비판할 수도, 자기가 새로운 책을 쓸 수도 있게 되지 않을까?

길에 처음 접어드는 순간은 늘 어렵다. 두어 권을 읽고 있을 때에는 머릿속에 남은 것이 하나도 없다고 생각할 것이다. 그렇지만 아니다. 콩나물 시루에 물이 흘러내려 가버려도 콩나물은 조금씩 자라는 것처럼, 분명히 남아 있는 무엇인가가 자기의 실력으로 쌓여가고 있었다는 것을 나중에는 알게 된다. 이처럼 인내심을 갖고 여러 책을 읽는 것 이외에 다른 방법은 없다.

학생들에게 한두 권의 책을 추천하는 일을 망설인다. 열 살 먹은 친척 아이가 독자들에게 묻는다고 상상해보시라. "법학을 하려면 무슨 책 읽어야 해?" 또는 "대학교에 가기 위해 읽어야 할 책이 뭐야?" 도대체 이런 질문에 어떤 답을 해줄 것인가? 곽윤직의 『민법총칙』이라고 할 것인가, 홍성대의 『수학의 정석』이라고 할 것인가? 관련되는 책만 있을 뿐, 진수를 한번에 알게 해주는 책은 없다. '철학을 깨닫게 해줄 책', '사회과학의 기본을 닦아줄 수 있는 책'이란 없다. 무엇을 위해 공부해야 하는지도 모르는 채 인문학을 권장당하는 요즘, 통째로 이해하게 해준다고 스스로 자처하는 책은 많이 있다. 그런데 그런 책일수록 잘못 알게 만들거나 사실상 아무 것도 모르게 만든다.

6

정리와 기록

"꾸준함"은 학자가 되기 위해 갖추어야 할 가장 기본적인 바탕이다. 답을 찾기까지 문헌들과 대화하면서 심사숙고를 반복하는 성실한 자세를 뜻한다. 이에 더하여 "창조적인 생각"이 가능한 연구자는 전문분야를 앞서 이끌어갈 수도 있을 것이다. 여기에 "정리하는 습관"을 갖춘다면 작업을 효율적으로 할 수도 있다. 이 세 가지 학자의 덕목 가운데 꾸준함과 창조성은 어느 정도 타고난 성격이나 능력에 좌우되는 것이라고 볼 수 있겠지만, 정리하는 습관은 그냥 배워서 따라하면 된다.

어떤 학문적 활동을 하더라도 흔적을 남겨놓는 것이 중요하다. 정리하고 기록해야 할 것은 ① 자료를 찾는 방식, ② 보관하고 있는 자료 내역, ③ 읽은 자료의 내용, ④ 읽은 자료를 통해 깨달은 것, ⑤ 읽은 곳에서 궁금한 내용, 비판거리, ⑥ 새로운 아이디어, ⑦ 써야 할 주제, ⑧ 쓰고 있는 글, ⑨ 써 놓은 글, ⑩ 다른 사람에게 이야기할 내용 등이다. 모든 것을 정리하는 것을 처음에는 무척 번거롭게 느낄 것이다. 그렇지만 언젠가는 정리를 시작했던 과거의 자신에게 큰 고마움을 갖게 될 것이 분명하다.

대학원에 와서 진지하게 연구를 해야겠다고 마음먹고, 도서관에서 전문서적을 한 권 빌려 시간을 내어 독서를 하는 장면을 떠올려보자. 깨달음을 주는 좋은 내용이 눈에 띄고, 발전시킬 수 있을 것 같은 아이디어도 떠오른다. 언젠가 공부를 더 해서 관련된 글을 써보겠다는 마음을 먹게 될 수도 있다. 한 시간 정도 집중해서 독서를 한다면 이렇게 좋은 정보들이 최소한 두어 개는 머릿속에 들어올 것이다. 하루에 몇 시간을 공부한다면 꽤 많아진다. 이렇게 일주일, 한 달, 일 년, 수 년 공부한다고 생각해보자. 인식된 정보들을 어떠한 도구의 도움 없이 머릿속에만 넣어두고자 했다면, 장담하건대 희귀한 수준의 암기천재가 아닌 한 대부분 결국 언제 읽었냐는 듯이 사라져버렸을 것이다. 이용하고자 해도 도리가 없다. 문헌을 읽으며 하는 공부는 기계장치를 만드는 작업과는 달라서, 결과물을 되새길 방법이 없다면 그저 시간을 품위있게 낭비한 것이다.

우리 모두 늙는다. 늙음은 노안이나 성인병에서 인식되기 전, 기억력이 떨어지는 것으로부터 찾아오는 것 같다. 성인이 되어 얻은 지식은 상대적으로 더 금세 잊혀진다. 젊은 학생들은 고등학교 때 배운 수학공식을 지금도 알고 있다고 자신할지 모른다. 그러나 지금부터 장차 읽게 될 내용들은 고등학교 때 배운 것보다 짧게 머물 것이다. 장차 많은 내용들이 머리 안에 들어오겠지만, 그것들은 시간의 흐름에 따라 뭉텅이로 사라져가게 된다. 악담이 아니다. 피할 수 없는 한계를 말하고 있을 뿐이다. 만약 학문을 하기로 마음을 먹었다면 이렇게 늙는 상태를 그대로 놔두어서는 안 된다. 학자가 무슨 기술이나 재력이나 힘이 있겠는가? 그의 유일한 도구는 '지식'이다. 앞에서, 이제 의미 있는 지식은 머리로 암기한 정보의 양이 아니라고 말했다. 암기한 정보는 나이가 들어 잊혀지더라도, 활용할 수 있게 만들어둔 정보가 있다면 여전히 우리는 지식을 갖고 있는 것이다. 그렇기 때문에 정리를 하고 기록해야만 한다.

특히 논문작성을 위해 필요한 대상은 다음의 세 가지이다.

① 테마와 아이디어, ② 수집한 문헌 목록, ③ 문헌을 통해 읽은 내용과 깨달은 것.

컴퓨터가 아니라 종이로 작업하는 것이 천성인 사람도 있다. 그 경우에는 전통적인 방법처럼 독서카드를 만들어서 카드함에 보관하는 방식을 쓸 수도 있겠다. 그렇지만 그 작업은 컴퓨터를 이용하는 것에 비해서 비교가 안 될 정도로 번거롭고 활용하기도 어렵다. 아무리 기술문명과 친해지기 싫어하는 사람이라고 하더라도 학문활동의 준비는 컴퓨터의 힘을 빌어야 한다고 말하고 싶다.

위 세 가지를 한꺼번에 기록하는 것은 쉬운 일이 아니기 때문에 세 개의 파일로 나누면 된다. 개인의 취향에 따른 것이므로 어떤 프로그램을 사용하는 것이 좋다고 말할 수는 없다. 단순하게 한글과컴퓨터사의 아래아한글(.hwp)[이하에서는 줄여서 '흔글'로 쓴다] 파일로 만들어도 되고, 마이크로소프트사의 워드(.doc)나 엑셀(.xls) 등도 추천할 수 있다. 프로그램에 대해서 길게 소개할 능력은 없다.

테마와 아이디어

학위과정을 마친 후 학문활동을 계속해야 하는 사람들도 있다. 그 경우에 학술논문을 쓰지 않아도 되는 일은 많지가 않다. 특히 학술지 논문의 중요성은 과거와 비교할 수 없을 정도로 커졌다. 뿐만 아니라 보고서를 써야 할 때도 있고, 연구계획서를 작성해야 하는 경우도 있다. 이렇게 학술적인 글을 써내야 하는 상황에 놓이면 가장 먼저 테마를 결정하는 것이 부담이 된다.

이 경우에 논문주제가 될 수 있는 소재들을 미리 기록해두었다면 큰 도움을 받게 될 것이다. 공부를 해오면서 아무런 테마를 발견하지 못할 수는 없다. 책이나 논문을 읽을 때에 궁금한 점이 생기게 마련이고, 다른 매체를 접하면서 연구할 내용이 생각나기도 한다. 사람들과 대화를 하면서, 질문을 받으면서 공부할 테마로 엮어질 사항을 만나는 때도 있다. 그럴 때에 바로 컴퓨터 파일을 열어 그 생각을 그대로 써놓기만 하면 된다. 확실한 논문감일 필요도 없다. 막연히 '테마가 되지 않을까' 싶은 정도의 느낌만 있어도 일단은 기록을 해놓는 것이 좋다.

학위논문을 염두에 두고 있는 연구자라고 하더라도 꼭 그 관련 테마의 글만 읽지는 않을 것이다. 아니, 마치 시험을 앞두고 있는 사람처럼 학위논문이 급해질수록 다른 글이 더 재밌게 느껴지는 경우도 많다. 그럴 때에 당장 논문에 쓸 것이 아니라는 단순한 이유로 떠오르는 관심사를 멀리할 필요는 없다. 나중을 기약하면서 글감을 적어둔 자신에게 언젠가 크게 고마워할 날이 올 것이다.

이렇게 간단하게 적어둔 것을 소재로 논문 쓰기 과정을 자연스럽게 시작할 수 있다. 관련 있는 다른 자료를 어느 순간 읽게 되거나, 조금 더 구체적인 생각이 떠오르면 기록한 것을 불러와 보완을 한다. 이런 식으로 추가하다보면 조금씩 더 구체적인 주제, 더 개선된 구성에 가까워질 것이다. 어느 정도 관심이 쌓여 있다는 것이 확인된 이후에는 그것을 논문의 바탕으로 쓸 수가 있다. 나열되어 있는 많은 테마 중에서, 이윽고 논문감이 다 된 것을 논문파일로 독립시킬 때 약간 들뜨는 기분을 느껴볼 수도 있다.

문헌목록

효율성을 높이려면 확보해둔 자료가 무엇이며, 어떤 분야에 관련되는지, 그리고 어디에 보관 중인지 쉽게 알 수 있어야 한다. 귀찮지 않은 선에서 될 수 있으면 세세하게 써 두는 것이 좋다. 나는 마이크로소프트 사의 '엑셀'을 이용하여 소장 중인 책과 학술논문을 정리해두고 있다(306 페이지 참고). 엑셀 표식의 가로 항목들을 각각

A. 일련번호, B. 저자, C. 문헌제목, D. 출처, E. 보관장소, F. 해당분야

로 지정하여 두고, 문헌이 하나 늘어날 때마다 세로의 한 줄을 추가하는 방법으로 정리를 한다. 엑셀은 정렬을 새롭게 하기 편하기 때문에 내가 만약에 '형벌이론'에 대한 글을 쓰고자 한다면 정렬기능을 이용해서 F. 항목을 기준으로 정리되도록 바꾸어 봄으로써 형벌이론을 다루는 문헌을 빨리 확인할 수가 있다.

자료가 어디에 놓여 있는지를 바로 알 수 있게 해두는 것도 중요하다. 자료는 책이거나 복사 또는 출력해둔 논문일 텐데, 책이라면 어느 책장에 꽂혀 있는지, 논문이라면 어느 바인더에 들어 있는지 쉽게 찾아볼 수 있어야 한다. pdf 파일 등으로 다운로드해둔 것이라면 그것 또한 어느 폴더에 보관 중인지 표시해둔다. 이렇게 하면 복사·출력물을 모아두는 바인더 자체는 그렇게 세심하게 구별해놓을 필요가 없다. 많은 연구자들이 저자 이름별, 또는 관련 분야별로 바인더를 만드는데, 그렇게 정리하면 필요 이상으로 바인더 개수가 늘어나고, 그 중 많은 것은 비어 있게 되거나, 일부는 금세 꽉 차게 되어 효율성이 높지 않은 것 같다. 그냥 자료가 모아지는 대로 바인더 하나씩 채워서 보관하되, 그 바인더에 숫자를 적어두고, 엑셀의 한 항목에 그 바인더 숫자를 써 놓으면 된다. 한 바인더 안에서는 저자 이름순으로 자료를 모아두는 것이 찾는데에 편리하다. 바인더는 비닐 속지 안에 자료를 넣는 방식 말고, 찾은 자료에 바로 구멍을 뚫어 차곡차곡 모을 수 있게 만들어진 것이 좋다. 그리고 A4용지를 기준으로 할 때, 두 개의 구멍을 내어 모으도록 되어

있는 바인더가 표준화된 펀치(종이에 구멍내는 도구)를 사용할 수 있기에 더 편하다.

이 부분을 읽는 독자들 대부분은 '나와 관계없는 내용'이라고 생각할 것임을 알고 있다. 이렇게까지 정리를 해야 문헌을 찾을 수 있다는 말이 이해되지 않을 것이다. '이 책 저자는 도서관 한 채 분량 문헌이라도 갖고 있는가 보다' 싶을 수도 있다. 의아한 생각이 드는 게 맞다. 대부분 학생들은 많아야 책장 한두 개에 채울 정도의 책을 갖고 있을 것이고, 출력해둔 논문이라고 해도 큰 바인더 네댓 개면 충분할 것이다. 자료를 처음 모으는 게 쉽지 않지, 모아둔 자료를 다시 찾는 것이 어렵다는 말은 선뜻 납득이 안 될 것 같다.

학위논문 한 번만 쓰고 더 이상 공부를 하지 않을 사람에게는 별로 중요한 이야기가 아니다. 그렇지만 공부를 계속 하게 될 (것만 같은) 연구자들은 유념해보는 게 좋겠다. 시작할 때는 자료가 별로 없지만 장차 더 많은 문헌을 갖게 될 것은 분명하다. 모아둔 문헌이 별로 없을 때부터 정리하는 습관을 들이는 것이 좋다. 나중에 많아진 다음에는 목록을 정리할 엄두가 나지 않기 때문에, 정리가 꼭 필요하게 되어도 포기하는 사람을 많이 보았다.

자료는 언제든 쉽게 쌓인다. 굳이 노력하지 않아도 저절로 손에 들어오는 것도 많다. 버리기에는 아까우면서 바로 읽어보기에는 시간이 부족한 것들도 일단 모아두게 되는데, 나중에 무엇을 갖고 있는지부터 확인이 안 되고, 보고 싶을 때 찾을 수가 없다면 그건 자료가 아니라 그냥 폐휴지에 불과하다. 인터넷과 도서관이 발달하였으니 과거보다 자료 정리가 덜 중요해진 것은 사실이다. 그러나 정리를 안 해두어서, 갖고 있는 자료를 다시 사거나 빌리거나 복사·출력해야 하는 것은 비효율적인 것은 물론, 자원의 낭비라는 생각도 든다.

공부한 내용

자료를 처음 새로 읽는 동시에 글을 쓰는 것과, 이미 이해해서 정리를 해둔 내용을 바탕으로 하여 그 위에 새로운 점을 보완하여 논문을 작성하는 것에는 차이가 있다. 논증의 폭과 깊이는 물론 문장의 완성도도 다를 것이다. 그렇기에 논문을 쓰기 시작하면, 평소에 공부한 흔적을 남겨둔 세 번째 파일의 위력이 드러난다. 정리해놓은 것을 이용하면 본문을 수월하게 쓸 수 있을 뿐 아니라 각주나 참고문헌 목록을 만드는 데에도 큰 어려움이 없다. 특히 읽는 데에 속도가 많이 걸리는 외국 자료라면 효율성의 차이가 더 크다.

처음 공부를 시작하면서 시간을 들여 쉽지 않은 전문서적을 읽는 때를 생각해보자. 관심이 생기는 내용이 보이고 깨달은 바가 있다고 여겨져서 책에 밑줄을 그어두었다. 책갈피도 꽂아두었다고 치자. 그런 행동은 무엇을 위한 것인가? 다시 읽을 때 더 주의하라는 것인가? 모르는 내용이라는 뜻인가? 아니면 논문쓸 때 이용할 수 있다는 표시인가? 흔적은 있는데 도무지 무슨 느낌이었는지 기억이 나지 않을 때, 할 수 있는 일이란 그 책을 다시 붙잡고 읽는 것뿐이다. 한두 권이라면 모르겠는데 수십 권이 그렇게만 표시되어 있다면 더 혼동이 된다. 물론 표시조차 안한 것보다는 낫다고 할지 모르겠지만, 나중에 그 부분에만 눈길이 가게되어 전체적인 독서를 방해한다고 느껴질 수도 있을 것이다.

밑줄을 긋고, 표시를 하는 것은 취향문제이고 그렇게 중요하지도 않다. 필요한 것은 '문헌을 읽으면 기록을 해두어야 한다'는 것이다. 그 기록내용은 논문을 비롯한 모든 글을 쓰는 데에 매우 소중한 자료이다. 과거에는 이런 기록을 '독서카드'로 만들었다. 한 권을 읽은 후에 그 책의 중요한 내용을 간략하게 한 장의 종이카드에 적어 보관하는 식이었다.

대가들도 대부분 이런 독서카드를 갖고 있었다. 나중에 그들이 대가가 되는 대가로 기억력을 잃게 되어도, 그 독서카드를 그대로 활용해서 글을 쓰고 각주를 달 수가 있었다. 저명한 학자들의 노년 저작에서 대체로 이전의 것과 비슷한 각주가 달려 있는 것을 발견하는 경우가 있다.

목적은 같지만 카드형식으로 보관하는 것은 지금 세대의 문명과 어울리지 않는다. 컴퓨터 프로그램을 활용하여 쉽게 보관하고 다시 찾아볼 수가 있고, 같은 자료를 읽을 때에도 과거와 비교할 수 없을 정도로 많은 분량의 흔적들을 기록해둘 수가 있다.

그런데, 책상 위 자기자리에서 책을 읽을 때도 있지만, 지하철로 이동하거나 카페에 앉아 책을 보는 때도 많을 것이다. 워드프로세서 작업을 하기가 쉽지 않다. 아무리 그렇더라도 필기구는 손에 들려 있어야 한다. 정리해두고 싶은 내용에는 줄을 긋고, 책 옆 공간에 느낀 점이나 비판거리를 써둔다. 떠오르는 테마나 하고 싶은 이야기를 길게 기록하는 것은 책의 맨 앞, 뒤의 빈 공간을 활용한다. 그리고 집에 가자마자 잊히기 전에 그 내용을 정리 파일로 옮겨놓아야 한다. 처음에는 지하철에 서서 책을 읽으면서 줄을 치고 메모를 하는 모양을 다른 사람이 보면 '오바한다'고 느끼지 않나 걱정될 수도 있겠다. 그런데 이게 습관이 되다보면 지하철에서 책은 읽고 있되, 필기구가 없는 것처럼 난감한 일도 없다.

문헌별 정리법

초보자라도 가장 쉽게 만들 수 있는 예를 들어보기로 한다. 석사과정에 들어온 이양은 영어로 된 논문 한 편을 손에 들었다. 평소 관심이 있는 주제라서 읽어보고 싶은데, 영어를 잘 읽지는 못하기 때문에 어학 공부를 함께 하려는 목적도 있다. 이제 논문을 앞에 펴고 사전을 곁에 두었다. 그런데 바로 이때, 그냥 읽어가는 것이 아니라 컴퓨터를 켰다. 흔글

프로그램을 이용하여 문헌을 읽는 동시에 아래의 표와 같이 적어둔다.

한 자료를 읽으면서, 표시해둘 만하다고 생각한 내용을 요약하고 괄호 안에 페이지를 적어두었다. ?) 표시 뒤에는 자신의 의문점을 써놓으려고 했고, !) 에는 자기가 깨달은 것을 적어두었다. 전혀 어렵지가 않았다. 줄만 긋는 것보다는 번거로울지 몰라도 전체 글 읽는 시간에서 약간의 노력만 더 하면 만들 수 있었다. 기록을 하고 있다는 것을 의식하면 문헌에서 중요한 부분을 찾기 위해 더 집중하는 것 같기도 했다.

==

Robertson, K.: Innovation, the Environment and the Future, Eco Generation vol. 22, 2012, p. 33 ~

분야: 환경실태, 지구온난화, 미래세대에 대한 책임론

읽은 날: 2014. 2. 15. ~ 2. 19.

- 지구온난화에 대한 기존의 여러 자료들에 대한 의문을 제기할 수 있다고 하고 있으며, 최근의 문헌들에서는 온난화의 결과에 대한 과장된 표현들이 삭제되고 있는 중이라는 사실을 밝힘(33~).
- 스미스의 과거 보고서에 오류가 있는 분석툴이 쓰였다는 내용에 대해서 적고 있음. 이산화탄소의 농도 변화는 온난화 이외의 조건에 의해서도 자주 일어났던 상황이라는 것(36).

  !) 중요한 내용일 것 같다. 스미스의 보고서를 찾아볼 것.

- 정치적인 의도하에서 지구온난화현상이 왜곡되어 일반에게 알려진다고 보는 내용. 특히 IPCC의 과거 보고서에 의도적인 오류가 있을 수 있음을 제기함(37).

  ?) 정치적인 목적 이외에 순수한 과학적 분석들에 대해서는 어떠한 입장일지. 이러한 반론도 석유(정유)회사의 주장이라는 재반론이 있던데.

  ?) 어떠한 분석결과의 발표이든지 간에 넓은 의미에서 정치적인 목적을 지니지 아니한 것이 있을까?

- 환경보호를 위한 상징적 입법에 대한 문제점을 제기하면서 교통정책에서의 다른 예

```
  를 들고 있음(39).
  ......
  ========================================
  Rubens, S.: Study on the Temperature and Humidity Control Performance,
       NatdSa, 33, 1976/11, p. 78 ~
```

　　짐작을 해보자. 써놓은 이 내용을 이양이 장차 다시 펴 보아서 실제로 도움을 얻을 수가 있을까? 나중에 이양이 지구온난화와 관련된 테마로 학위논문을 쓰게 된다면 도움을 받을 확률은 100퍼센트에 가깝다. 당연히 이 기록 내용을 들춰보게 되어 있다. 만약에 학위논문을 이와 전혀 무관한 것으로 쓰게 된다면 잠시 이 기록을 묵혀둘 수는 있다. 그렇지만 학문의 장을 떠나거나 아예 무관한 진로로 바꾸지 아니하는 한, 환경보호, 상징입법, 교통정책, 정치와 학문활동의 관계 등 다양한 테마의 연구를 하게 될 때에 자기가 석사 1학기 때 정리해둔 이 내용을 끄집어내게 될 것이다. 다시 찾아서 확인하고 글쓰는 데에 이용하면서 각주를 달면 별 생각 없이 만들어 놓은 과거 작업의 효용은 이미 충분히 이룬 셈이다. 처음부터 이런 습관을 갖게 된 이양이 자료를 계속 읽으면서 이후 백여 편의 문헌을 이렇게 정리했다고 가정해보자. 다양한 테마의 논문을 쓰려 마음먹었을 때, 큰 고민 없이 자료를 찾고 내용을 만들어낼 수가 있다. 게다가 직접적인 관련자료뿐만 아니라 간접적인 자료까지 폭넓게 이용할 수 있기 때문에 '급한 마음에 쓴 글'이라는 느낌을 주지 않는다.

　　학위논문 주제와 관련된 문헌을 많이 읽어서 위와 같이 정리를 해두었다면 작업은 아주 편해진다. 논문의 목차를 결정하여 얼개를 갖추어 놓고, 독서할 때 적어둔 내용들을 각 줄기와 가지 아래에 내용에 맞게 배치한다. 그 이후에는 자기의 생각을 논증해가는 한편, 위와 같이 배치

된 자료의 내용을 다시 확인하여 자신의 글을 보완하는 방식으로 엮어가면 된다.

연구주제와 관련이 있어서 신경 써서 읽고 있는 문헌은 물론, 번역 연습 삼아 읽은 것, 쉬는 시간에 읽은 신문, 머리를 식히면서 읽은 역사책, 소설 등의 독서에 이르기까지 기록해둘 가치가 없는 자료란 없다고 생각한다. 어느 수준의 독서까지 기록해둘 것인가 하는 것은 개인의 개성과 노력에 달려있다.

방법은 취향대로 선택하면 된다. 위의 예는 흔글프로그램을 이용하여 적어둔 것으로서, 다음 자료를 읽을 때에는 파일을 새롭게 만드는 것이 아니라, 한 파일 안에서 '====='와 같이 줄을 그어 나뉜다는 표시를 한 후에 그 내용을 새로 적는 방법이다. 나중에 읽은 자료를 밑에 붙이도록 할 것이 아니라, 저자의 이름을 기준으로 해서 중간에 끼어들도록 만드는 것이 좋다. 물론 한 자료마다 [모양─나누기─쪽나누기: 'ctrl + enter'] 기능을 이용하여 한 면씩 차지하도록 해도 된다. 이렇게 워드의 한 파일에 독서한 내용을 이어서 붙여 놓으면 [찾기: 'ctrl + f'] 기능을 통해 키워드를 쉽게 찾아갈 수 있다는 장점이 있다. 그렇지만 아주 많은 문헌을 정리했을 경우에 일목요연하게 정리되어 보이지 않는다는 단점은 있다. 나는 마이크로소프트의 엑세스를 사용한 적도 있는데, 한 줄에 한 자료씩 들어가도록 내용을 정리하여 놓으면 목록이 한꺼번에 잘 보이고, 엑셀처럼 정렬하기도 좋지만 프로그램 사용이 복잡하다는 단점이 있었다. 학생들은 더 좋은 프로그램도 많이 알고 있을 것으로 생각한다.

테마별 정리법

읽은 자료 내용을 기록하는 다른 방법도 있다. 테마별로 정리하는 예이다. 박군의 방법이다.

　다음 페이지에 나오는 그림을 보면 박군이 어떤 방식을 이용하는지 알 수 있을 것이다. 한 파일 안에서 마치 책의 목차를 쓰듯이 테마별로 대/중/소목차를 만들어서 내용들을 구획하고[아래에서 "존재와 당위", "당위의 탄생(규범의 시작)"이라고 쓴 것], 그 목차 아래에 그 분야에 해당하는 독서 내용들을 기록하는 것이다. 자료를 읽을 때마다 기록이 필요한 사항이 발견되면 그것이 해당하는 분야의 목차를 찾아가 내용을 추가해서 써넣으면 된다. 그러니 한 목차 아래에는 여러 문헌으로부터 읽은, 그렇지만 테마가 비슷한 내용들이 모여 있게 된다. 출처와 페이지는 각 문장 끝에 괄호 안에 숫자로 넣었다. 앞 숫자는 문헌마다 붙여놓은 일련번호로서, 문서파일의 맨 뒤로 가 보면 어떤 문헌인지 확인할 수 있다(수집된 자료의 목록이 있다면, 전체제목이나 출처 등은 자세히 쓸 필요가 없다). 뒤의 숫자는 내용이 나오는 페이지이다.

　테마별로 기록하는 박군의 방법은 과거 '독서카드' 시절에는 할 수 없는 작업이었다. 워드프로세서를 이용하면 쉽게 주제(목차)나 문장을 중간 부분에 추가할 수 있기 때문에 가능해진 방식이다. 이용하는 데 편리한 점이 많이 있다. 한 주제 아래 읽은 내용이 모여 있기 때문에, 논문을 쓰려 할 때 참고하기가 훨씬 편리하다. 내용을 모아서 훑어보면 좋은 논문의 주제나 구성이 떠오를 수도 있다. 한 문헌을 읽어 하나의 카드를 만드는 이양의 방식은, 문헌 전체에서 중요한 내용이 한두 개만 포착된 경우에 조금 허전하게 느껴지는 한편, 박군의 방법은 그런 사소한 문제가 없다.

　이 방법의 단점은, 한 문헌을 읽는 과정에서 여러 분야의 관심사들이 섞여서 등장하게 되면, 그때마다 해당 목차를 일일이 찾아다니며 기록하기가 번거롭다는 것이다. 조금 편하게 하려면 대/중/소제목에 흔글의 책갈피 기능 등을 이용하여 쉽게 찾아갈 수 있도록 만들 수는 있다. 나중에 특정한 한 문헌의 전체 내용을 한눈에 파악하고 싶을 때에 그런

존재와 당위

당위의 탄생(규범의 시작)

- 헤겔, 코제예프(후꾸야마): 타인에게 인정받기 위한 욕구: 동물적인 일차원적 욕구를 초월한다고 함. 예로서 위신을 위해서 목숨을 바침. 명예를 위한 자기희생(결투 등)(79, 241). 헤겔은 이러한 의미에서 칸트적인 생각을 갖고 있음.

  ?) 그러나 사람들은 더 이상 결투를 하지 않는다. 즉 그러한 욕구는 근본적인 것이 되지 못한다. 단지 더 많은 본능을 충족시키기 위한 수단적인 의미만 있을 뿐이다.

- 홉스적인 전제는 평가하는 인간을 그리고 있지 않다(79, 289).

- 도덕이 타고났다는 것에 대한 콜버그의 도덕심 연구결과에 대해서. 스키너의 행동주의에 대한 반발(80, 130).

- 어떤 권위로부터 명령을 그것이 제아무리 준엄하다고 하더라도 윤리학의 근거가 될 수 있는지 끝내는 검토해야 한다는 것이 칸트의 깨달음이다(150, 65).

  !) Lust의 당김이 있다고 하더라도, 그리고 그들 간에 경합이 있다고 하더라도 무엇이 더 취해야 하는 것인지는 결국 Vernunft가 정하고 있는 것이 아니냐는 뜻.

  ?) 그렇지만 Vernunft로서 극복하고자 하는 또 Lust가 더 크기에 결국 조정되는 것이라고 할 수 있음. 아무런 동기가 없는 Vernunft는 공허한 것임.

- 아리스토텔레스도 행복에서 도덕의 근원을 찾고 있다(81, 148).

- 규범선재설의 다른 예들(88, 29).

- 최대다수의 최대행복이 갖는 민주성에 대해서: 지배자만이 이 원칙을 위험하게 여길 것이다(15, 54 각주).

- 쾌락의 측정: ① 강도, ② 지속성, ③ 확실성, ④ 근접성 + ⑤ 다산성, ⑥ 순수성 + ⑦ 범위(미치는 사람 수) (15, 95).

......

(파일의 맨 뒷부분)

15. Bentham, 도덕과 입법의 원칙에 대한 서론
79. 후꾸야마, 역사의 종말
81. Hare, Warum es klug ist, in Bayertz
88. Thies 등, Der Werte der Menschenwürde

식의 '복습'이 불가능하다는 것도 단점이다.

문헌별 정리와 테마별 정리 가운데 어떤 방식을 취할 것인가 하는 것은 연구자의 취향에 따른 것이라고 하겠다. 나는 두 가지 모두를 쓰고 있는데, 과거에 한 문헌에 대한 세심한 연구가 진행되었던 학위과정 무렵에는 문헌별 방식을 주로 이용하였고, 양적으로 많은 수의 문헌들을 읽어서 그때그때 처리할 필요가 있는 지금은 테마별 방식을 더 자주 이용하고 있다. 아마 다른 연구자들도 마찬가지가 아닐까 한다. 한 테마에만 집중하고 있는 학위논문작성자들은 테마별 정리법이 좋은 방법이 아니라고 생각할 가능성이 크다. 그러나 학위과정 이후에 더 많은 분야에 관심을 가져야 하는 연구자가 된다면 테마별로 읽을 것을 정리하는 파일이 많은 도움이 될 것이다. 처음부터 별 깊은 생각이 없이 만들었고 기술부문 지식이 취약하여 계속 이렇게 하고 있지만, 독자 중에 이 두 가지 방식의 장점을 모두 가질 수 있는 제3의 수단을 아는 분이 있다면 도움을 주셨으면 좋겠다.

■ 이 시대의 정보에 대해서

이 책의 초판을 낸 이후에 시간이 흘러 다르게 써야 하지 않을지 가장 많이 고민한 데가 바로 '정리와 기록'의 중요성을 말한 이 부분이다. 읽은 자료와 공부하면서 깨달은 내용을 기록해두어야 한다는 조언은 여전히 유효하지만, 정보를 얻는 방법과 그렇게 찾은 것을 모으는 방법 등은 그동안 달라졌다. 아니, 이 책이 더 이상 그런 방법을 소개할 필요가 없다고 보는 게 맞다. 지금 학위논문에 신경을 쓰고 있는 학생들은 거의 예외 없이 기성학자들보다 많은 정보를 빨리 찾아 여러 방법으로 처리하고 있을 것이 분명하다. 정보를 머릿속에 많이 집어넣고 있는 사람이 아니라, 그것을 찾아서 개성 있게 처리할 수 있는 사람이 지식인이라는 앞 부분 글도 이제는 더 이상 새로운 내용이 아니다. 지금 모든 젊은이들이 이미 그렇게 생각하고 있을 것이다.

위 내용을 책에서 빼는 것도 생각해봤지만, 그리 멀지 않은 과거에 자료가 어떻게 이용되었는지를 보일 필요도 있고, 아직도 과거와 같은 방식으로 작업하는 것이 편한 연구자도 있을 것이므로 그냥 놔두기로 했다. 다만 시절이 이처럼 바뀌었기에, 과거에 비해 다음과 같은 점만을 더 강조하고 싶다.

한두 해 전, 독일유학을 떠나는 제자를 격려해준 기억이 있다. 매우 오래된 전통에 속한 테마를 공부하러 간다고 했다. 그런 학문을 할 때 주의점을 이야기해줬다. '법학자'가 되어야지, '법학사학자'가 되면 안 된다는 내용을 포함해서. 외국에 가면 볼 자료가 많다. 수백 년 된 대학건물에서 전설에 가까운 제목을 단 각종 고서들이 가득한 도서관 한 가운데에 빠져들면 정말 헤어나오기 어렵다. 그리고 책을 읽으면 읽을수록 내가 몸담은 전문분야임에도 몰랐던 정보가 정말로 많음을 매일 새롭게 느끼게 된다.

그런데 이러한 경험이 반복되는 순간이 바로 조심해야 할 때다. 독서가 공부의 동의어가 아니며, 정보를 머리에 집어넣는 게 학문 그 자체가 아니라는 사실을 망각하면 뇌 안에 자료를 집어넣는 데에 몇 년을 허송하게 되기 쉽다. 독일로 떠난다는 그 제자가 제주도 출신인 것이 뇌리에 남았던지 이런 비유를 들어 말해주었다. '제주도에 가서 귤농사를 배우는 것이 의미 있는 일이지, 귤박스 20개를 싸들고 오는 것이 도대체 무슨 효용이 있겠느냐'고.

유학 뿐만 아니라 모든 학문의 과정이 마찬가지이다. 명심해야 한다. 결코 정보를 기억하려는 노력으로 시간을 보내서는 안 된다. 혹시 발표를 하거나 강의를 해야 하는 사람이라면 정확한 개념을 써서 중요한 정보를 전달할 수 있도록 암기해야 하는 때도 있다. 그러나 특히 학술논문을 쓰는 작업에서는 이러한 노력은 별로 의미가 없다. 오히려 필요 이상의 정보는 머릿속을 복잡하게 만들어 유연한 사고와 창조적인 생각을 방해하기도 한다.

중요한 것은 생각하는 법을 배우는 것과 생각하는 것 그리고 자신만의 고유한 사고의 틀을 갖추어가는 것이다. 여기서 자료와 정보는 그 생각을 갖추기 위한 준비에 필요한, 또는 그렇게 갖추어놓은 도구에 집어넣는 재료일 뿐이다. 그것은 지금 이 시대에는 누구나 어디서든 쉽게 손에 넣을 수 있는 것이기도 하다. 모아둔 문헌꾸러미가 무가치해진 것을 아쉬워하는 모습이 몇 페이지 앞에 쓰여 있다. 그러나 이제는 생각이 달라져간다. 정보를 간편하게 입수할 수 있게 만들어준 지금 이 시대가, 그와 동시에 사고에 할애할 수 있는 시간의 양을 늘려주어 학문의 발전을 가속화할 것을 더 기대하게 된다.

2

◆

법학논문작성법

7
목차 정하기

구체적인 테마와 수집된 문헌들이 있고, 논증의 방향도 어느 정도 고정되어 있다면, 이제는 목차를 한번 만들어보아야 할 때가 되었다. 학위논문은 대개 다음과 같이 진행된다고 한다.

서문
목차 (약어표시)

I. 서론
　문제제기
　연구의 의의와 목적
　연구의 방법과 범위

II. 본론
　주요개념
　기존 논의의 내용
　기존 논의의 분석과 비평
　문제해결에 필요한 이론적 토대
　문제해결을 위한 제안
　효과와 예측

III. 결론
　요약
　향후 연구의 방향

부록 (필요한 경우: 실증조사내용,
　　　　　 표·그림 목차, 외국법률 등)
참고문헌 목록
논문초록 (앞에 들어가는 경우도 있다)

인터넷을 잠깐 찾아보니, 이런 모양으로 '목차의 표본'이라고 올려둔 예들이 많았다. 그러나 혹여라도 이 표본을 목차라고 생각하고 그대로 옮겨놓고서 본문글을 채워가기 시작하는 일은 없어야 한다. 목차의 모범이란 있을 수가 없다. 논문마다 다루는 대상이 다르고 구성이 다르기 때문에 목차가 비슷할 수는 없다.

목차가 본문글보다 반드시 먼저 확정되어야 하는 것은 아니다. 논문을 쓰다보면 목차의 양과 내용, 순서는 계속 바뀌게 될 것이다. 그렇지만 개괄적이나마 본문쓰기보다 먼저 논문의 구성이 결정되어 있어야 한다는 사실은 분명하다.

논문의 흐름을 구성하는 일은 언제나 힘들다. 기억을 돌이켜보면 심사자로서 참여했던 논문심사절차에서 목차 흐름의 문제점이 언급되지 않은 경우는 거의 없었다. 경험이 많은 학자들도 목차구성이 어려운 것은 마찬가지이다. 오히려 논문쓰기를 처음 시작하는 학생들이 아주 간단히 목차를 정하는 때가 많은데, 만약 그렇게 해버렸다면 '이렇게 쉽게 만들어도 되나?' 다시 물어보는 게 좋다. 나중에 논문을 한참 써가다가 목차를 자연스럽게 조정하는 것이 얼마나 어려운 일인지 깨닫게 되면 그래도 좀 낫다. 마지막까지 논문의 흐름에 신경조차 안 쓰고 지나가기도 하는데 그런 경우 쉽게 돌이킬 수 없는 결함을 발견할 수도 있다.

주제를 향해 집중되도록

그렇다면 목차는 어떻게 정하는 것이 좋을까?

테마를 정하는 과정이 순조로웠다면 목차를 비교적 편하게 만들어볼 수도 있다. 특정한 주제로 관심을 좁혀온 과정이 이미 머릿속에 들어와 있을 것인데, 그 경로가 대체로 논문 독자들의 사고의 흐름과 비슷할 것이기 때문에 목차도 이를 참고해서 만들 수 있다. 즉 처음에 문제를 제기하고, 그 다음 비교적 넓은 영역에 대한 관심으로 시작하여, 어떻게 핵심적인 주제에 이르게 되는지를 다룬 후, 그에 대한 분명한 자신의 견해를 밝히는 논증의 작업까지 흘러가도록 구성한다. 마지막으로 논의를 요약, 정리하면 목차의 전체 구성은 자연스러워진다. 같은 이유에서, 테마를 구체적으로 확정하는 작업과 목차를 구성하는 일이 동시에 진행되는 경우도 많다. 목차를 정하려다보니 테마가 함께 구체화될 수도 있다.

　　박사학위과정의 최양이 목차를 만드는 과정을 같이 체험해보자. '성범죄자 위치추적장치'에 대한 논문을 쓰려고 한다. 최양은 이른바 '전자발찌'라고 불리는 성범죄자 위치추적장치로 범죄를 예방할 수 있다는 가설에 대해서 부정적으로 생각하고 있다. 그것으로 인해 범죄자가 심리적인 압박을 크게 받을 것 같지 않고, 장치를 부착하고도 성범죄를 또 저지르는 사례도 발생했다고 들었기 때문이다. 그래서 "성범죄자 위치추적장치의 성범죄예방효과에 대한 비판적 고찰"이라는 논문을 쓰고 싶었다. 논문 흐름을 한번 간단히 구성해본다.

> 성범죄자 위치추적장치 도입론
> 성범죄자 위치추적장치 도입 이후의 상황
> 성범죄자 위치추적장치의 예방효과에 대한 비판
> 개선을 위한 제안

　　마음에 들지 않는다. 도입론과 상황분석에서는 기존 자료에서 크게 벗어난 서술이 가능할 것 같지 않다. 예방효과가 없다는 이야기가 남게 되는데, 이미 많은 학자들이 했던 비판일 것이다. 제안에서도 '제도의 효율성에 대해 다시 검토해 보자'는 이야기 이외에 구체적으로 무슨 말이 가능할지 고민이 된다. 최양은 조금 식상해 보이는 이 구성을 벗어나면 좋겠다는 생각을 하게 되었다.

전자발찌라는 소재가 논문감으로 그렇게 마땅하지 않다는 후회가 생기기도 하지만, 이미 연구를 시작한 지 반 년이 넘어가기 때문에 완전히 새로운 주제로 눈길을 돌리는 것은 부담이 된다고 느낀다. 소재는 같더라도 무엇인가 전에 없던 이야기를 하고 싶었다. 문헌들을 더 읽어가며 고민하였고, 선후배와도 많은 이야기를 해보았다. 그러던 중 위치추적장치를 일반 범죄자들에 대한 보편적인 형벌수단으로 쓸 수도 있을 것이라는 아이디어가 떠올랐다. 유죄판결 받은 사람들을 교도소와 같은 수형시설에 감금하는 것이 아니라, 일상활동을 똑같이 하도록 해주되, 위치추적장치만 부착하게 하는 제도를 고안해보고 싶다.

지금까지 공부해놓은 것과 새로운 생각을 바탕으로 해서 흐름을 대충 만들어보았다.

성범죄자 위치추적장치 도입론
성범죄자 위치추적장치 도입 이후의 상황
성범죄자 위치추적장치의 예방효과에 대한 비판
제도 비판과 개선을 위한 논의
기존 형벌제도의 대체수단으로 위치추적장치

더 이상해진 것을 최양이 깨닫게 되면 다행이다. 이미 공부해왔던 내용을 버리는 것이 아까워서 그대로 둔 채 새로운 생각을 추가했더니, 예방효과가 없다는 비판과 자유형의 대체수단으로 쓸 수 있다는 제안이 자연스럽게 연결되지 않는다. 성범죄예방 효과가 없다면, 만들어놓은 발찌가 아깝기는 하지만 그냥 없었던 일로 한다고 해도 뭐라 할 사람이 없을 텐데, 무엇 때문에 형벌의 대체수단이 될 수 있을 것으로 생각했을까?

최양은 위치추적장치가 사람들의 자유를 억압하는 기능을 할 수는 있을 것으로 보았다. 그 기능을 이용하면 자유형을 대신할 수 있지 않을까 싶었던 것이었다. 이 고민의 과정이 목차에서 빠지면 안 된다. 성범죄 예방 효과가 없다는 것은 실제로 중요하지 않은 내용이고, 자유형의 대체수단이 될 수 있는지 문의하는 것이 큰 덩어리여야 한다는 것을 알았다.

형벌로서 자유형의 성격
형벌에서 자유박탈의 의미
위치추적장치를 통한 자유형 대체 가능성
   위치추적장치 도입논의
   성범죄자 재범예방의 기능
   위치추적장치의 자유제한 기능
자유형의 대체논의
제안과 한계

일단 괜찮아보였다. 지금까지 공부해놓은 것과, 새로 공부할 것이 눈에 들어오면서 무엇을 더 연구해야 하는지가 드러나 보인다. 그렇지만 아쉽게도 이런 흐름이 아직 논문의 목차인 것은 아니다. 이대로 둔 채 곧바로 글을 작성하기 시작하면 나중에 곤란한 상황에 이르게 될 수가 있다. 미리 어떻게 글을 써가게 될지를 짐작해보는 과정이 반드시 필요하다.

논문의 개관작성

목차를 대략 정했다고 하여 바로 1페이지부터 본문을 빽빽이 채워가려 하면 안 된다. 논문작성을 염두에 두고, 일종의 시뮬레이션을 통해서 목차의 흐름을 전반적으로 검토하는 작업이 필요하다. 개관을 적어서, 논문의 진행을 예견해보는 것이다.

성기게 만들어진 목차 아래에 소목차를 한번 적어보고, 그 이하에 대충 어떤 내용들이 들어가게 될지를 한번 써본다. 자료를 보거나 인용할 필요는 전혀 없다. 자기가 그 목차 아래에서 이야기하고 싶은 것을 그냥 적으면 된다. 한 소목차당 대여섯 줄의 내용만으로도 충분하다.

최양은 학위논문의 개관을 다음과 같이 만들어보았다.

제1장 서론

제2장 형벌로서의 자유형
 I. 형벌제도의 의의와 역사
 1. 형벌의 의의
   형벌의 정의. 과거에 저질러진 범죄행위에 대해서 국가가 부과하는 해악으로서의 반작용. 형벌의 발생은 문명의 출발과 더불어 있었을 것이라는 점. 기록으로 남아 있는 내용들에 대해서 간단히 언급함.
   과거의 형벌은 대부분 생명박탈, 신체에 대한 침해, 물건으로 배상하는 것이었고 벌금형도 만들어졌으나 자유형 제도는 늦었다는 내용.
 2. 자유형의 도입
   초기형태는 체형을 가하기 이전에 수형자를 일단 가두어두는 데에서 시작되었음. 이후에 정신병질자 등에 대한 자유 박탈의 수단으로 이용되기 시작한 데에 대해서는 푸코의 『감시와 처벌』을 참고할 것.
   근대에 자유형이 독자적인 형벌제도로 자리잡게 된 역사에 대해 서술할 것(길게).
   자유형이 형벌제도화 되려 할 때의 이론들(반대견해들).
 II. 형벌로서 자유박탈
 1. 자유박탈의 형벌이론적 의미
   자유를 박탈하는 것은 어떠한 의미가 있는가? 응보의 기능을 담당할 수 있는가? 일반예방의 목적을 달성하기 위해서는 일반인들이 이를 위해로 생각할 수 있는가? 재사회화 목적을 달성할 수 있는가?

(형벌이론에 대한 연구가 필요함)

2. 자유박탈의 해악성

형벌이 해악성을 가져야 한다는 것과 자유박탈의 의의를 대조함.

자유박탈이 해악이 되기 위한 조건들.

해악이 되지 아니하는 것처럼 생각될 수 있는 자유제한 제도들(외국의 예).

자유박탈을 해악으로 여기지 않는 특별한 사람에 대한 문제제기.

3. 자유박탈의 방식

자유박탈의 현대적 의미: 반드시 공간 안에 가두어두는 것만을 의미하지 않는다.

제3장 위치추적전자장치의 활용

I. 위치추적전자장치의 도입

도입을 둘러싼 일반론을 보완할 것.

도입 근거에 대한 비판적 고찰

전자발찌가 원래 의도한 효과를 거둘 수 없었음을 비판적으로 서술할 것.

II. 위치추적전자장치의 자유박탈적 기능

전자발찌가 수형자들의 심리를 억압하는 기능을 발휘할 수 있을 것이라는 가정에 대해서 서술할 것(도입론을 일부 활용할 수 있을 것임).

일정 공간 안에 억압하는 것에 비하여 어떠한 심리적인 강제가 될 것인지에 대한 비교 서술이 필요함.

III. 기존 자유박탈 형벌에 대한 대체가능성

이 장치로 구금방식을 대체할 때의 장점을 논증할 것(수용비용 절감, 재사회화에 유리함 등).

제4장 제안

법개정이 필요하다는 점을 밝힘.

기술적인 한계를 극복해야 함.

있을 수 있는 문제(단점)를 함께 지적할 것.

제5장 결론

독자들이 내용에 관심이 있지는 않을 것이므로 아주 간단히만 쓴 것이다. 보아하니 나쁘지 않은 구성이라고 생각된다. 그렇지만 아직 완성된 단계는 아니다. 논문 개관을 이렇게 작성해본 최양이 지도교수에게 물어본다면 다음과 같은 조언이 있을 것 같다.

첫째, 목차의 일부 순서가 자연스럽지 않다. 제2장 Ⅰ. 1에 형벌의 의의가 있는데, Ⅱ. 1.에 다시 형벌의 의의가 나오면서 자유박탈의 해악성을 논하고 있어서 논의가 반복될 우려가 있다. 본론의 첫 부분인 제2장 Ⅰ. 1을 형벌의 의의로 시작하는 것은 매끄럽지 않다. 서론에서 구체적인 문제제기가 있었다고 하더라도, 그 이후에 곧바로 추상적이면서 이론적인 글로 본론을 이어가는 것은 독자들에게 생소한 느낌을 줄 것이다. 왜 형벌이론이 언급되어야 하는지에 대해 관심을 이끌어주는 부분이 있으면 좋겠다.

둘째, 원래 계획보다 훨씬 더 공부를 많이 해야 하는 부분에 주의해야 한다. 이 주제는 얼핏 보면 구체적이면서 제한된 내용만으로 설명할 수 있을 것으로 보였다. 그런데 논문의 개관을 대략 써보았더니 지나치게 시간이 많이 드는, 또는 작성자의 능력을 넘어선 분야가 발견된다. 자유형이 형벌의 형태로 등장하게 되어, 지금처럼 보편화된 데에 이르기까지의 역사적 서술이 필요한 것으로 보이는데, 이에 대해서는 많은 사료들을 참고해야 할 것 같다. 특정 자료, 최양이 계획한 대로 푸코(M. Foucault)의 『감시와 처벌』로 대체하게 된다면 내용을 그대로 옮기는 수준이 되기가 쉽다. 전체에서 차지하는 이 부분의 역할이 크지 않다면 비중 있는 목차로 구성하지 말고, 자유형의 의의를 설명하는 데에 기여하는 정도로 처리하는 것이 좋겠다.

셋째, 목차 간 비중을 조절해야 한다. 형벌이론에 대한 부분이 있는데, 이에 대해서 자세히 쓰려면 한이 없다. 그러니 이 내용 역시 생략하든지, 테마를 논할 때에 의미가 있는 것만을 살려서 간략하게 줄여야 한다. 예를 들어 형벌이론 가운데 일반예방이론이나 특별예방이론은 해당 주제와 관련이 크겠지만, 속죄나 정의이론 등의 의미까지 논할 필요는 없을 것이므로, 그 부분은 생략하는 것이 좋다. 이 논문을 읽는 수준의 독자들이 형벌이론의 일반적인 내용을 모두 읽고 싶지는 않을 것이다. 마찬가지로 '예방이론 자체의 장단점' 같은 내용도 필요 없다. 예방이론 가운데 이 새로운 형벌제도의 도입에 찬성 또는 반대논거를 제시할 수 있는 것만을 꼽아서 논해주면 된다.

위치추적전자장치의 도입론 부분이 있는데, 이 부분을 자세히 쓰는 것은 이미 있었던 입법론들을 요약정리하는 보고서 모양이 될 수 있다. 논문의 독자들은 주로 위치추적전자장치를 자유박탈의 수단인 형벌이 되게 하기 위한 조건들에 주목할 것이다. 이 부분을 좀 더 구체적으로 써야 한다.

여기까지 나의 특정 세부전공 관련 내용이 자세히 나온 것에 대해 양해를 구하고자 한다. 위의 말들을 짧게 요약하면, 논문의 핵심주제를 더 집중적으로 서술할 수 있게끔 하고, 목차의 흐름이 자연스럽게 이어지도록 해야 한다는 것이다. 아래에서 좀 더 자세하게 이야기해보자.

목차를 잘 만들기 위해서는

테마를 정확히 드러낼 수 있어야 한다

목차만 보고도 어떤 내용의 논문을 쓰는지 알 수 있을 정도로 뚜렷하게 주제를 향해 구성해야 한다. 밋밋하게 나열식으로 되어있어서 어디에 논문의 핵심이 있는지 알 수 없게 만드는 것은 좋지 않다. 기존 논의와 구별되는 논문의 고유한 생각을 신경써서 서술하였다는 사실을 목차를 통해서도 확인할 수 있어야 한다.

일반론을 포함하되 구체적인 결론을 향해 진행되도록 하는 것이 정석이다

대부분 법학의 학위논문은 구체적인 사안분석이나 판례평석 정도에 그치지 않고, 어느 정도 추상성을 갖는 이론적인 부분을 포함하게 되어 있다. 그 내용들은 대체로 논문의 전반부에 위치하게 된다. 그보다 더 구체적인 내용들은 뒤로 가게 만들고, 논의 대상에 대한 최종적인 평가나 입법제안 등 특정한 결론은 가장 나중 부분에 두는 것이 보통이다. 물론 저자의 개성과 글쓰는 능력에 따라서 추상적인 것과 구체적인 것이 교차되도록 하는 방법도 더 나은 글쓰기가 될 수 있다. 그렇지만 개별적인 내용과 결론이 먼저 나오고 일반적인 것이 뒤로 가게 놓아두면 어색한 경우가 많다.

■ **논문에서 이론적 배경** (소위 '일반론')

일부 세부전공을 제외하면, 법학 영역에서 학술논문을 쓸 때에 '이론적 배경' 또는 '이론적 깊이'에 대해서 고민해보지 않은 사람은 아마 없을 것이다. 예를 들어 판례에서 다루는 문제를 지적하고 대법원의 다수의견과 반대의견을 대조한 이후에 어느 것이 낫다는 식으로 논문을 써 놓으면, '그렇게 생각하게 된 연구자의 이론적인 근거가 무엇이냐'는 질문을 받게 될 수 있다. 선배들의 학위논문을 보면 무엇인가 추상적이면서도 그럴듯하게 보이는 부분이 있는데, 자신은 아직 그 부분을 만들지 못했다고 고민하는 사람도 있을 것이다. 활동을 하다가 구체적인 문제를 발견하여 논문을 써보고자 하는 실무가 중에 이론적인 배경지식이 부족하여 선뜻 글로 옮길 수 없다고 생각하는 이들도 많을 것으로 생각한다.

이 부담이 거의 강박에 이르다시피 한 경우도 봤다. 논문이 다루고 있는 테마는 아주 현실적이면서 실천적인데, 다들 이론적인 깊이가 필요하다고 말하니 억지로 안 어울리는 '일반론'을 넣어 놓는 방법이다. 나의 전공영역에서는 배종대 교수님의 "비례성원칙"이나 이상돈 교수님의 "대화이론"이 단골로 등장한다. 그 노력이라도 있으면 괜찮은데, 어떤 사람들은 교과서 앞부분에 나오는 것을 일반론이라고 생각하여, 테마와 아무 관계도 없는 연혁이나 본질론 같은 것을 잔뜩 써놓기도 한다. 외국의 입법례와 판례를 일반론으로 생각하는 듯한 글, 대학원 와서 읽어 본 모든 '추상적인 이야기'들을 구별 없이 모아둔 것처럼 보이는 글도 많다. 이런 식은 '일반론을 위한 일반론'이라고 부를 만하다.

이론적인 기초라는 형식이 있어야 논문이 되는 것이 아니라, 논의를 진행하기 위해서 반드시 필요한 전제이기 때문에 포함되어야 하는 것이다. 그러니, 작성자의 생각을 논증하기 위해서 꼭 필요한 것으로 여겨지게끔 자연스러운 흐름 속에 녹아들어 있어야 한다. '이론적'인 기초라는 말에 부담을 가질 필요가 전혀 없다. 반드시 (법)철학적인 것이나 (법학)방법론의 근원적인 이야기를 담고 있을 필요가 없으며, 외국 사상가의 이름이 등장해야 하는 것도 아니다. 구체적인 논증을 위해 필요한 배경으로서 논문을 작성하면서 궁금해진 것, 또는 논문 읽는 독자가 궁금해할 만한 것이면 얼마든지 이론적인 기초논의로 통하는 길을 만들 수가 있다. 예를 들어보자.

논문이 중요하게 다루는 개념을 정확히 정의내리고자 할 때에 그 배경이 되는 '이론'의 필요성이 드러나는 경우가 많다. 아주 간단한 예로, '언론의 자유'가 논점 가운데 포함되어 있는 논문이라면 여기서 말하는 '언론'이 무엇인지를 분명히 하는 개념정의가 필요할 것이다. 해당 법문제에서 언론의 범위와, 그것과 대비되는 대상을 결정해야 하고, 이를 위해서는 어느 정도 추상성 있는 이야기를 하지 않으면 안 된다. '자유'의 경우는 더 그렇다. 예를 들어 금지당하지 않는 수준의 소극적 자유를 뜻하는 것인지, 자기가 자신의 주인으로서 행위할 수 있다는 적극적 자유까지 포함하는지도 논해볼 수 있을 것이다.

'소송경제'라는 단어를 의미 없이 사용하지 말자. 개념을 한번 더 물어보아야 한다. 경제적이라는 것이 무엇인지, 절차에 드는 비용을 절감해야 한다는 것인지, 만약 그렇다면 사법기관이 비용을 절약하기 위해서 그 개념을 이용하여 다른 가치를 희생시키는 것이 정당한 것인지를 다루어야 할 것이다.

법학논문은 예외 없이 견해의 대립을 취급하게 되어 있다. 이때 각 의견이 보여주는 생각의 이면을 들여다보려는 노력을 조금만 하면 된다. 그곳에 놓인 가치 대립관계를 발견하는 것은 그렇게 어렵지 않다. 예를 들어 '배심재판 대상의 확대를 둘러싼 논쟁'을 다룬다면 '법치주의와 민주주의의 대립'이라는 어마어마한 테마를 건드릴 수도 있다.

어떤 특정한 제도를 다루게 된다면, 그 제도 자체의 필요성과 가치를 설명하는 부분이 있으면 좋겠다는 생각이 들 수 있다. 이때 제도의 본질을 다루는 문헌은 좋은 일반론을 제공할 수가 있지만, 그것을 결국 찾아내지 못했다면 본질론을 직접 만들어내면 된다. '그 제도가 없는 경우와 있는 경우를 (가상적으로) 대조해볼 때 생각되는 차이(효용)'가 곧 제도의 본질에 해당한다. 이런 가정을 거쳐보면 모든 제도의 본질을 추론해낼 수가 있다. 추가하여 제도의 연혁을 서술한다면 아주 좋은 기초지식이 될 것이다.

이런 방식 이외에도 일반론이 필요하다는 사실을 논문 안에서 강조하고, 필요한 이론적 전제를 찾아내는 수단은 많이 있다. 이삼 년 논문 소재에 집중하여 그것만 생각하면서 살다보면 전혀 엉뚱해 보이는 정보를 만나 논문과 연결되는 근거를 찾게 되기도 한다(나는 시효의 본질을 윤이상의 작곡기법을 통해 넌지시 깨닫게 되었다). 그리고 반복해서 말하자면, 구체적인 테마를 잡으면 이론적인 서술 없이 단순한 이야기만 하고 말게 될 것이라는 염려에는 근거가 없다.

목차의 흐름이 자연스러워야 한다

생각의 흐름을 따라 이어지도록 만든다. 논문을 펴 든 독자들이 무슨 생각으로 글을 읽어가며, 어떠한 궁금증을 갖게 될 것인지 '역지사지'의 마음으로 좇아가야 한다. 매우 중요하지만 또한 어려운 것이기도 하다. 아래 분위기를 보자.

1. 저자: 독자들이 궁금해할 만한 문제를 제기하고자 한다.
   독자: 문제에 대해 관심이 생긴다. 그런데 그렇게 중요한 문제를 두고만 보았을까? 다른 사람들이 이미 해결하려 노력해온 것은 아닌가?
2. 저자: 문제를 해결하고자 하는 논의들은 지금까지 다음과 같은 내용으로 진행되어 왔다.

독자: 논의가 이미 충분히 있네. 이걸로 대답하면 되지 논문은 왜 쓰나?

3. 저자: 기존의 논의들은 다음의 이유에서 그다지 만족스럽지 않다. 그러니까 이 논문에서 새로운 시도를 해 보이고자 하는 것이다.

독자: 그렇다면 어떤 논의가 더 있을 수 있겠는가?

4. 저자: 다음과 같은 논증이 필요하지만, 바로 구체적인 논의가 이루어질 수는 없다. 논의를 위해서 기본적인 이론적인 토대가 반드시 공유되어야 한다.

독자: 그 이론적인 토대라는 것이 무엇인가?

5. 저자: 논의에서 필요한 일반론(다소 추상성이 있는 이론적 측면)은 다음과 같은 것이다.

독자: 이토록 일반적인 내용이 문제해결에 도움이 될 수 있을까?

6. 저자: 일반론이 지겨운가? 그렇지 않다. 왜냐하면 일반론은 다음의 구체적인 해답을 제시하기 위해서 반드시 필요한 것이었으니까.

독자: 그래, 그 일반론이 구체화되는 모습을 보여달라.

7. 저자: 이 글에서 말하고자 하는 구체적인 내용들은 다음과 같으며, 그에 따른 나의 생각은 다음과 같다.

독자: 저자의 생각을 알 것도 같은데, 다른 반론이 가능할 듯 싶기도 하다.

8. 저자: 그렇다. 다음과 같은 반론이 있을 수 있다.

독자: 좋은 지적이다. 어떻게 대응할 것인가?

9. 저자: 이와 같은 반론의 가능성이 있음에도 불구하고 다음과 같은 사실 때문에 이 글의 결론이 상대적으로 더 설득력이 있다고 할 수 있다.

독자: 그래도 확실히 해결된 것 같은 기분은 아니다.

10. 저자: 맞다. 이 결론에 따를 때에 이어질 수 있는 다른 문제로는 다음과 같은 것이 있다. 이에 대해서는 후속 연구를 계속 다음과 같은 방식으로 진행하고자 한다.

독자: 너무 길었다. 요약해달라.

11. 저자: 요약한다.

항목마다 비중이 같지 않다. 2와 5, 특히 7이 길어져서 논문 분량의 대부분을 차지하게 될 것이다. 여기서 보이고자 하는 것은 바로 이러한 '흐름'이 중요하다는 것이다. 목차별로 끊어져서 관련이 없는 것끼리 나열되어 있다는 느낌을 주어서는 안 되고, 생각의 순서를 염두에 두고 자연스럽게 읽힐 수 있도록 목차를 잡는 것이 성패를 좌우한다. 목차를 그렇게 잡아야 할 뿐만 아니라, 다음에 어떠한 내용이 나올 것인지에 대해서 기대할 수 있도록 서술을 하는 것도 중요하다(이에 대해서는 아래에 다시 쓸 것이다). 이렇게 하여 독자들의 관심을 붙잡아둘 수 있다면 그것만으로 논문이 읽을 만한 것으로 인정받을 가능성은 크게 높아지게 된다.

　　다른 중요한 이야기도 들어 있다. 각 목차 아래 내용은 모두 '질문에 대한 대답을 하고 있다'는 사실이다. 작은 목차들이라고 해도 마찬가지이다. 논문의 모든 목차는 질문에 대한 답을 하기 위해 만들어져야 한다. 목차 가운데 어느 하나라도 '의미 없이 그냥 끼워 놓은 것'이 있어서는 안 된다. 예를 들어 판례 하나를 소개하는 부분이 있다면, 그것은 '그 판례를 여기서 왜 인용하는가?', 즉 '그 판례가 전체 논문 안에서 차지하는 역할은 무엇인가?'에 직접 반응하는 대답이어야만 한다. '테마와 관련 있는 것이어서 가져왔다'라는 답은 그 판례를 옮겨 놓을 이유로서는 부족하다. 어느 제도의 연혁을 소개한다면, 역사를 꼭 살펴보아야 하는 이유가 무엇인지에 대한 답이 되어야 한다. 그저 제도의 분위기를 알리기 위해서 연혁을 옮겨놓는 것은 의미가 별로 없다.

　　경우에 따라서는 이미 공부한 내용이 있어서 버리기는 아까운데, 전체 분위기와 흐름 가운데 어디에 넣어야 할지 난감한 것도 있을 수 있다. 그럴 때에 분위기를 깨도록 끼워두는 게 아니라, 적절히 섞이게 하여, 또는 꼭 필요한 답이라는 것을 강조하여 위화감을 없앨 수 있다. 이것은 논문작성자의 글쓰기 능력에 달린 것이라고 해야겠다. '보론'(補論)

등의 제목으로 처리하여 분위기에 안 맞는 부분을 일부러 놔두었음을 명시하는 방법도 있지만 극히 예외적으로만 써야 한다.

분위기가 너무 치우치지 않도록 한다

설명과 논증, 이론과 실제, 주장과 비판 등이 적절히 반복되도록 하는 것이 좋다. 즉 서로 다른 분위기의 글들이 교차되도록 하는 것인데, 비슷한 내용끼리 몰려 있어 자칫 지루해지는 것을 방지할 수 있고, 독자가 흐름을 따라오는 데 도움이 된다. 국제중재에 대해 분석한 논문이 있다고 가정해보자. 다음의 목차는 어떻게 보이는가?

---

1. 중재방식의 형태
1.1. 중세상인법의 중재방식
1.2. UNCITRAL의 중재방식
1.3. ICSID의 중재방식
1.4. ICC의 중재방식
1.5. 한국중재법의 중재방식
2. 중재방식에 대한 평가
2.1. 중세상인법의 중재방식에 대한 평가
2.2. UNCITRAL의 중재방식에 대한 평가
2.3. ICSID의 중재방식에 대한 평가
2.4. ICC의 중재방식에 대한 평가
2.5. 한국중재법의 중재방식에 대한 평가

답답하다. 지루하다. 설명과 비평이 번갈아 나오면서 하고자 하는 이야기로 향해 있는 아래가 좀 더 나아 보인다.

```
1. 현행 제도 분석
1.1. 현행 중재법에 의한 방식
1.2. 현행 방식에 대한 문제제기
1.3. 다른 중재방식의 고찰 필요성
2. 중재방식의 형태
2.1. 역사
2.2. 국제법상 중재형태들
2.2.1. 중세상인법의 중재방식
2.2.2. UNCITRAL의 중재방식
2.2.3. ICSID의 중재방식
2.2.4. ICC의 중재방식
2.3. 중재형태에 대한 비교·분석
3. 새로운 방식에 대한 제안
```

목차를 너무 많이 나누지 않도록 한다

밋밋하게 병렬적으로 나열된 목차에 따라서는 좋은 논문이 나오기 어렵다. 소목차로 세세히 구별하는 방식도 좋지 않다.

어느 논문의 제목차례 가운데 중간부분이다.

소목차들을 페이지수와 함께 보자니, 굳이 본문을 들춰보지 않더라도 논문의 분위기를 알 것 같다. 나열식으로 쓰고 있는 것도 문제이지만 소목차가 지나치게 나뉘어 있고, 그 한 소목차가 차지하는 분량도 많지가 않아서 한 면에 목차가 두세 개씩 등장하는 모양이 된다. 이런 것은 학위논문의 서술이라고 보기가 어렵다. 좋게 말하면 교과서식이라고 할 수 있는데, 교과서라고 할지라도 내용이 부실해서 좋은 평가를 못 받을 수준이라고 생각한다.

같은 부분을 쓰더라도 제목차례가 다음과 같다면 본문이 좀 더 나을 것으로 기대된다.

무엇이 다른가? 미국의 법인격부인론에 대해서 목차를 나누지 아니하고 8면 정도를 할애해서 쓰고 있다. 물론 그 안에 바로 위의 표에서 본 것과 같이 이론과 판례가 언급되었을 것이다. 그렇지만 적어도 목차를 나누어서 매우 간략하게 '요약하고' 있지는 않을 것으로 짐작된다.

논문은 독자와 대화하듯이 풀어서 설명하고 논증하기 위해서 쓰는 것이지, 보기 좋게 요약하는 글이 아니다. 논증적으로 글쓰는 방법에 대해서는 아래에서 이야기하게 될 텐데, 목차 작성 방식에서도 이미 논문과 교과서 사이에 차이가 난다는 것을 말하려 한다. 만약 논문 전체를 평균하여 한 면에 한 개 이상의 소목차가 들어가고 있다면, 100페이지 논문에서 소목차까지 합해서 목차만 100개가 넘어갈 것인데 그런 모습은 학술논문의 외관이라고 하기가 어렵다. 제대로 논증의 글을 이어가려면 한 목차당 내용이 몇 장 이상 넘어가는 것은 불가피할 것이다. 그렇기에 작은 목차들로 본문을 끊어지게 하지 말고, 더 길어지게 합칠 수 있는지 검토해보아야 한다.

연구자에 따라서는 반대로 목차를 거의 나누지 않고 생각의 흐름 그대로 본문을 너무 길게 써버려서 읽기가 불편하게 만드는 사람도 있다. 그렇지만 경험에 비추어보면 목차 나눔이 부족하다 싶은 논문은 그렇게 많지 않았다.

장황하게 표현하는 것은 좋지 않다

목차 한 줄에 내용이 미리 드러나면 본문을 읽을 필요가 없다고 생각될 수도 있을 것이다. 때로는 목차의 제목을 신비스럽게(!) 내버려둘 필요가 있다.

ㄱ. 손실보상이 필요하다는 사실이 강조되고 있는 현재 실무의 상황

이것보다는, 다소 불친절해 보일 수도 있지만

ㄱ. 상황

이게 더 나아 보인다.

마찬가지로, 상위의 목차에서 하위목차의 내용이 그대로 나열되면 좋지 않다. 더 추상적인 개념으로 쓰는 것이 좋다.

1. 학설과 판례
    (1) 학설
    (2) 판례

이것보다는

1. 상황
    (1) 학설의 대립
    (2) 판례의 경향

이게 더 낫다.

목차는 생명력이 있는, 변화하는 대상이다

즉, 목차를 나누거나 잇거나 순서를 바꾸거나 목차 자체를 다시 쓰는 등의 작업은 논문을 출판하기 전까지 계속된다. 논문글을 다 쓴 이후에도 반드시 목차만을 놓고 다시 살펴보자. 자연스럽고도 본문에 대한 관심을 절로 불러일으키는 목차가 될 때까지 꾸준히 바꾸어 준다는 생각을 하는 것이 좋다.

■ 모범적인 글을 곁에 두자

공부를 시작한 지 몇 달 되지 않은 학생으로서는 테마를 구체화하는 것도 쉽지가 않은데, 그에 더해 목차까지 구성하라고 하니 난감한 일이다. 작업하는 내내 변경해도 된다고는 하지만 언제까지든 어떻게든 무작정 바꿀 생각으로 처음에 아무렇게나 시작했다가 논문이 돌이킬 수 없는 지경으로 나아갈까 걱정도 된다. 자연스러운 흐름에 따른다는 것도 무슨 말인지는 어렴풋이 알겠는데 막상 해보니 그렇게 잘 되지 않는다.

이럴 때는 모범적인 문헌을 정해서 눈에 익혀두는 것도 좋은 연습이다.

기본적인 전문서적을 비롯한 대부분의 이론서는 목차를 갖고 있다. 짧은 논문이라고 하더라도 마찬가지이다. 학위논문을 작성하려고 처음 마음먹은 사람들은 자료를 읽기에 앞서서 우선 목차의 흐름을 눈여겨볼 필요가 있다. 저자가 주제로 삼은 내용을 말하고자 할 때에, 어떤 이야기를 꺼냄으로써 결국 그에 다다르게 되고 어떤 방식으로 정리하는지를 배운다. 자기가 정한 주제와 관련하여 모범에 해당하는 외국문헌이 있다면, 그 전체를 읽는 것도 중요하지만, 우선은 글의 목차만이라도 우리말로 번역하여 익숙하게 읽어두는 것이 좋다. 그래야 그 문헌이 테마를 다루는 구성이 파악되는 동시에, 자신이 써야 할 글의 흐름도 미리 짐작해볼 수 있다. 이런 연습을 통해서도 스스로 목차를 잡기가 여전히 어렵다면 비슷한 테마를 다루고 있는 좋은 글의 목차를 그대로 옮겨 적어보아도 된다. 목차를 똑같이 쓰는 것은 아이디어를 표절한 것으로 의심받게 될 것이다. 그러니 논문 주제가 같다면 비슷하게 목차를 잡아본 후에 장차 조금씩 자기 논문의 고유한 흐름과 내용대로 바꾸어 쓰면 된다. 주제가 다르지만 잘 된 논문이라고 생각되는 것이 있으면 그 글의 흐름만 닮아가게 연습할 수도 있다.

목차뿐만 아니라 내용 면에서도 자신에게 감명을 준 모범적인 글을 곁에 두고 있으면 유용한 때가 많다. 주제와 관련해서 그 논문의 저자와 일대일로 대화를 나눈다는 생각으로 논문 쓰기를 시작해보는 것은 아주 좋은 방법이다. 만약에 좋은 모범을 서너 개 발견했다면 논문을 쓰는 작업은 이제 그 모든 저자와 한 자리에서 토론을 나눈다는 느낌으로 진행될 것이다. 각 사람의 생각을 비교하고 비평하면서 자기의 견해를 만들어가는 과정을 담게 된다. 흥미진진하면서도 이해가 쉬운 논문이 된다. 물론 이 정도의 소수의 문헌만으로 논문이 완성될 수는 없다. 일단 그런 방법으로 줄기를 잡아서 진행하되, 참고문헌들을 더 많이 읽어서 논거들을 풍부하게 만들면 훌륭한 작품이 된다.

평소에 좋은 글을 곁에 두고 참고하는 것은 글쓰기에도 도움이 될 수 있다. 어려운 내용을 담은 학술적인 글임에도, 문장이 간명하고 말하고자 하는 내용이 쉬운 표현에 잘 담겨 있어서 부드럽게 읽히는 글을 평소에 많이 접하는 것이 좋다. 의식하지 않아도 좋은 글쓰기를 본받게 된다.

이처럼 몇 편의 책이나 논문을 곁에 두고 모범으로 삼아 그 글과 대화하듯이 글쓰기를 하고 있다면, 여러 번 반복해서 숙독하는 것이 중요하다. 혹시 어떤 책을 한 번 이상 반복해서 읽어본 적이 있다면 알 수 있다. 좋은 기억이 남아 몇 년 후에 다시 읽어보면 처음 접했을 때와 다른 느낌을 받는다. 예전 감흥이 납득되지 않을 때도 있지만, 전과 다른 것을 보게 되어 새로운 글의 감상을 얻는 경우가 더 많다. 스토리 위주로 쓰인 소설책보다 저자의 사고가 응축된 문장들로 이어진 학술적인 글은 더 그렇다.

8

논문 글쓰기의 원칙

테마를 결정하고 목차를 만드는 것까지만 이야기했는데도 벌써 이 책의 절반이 가까워오고 있다. 실제 논문작성 기간을 따져보면 이제까지의 준비가 그렇게 큰 비중을 차지하지는 않을 것이다. 그렇지만 지금까지 조심해야 할 점들이 지켜졌다면 바른 궤도에 작업을 올려다놓은 셈이고 이제는 무난히 써나가면 되기 때문에, 오히려 논문의 질적인 면만 보자면 지금까지의 중요성이 절반 이상을 차지한다고 생각한다.

테마와 목차가 구체적으로 확정되어 있지 않다고 해서 논문 글쓰기를 할 수 없는 것은 아니다. 글을 써 내려가면서 그 둘을 계속 점검하여 함께 완성에 이르게 되는 경우도 많기 때문에, 그렇게 되기를 기대하며 본격적인 글쓰기로 넘어가본다.

공원을 조성하는 것과 같다

틀린 방식을 먼저 이야기해보자. 마치 마라톤 선수가 달리기를 하듯이 '시작!' 하는 마음과 동시에 1페이지, 2페이지, 3페이지……. 이렇게 메워가다가 결국 100페이지 완성! 이와 같이 논문을 써나가는 것이 아니라는 것을 말해야겠다. 그런 식의 글쓰기는 가능하지 않을 뿐더러 요즘같이 워드프로세서가 발달한 시대에 안 어울리는 것이기도 하다.

특히 학위논문의 작성은 전체적으로 읽고 쓰기를 반복하면서 차츰 완성도를 높여가는 것이다. 예를 들어보자. 목차를 잡고 개관을 나름대로 써본다. 그랬더니 논문모양 기준으로 한 10페이지 정도가 되었다. 그걸 해놓고 보면 각 목차 아래에 어떤 내용이 들어갈지 정해지고, 그 안에 글을 써 넣기 위해서 무엇을 읽어야 하는지가 대략 눈에 보인다. 일단 세워놓은 계획을 바탕으로 문헌을 수집한다. 하나씩 새겨 읽으면서 중요한 것과 그렇지 않은 것을 가려내고, 비판적인 관점을 떠올려본다. 분석한 내용을 초안 위에 서술하였더니 한 50페이지가 되었다. 이제 그 정보들과 대화하듯이 자신의 생각을 그 위에 덧붙인다. 그랬더니 약 70페이지가 되었다. 허술하게 지나간 논증이 없는지 살피면서 중요한 부분의 논거들을 더 심도 있게 만든다. 문헌을 빠짐없이 찾아서 보완하고 판례와 사례들도 추가하였더니 이제 90페이지가 되었다. 그 이후에 각주를 만들고 서론과 결론을 더하고 참고문헌 목록, 초록 등을 추가하면 100페이지 이상이 된다. 마지막으로 교정을 보고 좋은 형태가 되도록 정돈을 해준다.

이런 식이다. 공원을 만든다고 해보자. 어디에 어떤 모양으로 만들 것인지 정하고, 터를 닦은 후에 성기게 땅을 다지고서, 그 다음에야 제대로 공원모양을 갖추게 만들고, 마지막으로 예쁘게 꾸미는 식으로 만들어 가게 된다. 땅의 한 구석부터 이미 완성된 형태로 만들기 시작해서 그 모양이 땅 전체로 퍼져 가게끔 만들려고 하지는 않을 것이다. 머릿속에 이미 완성된 논문 형상이 들어차 있어서 타자만 치면 학위논문이 되는, 일부의 천재(-라고 스스로 생각하는 자)를 제외하면 첫 페이지부터 완성된 모양으로 써나가는 방법은 불가능하다. 완성된 남의 글을 옆에 두고 베낀다면 모를까.

처음에 덜 가다듬어진 내용으로 썼던 것을 계속 반복해서 읽고 쓰면서 완성도를 높여가는 방식으로 작업을 하면 실수를 줄이고 논문쓰는 재미를 더 찾을 수가 있다. 논문을 전체적으로 계속 반복하여 읽게 되기 때문에 흐름을 자연스럽게 조정해갈 수도 있다. 즉 목차를 잇거나 떼거나 만들거나 없애는 작업도 쉽다. 그리고 연구자는 좀 더 자신감을 갖게 된다. '지금 글의 완성도가 조금 떨어지는 것이지, 보완만 하면 언제든 논문을 제출할 수 있다'는 생각이 들기 때문에 안정된 상태에서 공부를 계속 진행할 수 있다. 이것은 다른 쪽에서 바라보면 단점이 될 수도 있다. 아직 완성된 것이 아닌 단계에서도 전체적으로 보면 크게 부족한 곳이 없는 것처럼 비치기 때문에 논문을 웬만큼 썼다는 착각에 빠질 수 있다.

대부분 학위과정생들은 '논문 얼마나 썼느냐', '논문 잘 되어가느냐'는 질문을 그다지 좋아하지 않는 편이다. 질문한 사람도 답을 원하는 것이 아니라 그저 인사말을 건넨 것일 수 있다. 그렇지만 작성자 스스로는 진도를 알고 있어야 한다. 논문이 어느 정도 갖추어졌다고 생각하는 순간부터도 시간이 더 소요된다는 것을 주의하자. 논문을 4월까지 제출해야 하는데, 3월까지 논문의 본문을 쓰고, 2, 3주 안에 교정을 보고 형식을 다듬는다고 생각하면 늦다. 최소한 한 달 정도를 막바지 작업에 할애해 두는 것이 좋다. 외국에 유학을 가서 외국어로 학위논문을 쓰는 경우에는 이 기간이 훨씬 더 길어진다.

■ 외국에서 논문쓰기

유학을 가려면 무슨 준비를 해야 하는지 질문을 받을 때가 있다. 그때마다 대답한다. '비행기표를 끊어야 한다'고. 비행기를 타고 바다를 건너가면 그 사람이 준비를 안 하고 있었어도 유학을 간 것이고, 아무리 한국에서 어학과 외국법을 철저히 공부해두어도 표를 안 끊으면 못 떠나게 된다.

선배들 가운데 뛰어난 분들이 많았다. 법학 실력은 말할 것도 없고 외국책도 우리말처럼 읽을 수 있는 사람들이었다. 그중 몇 분은 한국에서 이미 박사학위논문의 틀을 잡아놓기까지 했다. 그렇게 준비를 갖추고 유학을 간 분 중에는 어려움 없이 짧은 시간 안에 학위를 마치고 귀국한 이들이 있다. 준비를 제대로 하려면 그 정도는 해야 한다. 그렇지만 요즘 그 수준의 준비를 해놓을 여력이 있는 학생들은 거의 없을 것으로 생각한다. 나도 그 경지에 못 미쳤었기에 유학기간 동안 고생을 많이 했다. 그렇지만 한번도 '한국에서 더 준비해올 걸' 하는 후회를 한 적은 없었다. 무슨 준비를 하든 간에 유학지에 나가서 하는 것이 훨씬 더 효율적이라고 생각했기 때문이다.

한국에서 아무리 어학원을 길게 다녀도 막상 외국땅에 발을 디뎌보면 말 그대로 딴 세상이다. 말문이 쉽게 트일 리 없다. 국내에서 박사학위논문 테마를 정해 놓은 것에 대해 아주 큰 기대를 하지 않는 것이 좋다. 외국의 지도교수, 동료들과 대화를 해보면 의외의 조언을 들을 수도 있다. 장학금을 받지 않으면 유학생활을 이어가지 못 하는 상황이라고 해도 그렇다. 일단 외국에 나가서 발품을 팔아보면 한국에서 찾았던 것보다 다양한 기회가 열려 있을 수도 있다. 그러니 외국유학을 염두에 두고 있는 학생이라면 스스로 완성된 준비가 안 되어 있다고 생각하더라도, 일단은 나가서 계획하는 쪽으로 마음을 먹는 것이 좋은 판단이 될 수가 있다. 유학준비를 지나치게 길게 하다가 사정에 밀려, 또는 지쳐서 포기하게 된 안타까운 일도 드물지가 않았다. 물론 염려가 없는 것은 아니다. 준비가 덜 된 만큼 고생은 할 것이다. 하지만 유학을 하면서 고생 없이 학위를 얻어 오리라 기대하는 사람은 없지 않을까? 물론 가끔은 너무 계획 없이 유학을 와서 전공공부를 시작도 못 해보고 어학시험에 몇 년간 계속 떨어져 할 수 없이 귀국하고 만 사람도 있다. 그렇지만 그런 학생이라면 그 시간만큼 한국에서 어학을 더 했더라도 다른 결과가 있었으리라 생각하기가 어렵다.

외국에서 논문쓰는 기간은 처음 유학을 나올 때 예정한 것보다 더 길게 걸린다고 보는 게 맞다. 예외는 아주 드물다. 나는 형편상 4년의 장학금 수혜기간 안에 유학생활을 끝내야 했지만 그렇게 되지 못했다. 일단 거처를 정하고 집기를 들이고 학교와 지도교수를 정하는 것, 즉 '자리를 잡는 데' 최소한 사오 개월은 걸리는 것 같다. 테마를 구체화하는 것도 힘들었다. 외국 대학에서 기대하는 주제가 한국에서 생각해간 것과 일치하는 부분은 적었다. 내 경우 독일어를 읽는 것은 사정이 나았지만, 독어 작문을 썩 잘하지 못하였기에 실제로 쓰는 시간 자체가 우리말에 비해 몇 배 이상 소요되었다. 교정을 보는 시간은 예상보다 더욱 더 길게 걸렸다. 충분한 교양을 갖춘 사람과 마주 앉아서 문장을 하나하나 읽어가며 손을 보지 않으면 자연스러운 외국어가 되지 않을 뿐만 아니라 자기가 표현하고 싶었던 말이 고스란히 써지지 않는다. 문장을 다듬는 기간만 일 년 가까이 걸렸다. 독일사람들, 뭐 만들어내는 데에 굼뜨기로 유명하다. 학위논문이 책으로 출판되는 것을 기다릴 수 없어 먼저 귀국했는데, 육 개월 이후에 한국에서 책을 받을 수 있었다. 그 정도면 아주 빠른 편이라고 했다. 독일사람 중에는 논문 저자 약력에 '현재 시간강사'라고 되어 있는데, 책이 나올 때는 이미 교수로 활동 중인 사람도 있다고 했다.

유학기간을 무조건 짧게 단축하려고만 노력하는 것도 좋지는 않다. 일생 중 가장 열심히 공부할 수 있는 좋은 기회인데, 넉넉히 배우고 올수록 좋다. 그렇지만 느긋하게 있을 시간은 없다고 해야겠다. 논문작성 후에도, 계산에 넣지 못한 시간이 더 길어질 수 있다는 점을 유념했으면 한다. 만약에 그 기간이 늘어날 것 같으면, 그동안 비교적 소홀히 했던 과목의 공부를 하거나, 특히 귀국 후 학술지에 게재할 논문의 개요를 만드는 시간으로 활용하는 것이 좋겠다.

쉬운 말로 쓰자

우리는 논문을 왜 쓰는지 알고 있다. 다른 사람을 이해시키고 설득하기 위해서 쓴다. 그런데 말이 어려워서 아예 읽고 싶어지지가 않게 되면 그 글은 기능을 발휘할 수 없다. 은퇴하신 원로교수님을 모시고 식사를 했던 날이 기억난다. 그 분이 말씀하셨다. "요즘 젊은 사람들 글은 읽기가 어려워요. 주제도 낯설고, 쓰는 단어들도 생소하고 문장도 어렵고. 왜 그렇게 쓰는지 잘 모르겠어요……."

한 선배가 조용히 한마디를 하여 좌중을 웃겼다.

"다른 사람이 읽을까봐서요."

학위논문이란 그런 게 아니지 않은가. 될 수 있으면 많은 사람들이 읽어야 글쓴 보람도 있고, 학문활동의 영향도 이어지게 될 것이다.

어디서 읽은 글을 조금 바꾸어 써본다.

> "그러므로 지극히 아스트랄한 포스트모던적 텍스트 트위킹 위에 정립된 방법론적, 의미론적 고찰을 통해 인터페이스 전환이 표면을 통과하게 하여, 한계 설정을 그것으로 대체하고, 투명성이 피상적인 표면을 재수립하고자 할 때에야 비로소 위상학적 목적론의 두께와 깊이가 이 최종 측정 수단에 들어가는 것이다. 상대성이라고 하는 영원한 속성을 지닌다고 알려진 포스트모던적 부분에서 본 철학적 담론에 대한 인―뎁스 프레임이 여기서 중요해진다."

읽다보면 멍해진다. 어이가 없어 웃음이 나기도 한다. 그런데 정도의 차이는 있겠지만 논문 심사를 해보면 이런 식의 글이 실제로 있다! 자기만 읽을 수 있도록, 또는 자기와 같이 공부한 몇 명만 이해하도록 쓴 논문들이다. 가끔 사회과학 서적을 보면 이런 느낌을 받을 때가 드물지 않고, 독자가 이해하든 말든 무책임하게 번역된 책도 어렵지 않게 만날 수 있다. 도대체 글을 왜 이렇게 쓴단 말인가?

특수한 분야의 전문용어로 이루어진 자료를 보아왔던 사정, 그리고 지도교수나 같이 공부를 하는 동료들과 대화했던 습관 그대로 글을 만들기 때문에 어려워지는 수가 있다. 자신이 읽을 때에는 아무 문제를 발견할 수가 없고, 주변 동료들도 그 말을 다 알아듣기 때문에 교정을 해주지 않아 그 글은 소수만 이해하는 언어로 표현된 채 남아 있게 된다.

그렇지만 도구적인 기능이 없는 이런 글을 그대로 두어서는 안 될 것이다. 허세, 겉멋으로 오해받을 수도 있다. 그러니 특수한 언어사용처에서 빠져나와 평범한 독자의 입장이 되었다고 일부러라도 상상하고 글을 확인해보아야 한다. 아직 어려운 단어구사에 그렇게 매몰되지는 않아서 쉬운 표현으로 고쳐야 할 부분들이 눈에 띄면 다행스러운 일이다.

학위논문은 교수들을 비롯해서 대학원생 이상 전문가들이 읽는다고 생각하기에, 뭔가 어렵게 써야 할 것 같은 강박관념이 있을 때 이런 글이 만들어지기도 한다. 맞는 말이기는 하다. 학술논문은 연구자의 학문적인 성과가 응축되어 있고, 전문분야에 대한 새로운 인식을 포함한 것이므로, 대체로 전공자들만 이해하는 어려운 내용을 담게 된다. 그런데 어려워질 수 있는 것이 '내용'이어야지 '문장'이어서는 안 된다. 내용은 전문적이어야 하되, 논문글은 아주 쉬워야 한다. 나는 중학교 3학년 학생도 읽을 수 있는 수준이어야 한다고 말한다. 우리말만 제대로 할 수 있는 사람이라면, 전문지식이 없더라도 누구나 글을 읽을 수 있어야 한다.

위의 두 가지 예들은 좀 낫다. 스스로도 이해하지 못하고 쓴 글은 최악이다. 대체로 다른 사람의 문장을 무슨 말인지 잘 모르면서 그대로 옮겨온 경우에 말이 어려워진다. 그런 것은 자신의 글이라고 할 수도 없을 것이다. 다른 사람의 어려운 문장을 인용하였다고 하더라도 그것이 자기 논문인 이상, 이해가 가능한 쉬운 말로 바꾸어 써야만 한다. 만약 도저히 바꾸어 쓸 수 없는 문장이라고 생각된다면 스스로도 그 내용을 이해하지 못한 것이라고 봐야 한다. 예를 든 김에 이야기하자면, 중학교 3학년 학생에게 쉬운 말로 설명할 수 없는 내용은 자신이 알고 있는 것이 아니다. 알고 있지 않은 것을 논문글로 옮길 수는 없다.

우리글로 쓰자

외국어를 그대로 쓰는 것은 권하고 싶지 않다.

"Ferdinand de Saussure가 기호란 분리가능한 두 개의 요소, 즉 signifiant과 signifié로 구성되어 있다고 설명하였는데 …… Jacques Lacan의 방법은 signifiant의 우위성을 드러내는 것으로 보아야 하며 …… 이는 마치 Roland Barthes가 『Mythology』에서 어떤 사물에 점점 이야기를 붙여서 눈사람처럼 확대되어가는 상황을 mythology라고 설명한 것과 마찬가지라 하겠다."

이렇게 쓰는 것은 좋지 않다고 생각한다. 이학이나 공학과는 달리 사회과학글은 한글로 쓰는 것이 원칙이다. 외국어를 로마자 표기 그대로 쓰는 것은 결코 좋은 우리말 사용법이 아니다. 원어표시가 분명히 필요한 경우가 있는데, 그때에는 한글로 쓰고 나서 괄호 안에 원어글자를 쓰면 된다. 우리말 번역어가 분명한 용어는 번역어를 쓰고, 괄호 안에 원어를 쓴다. 번역어가 마땅치 않다고 생각할 때에는 외국어 단어의 음을 읽은 것을 그대로 우리글로 옮겨서 쓰고 괄호 안에 외국어를 써주는 것이 좋다.

"소쉬르(Ferdinand de Saussure)가 기호란 분리가능한 두 개의 요소, 즉 시니피앙(signifiant)과 시니피에(signifié)로 구성되어 있다고 설명하였는데…… 라캉(Jacques Lacan)의 방법은 시니피앙의 우위성을 드러내는 것으로 보아야 하며…… 이는 마치 바르트(Roland Barthes)가 그의 책 『신화(Mythology)』에서 어떤 사물에 점점 이야기를 붙여서 눈사람처럼 확대되어가는 상황을 신화(mythology)라고 설명한 것과 마찬가지라 하겠다."

그리고 일부 전문가들만 알아볼 수 있는 희소한 단어들, 줄임말 등을 바로 쓰지 말아야 한다. 될 수 있으면 쉽게 이해할 수 있는 단어로 바꾸는 것이 좋다. 전문용어를 쓰지 말라는 것이 아니다. 반드시 써야 하는 전문용어라면 어떠한 개념으로 쓴 것인지를 미리 밝혀야 한다. 'LBO'라고 그냥 쓴다면 단어 뜻을 알 수 있는 사람은 해당 전공자 가운데 일부

일 것이다. 이를 흔히 '차입매수'라고 부르곤 하는데, 이 말 또한 쉬운 것이 아니기 때문에 논문을 시작할 때에 개념을 미리 정의해두고 쓰는 것이 바람직하다.

> "이 글에서 말하는 차입매수란 기업인수에 필요한 자금을 마련하기 위하여 인수자가 금융기관으로부터 대출을 받고, 피인수회사의 자산을 담보로 제공하는 인수자금 조달 방식을 의미한다. 이를 줄여 이하에서는 '차입매수'로 간략하게 쓰기로 한다(또는 Leveraged Buyout을 줄인 'LBO'로 쓰기로 한다)."

전문용어는 정확한 개념으로 써야 한다. 공인되지 않은 단어, 표준어가 아닌 것, 생명력이 짧은 시사용어 등을 쓰는 것은 곤란하다. 학술지 논문이라면 좀 사정이 다르지만, 평생 연구자를 따라다닐 학위논문에서는 더 주의해야 한다. 한때 유행하는 단어, 인터넷에서만 쓰이는 말, 은어·속어를 쓰는 것은 논문글의 인상을 일그러뜨리게 만들기 쉽다. 예를 들어 '온라인 공간에서 악플은 매우 심각한 문제이다…….' 이런 식으로는 쓰지 말자. '악성댓글(이하에서는 간단하게 '악플'이라고 한다)'이라고 미리 밝혀 놓으면 조금 낫다. 그런데 조금만 낫다. 악성댓글이라는 것 또한 통용되는 표준어라고 보기 어렵기 때문에, 이에 대한 추가적인 정의도 필요할 것이다. 개념정의에 대해서는 아래에 따로 설명하게 된다.

■ 어려운 용어를 또 줄이기까지?

법학글, 법문서는 아무리 쉬운 말로 쓰려 해도 어려워진다. 쉬운 단어, 일상단어만으로 엮어서 쓴다고 해도 전문가 아닌 사람이 읽기 힘겨운 상황인데, 전문단어의 줄임말을 쓰게 되면 이해할 사람은 더 줄어든다. '피신조서'(피의자신문조서), '손배'(손해배상), '선관의무'(선량한 관리자의 주의의무) 같은 것들은 원래 단어보다 더 많이 쓰여서 더 이상 줄임말인지도 모르게 되었다. 법학을 배우는 학생들도 단어가 조금이라도 길어지면 그냥 두고보지 못한다. '위법성조각사유의 객관적 전제사실에 대한 착오'를 '위전착', '불이익변경금지'를 '불변금', '원인에서 자유로운 행위'를 '원자행'으로 쓴다. 나는 그런 표현을 접할 때마다 지나치지 않고 한마디씩 하는 편이다. '법률용어가 무슨 물냉, 비냉이냐'고.

기계공학을 하는 사람들끼리는 전문단어를 줄여 쓰든 암호를 쓰든 아무 문제도 없다. 심리학 연구계획서를 보면 많은 단어가 생소하다. 그러나 법을 다루는 글이 그렇게 되어서는 안된다. 법학은 간접적으로, 법실무는 직접적으로 법을 모르는 일반인과 의사소통하는 데에 궁극적인 쓸모가 놓여 있기 때문이다. 일반인과 대화를 하면서 또는 일반인이 읽을 글을 쓰면서 소수 사람만 알 수 있는 줄임말을 사용하는 것은 그 역할을 저버리는 일이다. 전문가들끼리만 대화를 한다고 해도, 줄임말 쓰는 것에 익숙해지다보면 이러한 법학글의 의미와 말의 본질을 잊어버리기가 쉽다. 줄임말을 많이 쓰는 것이 법전문가로서 멋있어 보이기는커녕, 겸손하지 않거나 단정하지 않은 것으로 보일 때가 더 많다.

전문가들만 주로 보게 되는, 그러면서도 짧게 써야 하는 학술지 논문에서는 예외적으로 줄임말을 써도 되는 경우가 있을 것이다. 그렇지만 학위논문에서 줄임말 단어를 많이 쓰는 것은 도저히 권할 수가 없다. 처음 그 줄임말이 등장하는 부분에 앞으로 계속 줄여서 쓰겠다고 밝히고 이용하면 형식적으로 문제될 것은 없다. 그러나 굳이 그렇게 하기보다는 원래 전문용어 그대로 반복해서 쓰는 것이 훨씬 더 좋다. 작업에서 일일이 길게 쓰기가 귀찮다면 일단 줄임말로 논문을 다 작성해놓고 그 다음에 워드프로세서의 '모두바꾸기' 기능을 이용하여 모든 줄임말을 정식명칭대로 한꺼번에 바꾸면 된다.

법률의 명칭은 학위논문에서도 줄여서 쓸 수 있다. 그 경우에는 명칭이 처음 나올 때 법률 이름을 정확히 밝혀주어야 한다. 법률개정이 잦아서 조문들의 변경이 독자들에게 혼란을 줄 우려가 있는 때에는 정확한 '호' 또는 공포일을 함께 써주는 것이 좋다. "특정범죄 가중처벌 등에 관한 법률"(법률 제11955호 공포일 2013. 7. 30. 이하 "특가법"이라고 쓴다)처럼 표시한다.

아직까지 그런 생각을 하는 사람들은 많지 않을 것이지만, 과거에 어떤 분이 '법을 다루는 글은 어려워야 한다'고 말씀하신 것을 들은 기억이 난다. 그래야만 일반인들이 법을 취급하는 직업인들을 '범접할 수 없는 진정한 전문가'로 생각하여줄 것이며, 그것이 우리들의 밥줄을 유지시키는 길이라고 말씀하셨다. 넋 놓고 듣다보면 이해되는 이야기일 수도 있다. 그렇지만 담장을 높게 쌓아 결국 외로워지는 거인을 그린 동화는, 바로 그런 의도를 가진 '자칭

전문가'의 종말을 보여준다(O. Wiled, 『거인의 정원』). 특히 법실무가라면 우리나라에 법률문화가 아직 본격적으로 꽃피우지 않아서 시장이 좁다는 불평을 하기에 앞서, 포털 사이트의 법률지식에 의존하거나 '나홀로 재판'을 감행하고자 하는 일반인들의 정서를 탓하기에 앞서, 법률서비스에 둘러쳐진 담장을 낮추기 위해 그동안 어떤 노력이 있었는지 돌이켜보는 반성이 이제 필요할 것 같다. 이해할 수 있는 단어로 쉬운 문장을 만들어 일반인들과 소통하려는 자세를 갖는 것이 그 노력의 첫걸음이라고 생각한다.

세 줄을 넘지 마라

문장을 길게 쓰지 말 것을 권한다. 물론 문체는 연구자들의 개성에 따르는 것이니까 잘못된 방식이라는 게 있을 수 없지만, 짧게 쓴 글이 더 이해가 잘 된다는 점은 분명하다. 짧고도 쉬운 문장을 이어가면서도 자신의 어려운 생각을 충분히 납득시킬 수 있는 논문이 좋은 글이라고 생각한다. 그렇지 않아도 내용이 어려운데 글마저 길게 늘여 써서 가독성이 떨어지게 해놓으면, 연구자의 실력을 제대로 인정받지 못하는 경우가 생길 수도 있다.

반대로 생각하는 사람도 있을 것이다. 짧고 단순한 문장으로 되어 있으면 실력이 부족해 보이고, 길게 죽죽 이어서 쓰면서 단어를 어렵게 구사하면 내공이 있는 것처럼 보이지 않을까 싶을 수도 있다. 대체로 그 반대이다. 복잡한 생각을 단순한 언어로 표현하는 것도 훈련이 필요한 공부라고 할 수 있다.

외국어로 쓴다고 해도 마찬가지이다. 작문이 원어민처럼 잘 안 되는 저자들은 대개 '관계대명사'를 많이 쓴다. 내가 그랬다. 논문글을 쓰다보면 설명이 필요한 전문용어를 많이 쓰게 되는데, 그 단어 뜻을 바로 이어 붙여 문장을 길게 하고 싶기 때문이었다. 논문의 몇 장을 지도교수에게 보여줬을 때 문장 이야기를 대번에 했다. 딱 한마디로 줄여, '한 문장이 결코 세 줄을 넘으면 안 된다'고 하였다.

맞는 말이라고 생각한다. 외국어든 우리글이든 간에 어지간한 내용을 담기 위해서 세 줄을 넘겨야 하는 경우는 거의 없을 것으로 생각한다. 세 줄이 넘은 글이 있다면 반드시 두 개 이상으로 나눌 수 있다는 뜻이기도 하다.

아래는 어느 연구자가 쓴 글이었는데, 이해가 잘 되지 않았다. 일단 문장이 길기 때문이었다.

> "꼭 헌법적으로 보장된 네 번째 국가권력이 아니라 하더라도 일종의 자칭한 법치국가의 수호자로서 형사사법과 형사정책에 대한 통제기능의 영향에 대한 형법학의 기대치요구는 본질적으로는 학문적 방법과 결과적 객관성뿐만 아니라 형법학자, 즉 형법교수들의 특별한 전문성에 대한 학문으로서의 당연성과 이와 관련된 직접적인 요구에서 발생하는 것이기 때문에 형법학이라는 말을 단순하게 형법연구와 같은 다른 말로 대체할 수도 있는 순수한 형식적인 문제가 아니다."

외국자료를 번역해서 옮긴 것이라 더 어려워진 것 같다. 그 자료를 찾아 다르게 번역해보았다.

> "형법학에 대한 요청이 있다. 형사사법 실무에 일정한 영향을 미쳐야 하고, 다른 한편 형사정책을 통제하는 기능을 담당해야 한다는 것이다. 학문이 존재해야만 하는 당연한 가치로부터 나온 것이라고 볼 수 있다. 그러므로 접근방법이나 결론들이 객관적이어야 한다는 점과, 고도로 전문적인 내용일 것이라는 기대를 함께 짊어지게 된다. 이에 따라 법학자가 굳이 헌법에 보장된 제4의 국가권력을 수행하는 주체는 아니겠지만, 스스로 일컫는 것처럼 법치국가의 수호자 역할을 담당할 수 있게 되는 것이다. 법학이 이러한 성격을 가져야 한다고 할 때, 형법학이라

는 단어를 단순하게 다른 용어, 예를 들어 '형법에 대한 연구' 등의 의미로 대체할 수 있는가 하는 형식적인 문제를 여기서 다루려고 하는 것이 아님을 알게 될 것이다."

판례의 입장을 인용하는 경우도 마찬가지이다. 아무리 판례를 소개하려는 목적을 갖고 있다고 해도, 논문글은 판사의 말이 아니라 연구자의 말로 이루어져야 한다. 그렇기 때문에 판례의 글을 읽고 나서 이해된 내용을 논문작성자가 자기 말로 풀어서 써야 한다. 과거에 법관들은 판결문을 쓸 때 모든 내용을 통째로 이어 붙여서 쓰고 마침표 한 번으로 끝내는 것을 미덕으로 생각했다. 예전 판례를 소개하면서 그렇게 쓰여진 한 문단을 그대로 옮겨 쓴다면, 학위논문 안에 독해가 아주 어려운 외계어 수준의 문장이 안 어울리게 끼어들어갈 것이다. 논문글의 통일성을 그런 식으로 깨뜨려서는 안 된다. 이제는 판사들도 쉬운 말로 끊어서 쓰기 위해 노력하는 때인데, 학문을 시작한 학생이 어려운 표현을 선호하거나, 문장을 길게 쓰거나, 판례를 그대로 옮겨 오는 것은 시대정신에도 맞지 않는다.

독자가 누구인가

'누가 읽을 것인가'를 생각해보는 것도 필요하다. 교수들만 읽을 것을 염두에 두고 쓴 글과, 학부생이 읽을 것을 생각하고 쓴 글의 내용이 같을 수는 없다. 위에서 중학생도 읽을 수 있어야 한다는 말은 그 정도로 문장이 쉽게 읽혀야 한다는 것이고, 여기서 어떤 사람들이 독자가 될 것인지 정하는 것은 논문 구성과 내용의 문제이다.

전공과 연구자 개성에 따라 다른 답을 하겠지만, 오답은 우선 가려낼 수 있다. 일반인이나 학부 저학년들이 읽는 글로 생각하는 것은 곤란하다. 그 목적으로 글을 쓰려 하면, 전문적인 테마에 대해서 거의 아무 것도 모르고 있는 독자를 전제하여 처음부터 빠짐없이 서술을 하려 할 것이다. 교과서 수준의 평이한 글로 채워지는 부분이 크게 늘어날 수 있기 때문에 바람직하지 않다. 그렇다고 해서 지도교수나 심사위원교수들만 읽을 것으로 생각해서도 안 된다. 그렇게 하면 일단 쓸 말이 별로 없어질 것이고, 논의 배경을 너무 많이 생략할 수도 있다.

대략적으로 말하면, 학부에서 어느 정도 전공지식이 갖추어진 고학년부터 일반대학원에 있는 주변 동료들이 읽을 것으로 생각하면 무난할 것이다. 평이한 기존의 논의를 길게 늘여서 쓸 필요는 없다. 그렇지만 개념정의는 분명히 해야 하고, 기초 지식이 있는 전문가들에게도 흥미를 줄 수 있는 내용을 담고 있어야 한다.

그렇기 때문에 모두가 알지 못할 만한 것을 당연히 알 것으로 생각하고 써서는 안 된다. 박사학위자 이상만 알 수 있는 내용, 테마에 대해서 진지한 고민을 한 사람들만 이해할 수 있는 내용을 서술하려 한다면, 독자들이 어려움 없이 동참할 수 있도록 관심을 불러일으켜줄 수 있는 친절한 설명이 앞부분에 필요하다. 배경지식은 독자들이 각자 알아서 갖추어야 한다는 식으로 놓아두어서는 안 된다.

작성자 자기도 모를 만한 내용인데도 누구나 아는 것처럼 문장을 만들어서 쓰는 사람들도 있는데, 논문 전체와 안 어울리게 된다. 다른 글을 가져오는 과정에서 흔히 생기는 실수일 것이다. 그런 문장을 슬쩍 끼워 넣는다고 해서 멋있어 보일 리가 없다. 누구나 다 알 수 있는 쉬운 것은 매우 장황하고도 자세히 쓰면서, 아는 사람이 별로 없을 만한 내용을 당연히 다 알지 않느냐는 식으로 언급하는 경우가 가장 안 좋다.

"현대 사회에서 사람들은 기존의 가치질서를 포기하지 못한 채 새로운 시대가 가져다 주는 충격에 부딪치게 되는 경우가 많이 있다. 학교 생활을 예로 든다면 기존에 통용되는 가치라고 할 수 있는 것, 즉 공부를 열심히 하고 선생님의 말씀에 그대로 순종해야 한다는 규범을 따르는 것을 모범으로 삼아 왔었다. 그러나 최근에 학교의 규범은 달라졌다. 학교 내 교사의 말보다는 사교육 현장에서의 강사의 말에 더 집중한다는 보고도 많이 찾아볼 수가 있다. 친구들 간 우애는 더 이상 중요하지 않고 경쟁만 존재하는 것처럼 보인다 …… (누구나 알 수 있는 학교교육의 문제점을 장황하게 쓴 이후에) 바로 Robert Merton이 'anomie'라고 정의내린 상황을 이해할 수 있는 예임은 두말할 나위가 없다(아노미에 대해서는 더 이상 추가설명 없음)."

그런데 가끔 저자에 따라서는 대부분의 독자들에게 이해가 쉽지 않을 특별한 연구내용을 비교적 간단히 논문에 남겨두는 경우를 본다. 학위논문보다는 학술지 논문이나 전문학술서에서 눈에 띄는 방법이다. 논문은 전공자들이 대부분 이해할 것을 염두에 두고 쓰는 것이지만, 꼭 '모든 부분'을 '모든 독자'가 완전히 이해할 것까지 의도할 필요는 없다. 일부 사람들만 알 수 있을 것으로 예상되더라도, 자기가 꼭 하고 싶은 이야기라면 서술해둘 필요가 있는데, 그때마다 모든 이들이 쉽게 읽을 수 있도록 친절한 설명을 덧붙이라고 요구할 수는 없다. '아실 만한 분만 읽으시오'라고 느껴지겠지만 지우라고 말할 수도 없다. 진짜 '아실 만한 분'에게는 연구자의 개성과 진짜 하고픈 말을 발견하는 즐거움을 준다. '겉멋'과는 엄연히 다르다. '이해가 안 될 분들도 있겠지만 이 이야기만은 꼭 해야겠습니다'라는 마음으로 쓰는 것이기 때문이다.

개념정의에 대해서

특정인들만 알고 있는 고유 단어에 대해서는 개념을 설명해주는 것이 필요하다고 하였다. 학술지 논문이라면 일부의 학자들만 볼 것이라고 생각되기 때문에, 보편적으로 알려진 수준의 전문용어를 개념정의 없이 사용해도 된다. 그러나 학위논문의 경우에는 다르다. 출판되어 일반 서점에서 팔아도 되는 책이라고 생각하고 만들어야 한다. 전공자 누구나 단어를 이해할 수 있어야 하기 때문에, 서론 또는 본론의 시작에 개념을 정의하는 부분이 필요하다. 해양법논문을 쓰면서 '바다란 무엇인가'를 논할 필요는 없다. 그러나 '바다와 강의 차이'는 의미가 없지 않은데, 이 가운데 어디에서 일어난 사안인가에 따라 취급이 달라질 수 있기 때문이다. '선박이란 무엇인가'가 아니라, '논문 안에서 선박이란 무엇인가'가 중요하다. 즉 논문의 취지를 향해 있는 개념정의가 필요하다는 뜻이다.

개념을 정의해야 하는 더 중요한 이유가 있다. 개념을 명확하게 만들어가는 과정을 통해, 비로소 논문에서 다루고자 하는 대상의 범위가 결정되고, 그로부터 연구자가 생각을 정리할 수 있다는 사실이다.

위에서 예로 든 '악플의 사회적인 문제'를 다루는 글이라고 생각해보자. '악플'이라는 줄임말 단어는 좋지 않다고 하였다. '악성댓글'로 풀어서 쓴다고 해도 해결된 것은 아니다. 무엇이 '악성'이고 '댓글'이 무엇인지 정의를 하고 시작해야 한다. 댓글을 '인터넷 게시글의 한 페이지 안에서 바로 그 아래에 대응하는 문장들'이라고 정의해보자. 그렇다면 페이지를 빠져나와 그 게시글에 딸려서 추가된 글도 댓글이 될 수 있는지 물어보게 된다. 만약에 이를 긍정한다면, 반드시 그에 딸린 글이어야 하는지, 특정한 게시글을 목표로 해서 다른 곳에 게시된 새로운 글도 댓글이라고 할 수 있는지도 궁금해진다. 후자 또한 가능한 의미 안에 포함된다고 보게 되면, 이제 새로운 게시글을 쓸 때에 내용에 비추어보아 누구의 어떤 글에 대한 대응인지 검토하는 문제가 논문 안에서 다루어져야 한다. 그 결과 '악플'이 일반적인 인터넷상 모욕이나 명예훼손이라는 소재와 어떻게 구별되는지를 함께 취급해야 한다는 사실이 드러난다.

'악성' 개념은 더 심각하다. '선과 악'의 구별 문제까지 언급하지는 않는다고 하더라도, 어느 정도까지의 심한 표현이어야 하는지, 어느 정도의 특정인(들)에게 해로운 표현이어야 하는지, 반드시 모욕죄나 명예훼손죄 등의 실정법 위반에 국한되는지, 막연한 비도덕적인 언사도 포함되는지 등을 논하지 않을 수가 없다. '악성' 여부는 누가 평가할지, 피해자인지 제삼자인지도 중요하다.

개념을 정의하는 작업을 진행할 때 연구자 스스로 무엇을 논문의 대상으로 하고 있으며, 무엇을 더 연구해야 하는지 비로소 깨닫게 되는 경우가 많다. 읽어야 할 문헌들의 수가 늘어나거나 그 범위가 분명해질 수 있고, 테마와 관련하여 할 말이 많이 생길 것이다. 그리고 이 과정을 생략한 채, 글쓰기를 시작하는 것이 얼마나 큰 결함인지도 자연히 알게 된다. "모호한 대상을 놓고 분명한 글쓰기를 할 수는 없다."

지금 논문을 쓰고 있는 독자들, 쓰려 하는 독자들에게 묻고 싶다. 중요한 용어의 개념을 정의하고 시작하는가? 사용 중인 개념을 설명한 자료가 어디에도 없기 때문에 정의를 내릴 수 없다는 말은 하지 말자. 지금 그 개념에 대해 연구를 하고 있는 것은 논문작성자 자신이다. 만약 아무런 자료가 없다면 쓰고 있는 논문이 최초의 자료가 되는 것이다. 장차 후속 연구자들이 논문을 참고하게 될 것이라는 책임감을 갖고 용어를 잘 정리해두도록 한다.

자연스럽게 이어지도록 쓰자

논문을 자연스러운 흐름 안에서 읽을 수 있도록 쓰는 것이 중요하다. 목차의 흐름을 이야기하였는데, 글을 쓸 때에도 이것을 염두에 두어야 한다. 글쓴이 자신은 어떤 생각에서 다음 부분이 연결되는 것인지 알고 있지만, 독자들이 보기에는 그 다음 내용이 갑자기 등장하는 것으로 여길 수도 있다.

그런 염려가 있는 부분에는 생경한 내용이 나오는 것이 아니라는 식의 설명을 추가함으로써, 독자들이 논문의 흐름대로 따라오도록 안내하는 방법도 있다.

그러나 대물적 강제처분에 대해 다른 제한 조건이 거의 없는 현행법하에서 긴급성 표지를 이용하는 것만으로는 적법절차를 확보하기 어렵다.

III. 체포현장의 의미

지금까지 현행법에서 제217조 제1항의 의미는 크게 약화되었으며, 실제로 주어진 문제상황은 결국 제216조 제1항 제2호의 해석으로 해결해야 한다는 점을 논증하였다. 이는 곧 처음에 제기된 한계상황이 '체포현장'의 의미에 포섭될 수 있는가의 문제가 된다는 뜻이다.

1. 체포현장에 관련한 학설

(1) 기존의 견해

이와 관련해서도 지금까지 몇 가지 해석론이 주장되어 왔는데, 대체로 다음과 같은
......

'지금까지 …… 뜻이다'라고 쓴 부분은 위의 논증과 아래의 설명이 부자연스럽게 붙어 있는 것이 아니라 필연적으로 이어지고 있음을 독자들에게 알려준다.

이 인용글은 나의 논문에서 꺼내온 것이다. 이러한 이음말을 굳이 추가하지 않더라도 다음 목차가 생소하게 느껴지지 않게 되었더라면 더욱 좋았겠지만 그렇게 쓰지는 못했다. 처음부터 끝까지 독자의 사고 흐름을 거스르지 않고 물 흐르듯 이어지게 만들 수 있다면 그 논문은 어느 문학작품 못지않게 흥미로운 결과물이 될 수 있다. 논문으로서 최고의

경지가 아닐까? 모든 글을 그렇게 쓸 수 있는 공력이 되는 분이면 '대가'라 칭해도 좋을 것 같다.

필요한 것만

지난 여름, 외국에서 박사학위논문을 쓰고 있는 부부를 만난 적이 있다. 생활용품 매장에서 국수를 건져내는 체를 선물로 구입하여 부부에게 건네주면서, '필요 없는 것을 걸러내고 꼭 써야 하는 말만 쓰라는 뜻'이라고 말해주었다. 그렇지만 필요한 글만 남기는 것이 파스타 삶은 물을 내려 버리는 것처럼 쉽지는 않다.

우선 꼭 필요하지 않은 목차가 있지 않도록, 본문 중에 안 써도 될 문단이 들어가지 않도록 조심해야 한다. 그런 부분이 있다면 '통째로 지우라'고 해야 하는데, 이처럼 논문작성자의 가슴을 철렁 내려앉게 하는 말도 없다. 심혈을 기울여 쓴 부분을 그것도 문단 단위로 삭제해버리는 것은 뼈아프다. 그렇기에, 들인 고생이 아깝고 분량이 꼭 필요한 때라면, 다른 곳으로 옮기는 것이 더 적절하지 않은지 검토해보고 자연스럽게 그 부분이 필요한 것으로 여겨지도록 바꿀 수 있는지, 또는 각주로 돌릴 수 있는지 고려하는 것도 나쁘지 않다.

그러나 심사 경험에 따르면, 당장 빼야 하는 문단들의 대부분은 '심혈을 기울여 쓴 부분'이 아니었다. 논문 분량을 늘리기 위해서 반복한 문단들이 대부분이었다. 이미 전체를 인용하였던 판례를 한 번 더 인용하고, 한 번 언급한 이론이나 학설 내용을 뒤에 가서 다시금 많은 분량으로 서술하는 식이다. 표현까지 완전히 똑같이 반복하는 경우도 많이 보았다. 처음부터 끝까지 자신의 논문을 한 번 읽어보기만 하면 없앨 수 있을 것이기 때문에, 그런 부분을 그대로 두는 것은 참으로 성의가 없어

보인다. 드물게는 자기가 읽어볼 때에 그 내용이 반복인지조차 모르는 학생도 있었다. 자기가 쓴 글의 내용을 자기도 모른다!

다른 글을 대폭 가져오는 때에 반복이 잦아지게 되지만, 자기 생각을 쓴 곳도 그렇게 될 수가 있다. 서론 부분에 이미 자신의 견해를 강한 표현으로 언급해 놓고서, 본문에 그 말을 늘려서 길게 쓰고, 결론부분에 유사한 표현들을 다시 반복하는 논문을 자주 접한다. 자기 생각을 충분히 써야 하는 것은 맞지만, 반복을 통해 길어져서는 안 된다.

문장 하나하나를 읽어 보았을 때도 그렇다. 한 번 써서 이미 이해가 된 것인데 재차 다른 말로 반복하는 경우가 많다. 논문의 양을 불리기 위해서 그렇게 하는 때도 있지만 글쓰는 사람의 습관일 수도 있다. 강조를 하기 위해서 표현을 조금씩 바꾸어 다시 쓰는 것이 가끔 허용된다고 하더라도 두 번까지다. 세 번 이상은 곤란하다.

흐름을 깨는 문장도 삭제해야 한다. 자연스러운 논증으로 이어지다가 갑자기 생경한 문단이나 문장이 나올 때가 있는데, 인용된 문헌과 각주가 아깝기 때문에 그대로 두었을 때 그렇게 되기 쉽다. 아니면 '나는 이런 것도 안다'는 식으로 드러내어 보이기 위해서 안 어울리는 문장을 쓰기도 한다. 둘 다 그렇게 좋은 인상을 주지는 못한다(아래의 굵은 글씨 부분).

"환경정책기본법 제7조의3 가운데 제1항은 정부는 환경과 경제를 통합적으로 평가할 수 있는 방법을 개발하여 이를 각종 정책의 수립 시에 고려해야 한다고 하고 있다. 이것은 환경보전과 개발의 조화를 강조하기 위한 법조문으로서 지속가능한 개발의 원칙을 명문으로 구체화하고 있다. 환경보전과 경제개발의 문제는 예전부터 서로 상반된 요인을 갖고 있다는 점에서 이 둘을 어떻게 조화시킬지에 대한 논의가 이어져왔다. **이 점을 지적하는 화이트헤드(A. N. Whitehead)의 환경철학에서는 주체도 곧 환경으로 환원된다. 따라서 주체 쪽이 고정된 것으로 높이 평가되고 환경이 배경으로서 낮게 평가되지 않는다는 특징을 보이고 있다(화**

이트헤드책을 인용함). 이것을 위해서 이른바 환경계획이 필요하다고 할 수 있는데 이는 행정주체가 환경보전을 위하여 사전배려적 차원에서 일정한 목표를 설정하고 자원을 배분하는 계획을 뜻한다…….”

그 밖에도 다음에 해당하여 지워야 하는 것이 있는지 검토해보자.

① 무관련성: 논문의 흐름과 관계없는 것
② 무의미성: 논증에 도움이 되는 어떠한 정보도 없는 것
③ 명백성: 이론의 여지가 없이 명백한 것이라서 오히려 하나마나한 이야기
④ 증명완료: 이미 논증이 이루어져 있어서 다시 반복할 필요가 없는 것
⑤ 부적합성: 논증적 언어로 쓰이지 않은 것
⑥ 증명불가능성: 입증할 수 없는 단순한 느낌이나 감상
⑦ 사족: 오로지 분량만을 늘리기 위해서 추가해 놓은 이야기

(이 일곱 가지는 소송에서 증거신청을 기각하는 사유들을 응용한 것이다. 배종대/홍영기, 형사소송법, 2020, 42/6 참조.)

독자의 눈으로

학위논문을 쓰는 시선을 노래 부르기에 비유해보면 어떨까 한다.

먼저 고등학교 음악시간에 노래시험 볼 때를 추억해보자. 대부분은 점수를 얻기 위해 노래를 했다. 음정과 박자를 그런대로 잘 맞추기라도 하면 기본 점수를 받을 수 있기에 굳이 그 이상을 추구할 필요가 없다. 다음은 노래방 가기를 좋아하는 사람들을 떠올려본다. 마이크를 잡으면 신이 난다. 자기 노래에 몰입한 표정과 상기된 얼굴, 힘주어 부르는 목에는 핏발이 서 있을 것이다. 그런데 아쉽게도 청중도 늘 같은 느낌을 갖

지는 않는 것 같다. 마지막으로 가수나 성악가가 노래하는 모습을 관찰해보자. 분명히 감정에 취해 부르는 듯하다. 그렇지만 멜로디와 가사에 스스로 빠져 있는 것이 아니라, 오직 청중에게 감동을 주기 위해 그렇게 보이게 만든다고 한다. 듣는 사람의 마음을 살펴가며 목소리와 태도를 완전히 제어할 수 있는 경지가 되면 진짜 프로일 것이다.

그렇다. 가장 안 좋은 것은 '심사를 통과하기 위해' 논문을 쓰는 것이다. 페이지 수 늘리는 것을 가장 중요한 목표로 삼고서 다른 자료를 옮겨 적으면서, 왜 필요한지도 모르는 각주를 달고, 제대로 읽지도 않은 외국문헌을 읽은 것처럼 꾸민다. 어떻게 통과는 될 수 있다. 그렇지만 글 쓰는 과정이 자기에게 아무 의미를 남기지 않았고, 결과물도 다른 사람이 읽을 필요가 없는 종이묶음에 그친다.

읽고 쓰는 보람을 아는 대부분의 연구자들은 '자기가 원하는 것'을 바로 글로 써내려간다. 찾아낸 자료를 모두 드러내고 싶고, 문헌을 분석하여 얻은 생각이 있으면 곧바로 글로 표현하니 그 논문은 자기가 공부한 발자취를 고스란히 보여주게 된다. 이 정도면 학위논문으로서 가치 있다고 말할 수 있다. 다른 사람이 그 논문을 읽다보면 별로 궁금하지 않거나 흐름에 안 맞는 내용을 발견할 수도 있지만, 연구자가 보여주고 싶은 것이었으려니 생각하게 될 것이다.

더 욕심을 부린다면 '독자들이 자기 글을 어떤 마음으로 읽을지'를 고려하는 것이 가장 좋다. 자기가 공부한 것을 모두 보여주어야 한다는 마음을 잠깐 뒤로 하고, 읽는 사람들이 어떤 내용에 관심 있을지를 먼저 생각하는 것이다. 바로 그 부분을 중점적으로 길게 서술하면서, 주목을 끌 수 없을 것 같으면 과감히 생략하여 처음 의도에 맞는 것만을 단정하게 남긴다. 논문을 쓰고 있는 자신에게는 쉬울지라도 읽는 사람들이 이해하기 어려울 것 같은 부분은 더 차근차근 알기 쉽게 설명한다. A 내용 다음에 B를 공부했기 때문에 목차를 A 다음 B 순서로 하는 것이 아니라,

A를 읽은 독자라면 자연스럽게 B를 궁금해할 것 같기에 그 순서로 목차를 만드는 것이다.

읽는 사람의 마음을 계속 염두에 두는 것은 어려운 일이다. 학위논문을 쓸 때에는 그런 여유를 갖지 못했지만, 이후 학술지 논문을 꾸준히 쓰다보면 어느덧 제삼자의 눈으로 자기 논문을 끊임없이 응시하는 능력이 생길 수도 있다. 그렇지만 처음 논문을 쓰는 연구자라도 한 번 물어볼 필요는 있다. 혹시 내가 논문심사에 통과하는 것만 의도하고 있는지, 내가 해 온 공부를 드러내어 보여주기 위해 글을 쓰고 있는 것인지, 아니면 내 글을 읽을 독자가 나와 같은 마음을 갖고 흥미 있게 따라올 수 있을지……. 이 물음을 이어간다면 그 결과물은 분명히 달라진다.

다른 사람의 입장을 함께 생각해주는 자세가 의사소통의 기초라고 말한다면, 학문적 소통수단인 논문의 가장 중요한 미덕도 이와 다르지 않을 것이다.

논문 분량을 늘리는 방법

학위논문이 어느 정도 이상 분량을 갖추면 좋다. 그런데 많은 분량의 글을 쓰기 위해서는 당연히 아는 게 많아야 한다. 아는 것이 부족하면 더 공부해서 많이 알도록 해야 한다. 시간이 걸리는 과정이다. 짧은 시간 안에 분량만 늘리려고 한다면 다른 문헌을 짜깁기하는 수밖에 없을 것이다.

그렇게 만드느니 양에 대한 부담을 버리는 게 훨씬 낫다. 석사학위논문은 대충 100페이지라고 했지만 6, 70페이지만 쓰더라도 이것저것 베껴서 두께만 늘리는 것보다 좋다. 박사학위논문은 200페이지 정도가 넘으면 좋다고 생각하겠지만 꼭 그런 것도 아니다. 길게 쓰기 위해서 교과서에 나오는 수준의 내용을 무심히 옮겨 오거나, 긴 판례, 비슷비슷한 외국 예들을 나열하는 것으로 많은 분량을 채우느니, 책이 얇아지더라도 쓸 수 있는 것만 솔직하게 쓰는 것이 낫다.

분량을 늘려야 할 필요가 있다면 체계에 맞게 늘려야 한다. 법학논문은 설득을 위한 글이기 때문에 핵심적인 논증은 비중 있게 취급하면서, 그렇지 않은 것은 짧게 지나가도록 해야 한다. 결국 자신이 하고자 하는 말에 집중시키는 요령이 필요하다는 뜻이다.

분량을 효과적으로 늘리는 방법은 없을까? 논문의 분량이 부족할 때에는 글쓴이 자신의 생각인 사견(私見)이 관련된 곳을 더 치밀하게 논증할 수 있는지 먼저 검토해봐야 한다. 그 부분은 충분히 길어지더라도 상관없다. 아예 자기 생각이 없는 경우라면 더 이상 조언을 할 수가 없다. 만약 전체 논문 분량 가운데 자기의 생각이 1퍼센트 정도 분량만 차지한다면 논문을 제출하지 말고 다음 기회로 미루라고 말하고 싶다.

자료를 참고하여 필요한 정보와 다른 사람의 생각들을 어느 정도 소개했고, 글쓴이의 사견을 전부 다 썼는데도 논문이 50페이지를 채 넘어가지 못하고 있다고 해보자. 그 가운데 사견이 차지하는 양이 5페이지 정도에 그친다면 개선의 여지는 있다. 이때 안 좋은 해결방법은 나머지 45페이지를 불리기 위해서 자료를 더 가져오는 식이다. 이미 90퍼센트를 차지하는 설명을 통해 독자들이 기존 논의를 다 알 수가 있다. 글쓴이의 의견을 궁금해 할 때에 다른 자료를 더 가져와서 페이지를 늘리면 읽는 사람은 더 지겨워할 것이다.

이런 경우라면 돌이켜보자. 나의 생각을 적은 부분에서 스스로 묻고 답하지 않은 부분이 없는지를 말이다. '과연 그런가, 왜 그런가'를 하나하나 따져 물어야 한다. '이 문장은 내 생각이라 하여 써놓았지만, 과연 맞는 말인가, 만약 그렇다고 한다면 왜 옳다고 말해야 하는가?'를 묻는다. 캐물어가다 보면 자기 스스로 궁금해할 만한 것이 드러나게 되고, 작성해둔 글이 그렇게 깊은 생각을 하지 않은 채 쉽게 적어놓은 문장들이라고 여겨질 수 있다. 그렇다면 질문에 대해 답을 해주기 위해서는 심사숙고가 더 반복되어야 하고, 관계있는 다른 문헌을 더 찾아서 읽어야 한다는 생각을 하게 될 것이다.

논문에 써 놓은 사견: "헌법재판소가 법률에 대해서 위헌결정을 한 결과의 소급효는 없는 것이지만, 지금 문제되는 이 법률은 형벌의 근거가 되는 것이기 때문에 소급적으로 효력을 상실하는 것으로 보아야 할 것이다."

→ 스스로 던진 질문: 이 결론의 근거가 되는 헌법재판소법 제47조 제2, 3항은 타당한가?

추가적으로 쓴 사견: "최근에는 ① 소급적 처리 비용의 증가, ② 재심절차의 폭증, ③ 보상청구의 과다 등의 이유로 인해 형벌법규의 소급적 무효에도 제한이 있어야 한다는 견해가 주장되고 있으므로 이를 참고해야 한다."

→ 스스로 던진 질문: 소급처리 비용과 보상청구가 증가한다는 것이 과연 위헌결정의 소급효를 제한해야 하는 충분한 이유가 될 수 있는가?

바꾸어 쓴 사견: "그러나 이러한 근거들은 헌법재판의 효력범위를 결정하는 데에 영향을 미치기에는 정당성이 부족하다고 해야 할 것이다."

→ 스스로 던진 질문: 그렇다면 형벌의 근거인 법률을 그 외 법률과 다르게 취급할 이유가 있는가?

추가한 사견: "위헌결정이 내려진 법률에 소급적 무효를 인정하는 것은, 그 형벌법규가 다른 법률과 구별되는 속성을 갖고 있기 때문이다."

→ 스스로 던진 질문: 도대체 형벌법규의 어떠한 성격이 다른 법률과 구별되는 취급을 해야 하는 근거가 될 것인가?

짧게 요약한 것이다. 사견을 변경하거나 추가하게 된 근거들이 있어야 하기 때문에 여기까지 이르기 위해서 논문의 분량이 훨씬 늘어났을 것이다. 그런데도 아직 끝나지 않았다. 전공이 아닌 사람이 대충만 보더라도 더 논증해야 할 문제들이 계속 이어져 나오고 있음을 알게 된다. 이 문제들에 대해 답을 얻기 위해서는 훨씬 더 많은 고민이 필요하고, 자신의 생각에 직·간접적으로 도움을 줄 수 있는 다른 문헌도 더 많이 분석해야만 한다. 그러니 어떤 경우에도 이미 써놓은 사견에 더 추가할 내용이 없다는 생각이 들 수는 없다. 오히려 추가대상 가운데 생략해야 할 것을 걱정해야 하는 분위기이다.

추가 질문들에 대해 답을 찾기 위해 문헌을 더 조사해본 결과, 자기 견해와 같은 것이 있다면 직접적으로 도움을 줄 수 있고, 자기 생각과 차이가 있는 내용을 읽게 되면 그 반론을 다시 추가함으로써 자기주장에 '반증가능성'을 덧입힌다. 그리고 그에 대한 재반론을 부가할 수도 있다. 이렇게 '질문－대답－문헌 분석'을 반복하다보면 분량도 늘어나고 논문의 질도 비약적으로 성장한다.

스스로 자기 견해에 대해서 되물어보았지만, 그것과 관련된 문헌을 더 이상 찾을 수 없는 때도 있을 것이다. 그 경우에는 관련자료를 찾기 위해 긴 시간을 들이지 말고, 연구자 자신이 묻고 스스로 답하는 과정을 그대로 서술해내도 된다. 간략하게 압축적으로 쓸 필요도 없다. 사견에 대해 있을 수 있는 가상적인 반론과 그 근거가 될 수 있는 논거들을 충분히 서술하고, 그에 대한 자기의 생각도 다른 사람을 설득할 수 있을 정도로 치밀하게 논해야 한다.

요컨대, 학위논문의 분량이 부족한 이유는 '과연 그런가, 왜 그런가'의 질문을 반복하여 묻고 답하지 않았기 때문이다. 다른 말로, 어느 순간 이후에 '더 이상 학문을 하지 않고' 넘어갔기 때문이다. 학문활동을 계속 이어감으로써만 논문의 분량을 늘릴 수 있다.

9
문헌 분석

　　다른 사회과학 논문과는 달리 법학논문에서는 설문이나 통계조사를 많이 이용하지 않는다. 수식이나 도표가 나오는 일도 드물다. 대체로 이미 있는 법제도나 이론, 또는 판례를 소개하고, 그것을 비평하면서 자신의 견해를 밝히는 방식으로 꾸며진다. 크게 보면, ① 다른 자료를 이용하는 부분과, ② 자신의 견해를 논증하는 부분으로 나눌 수 있다. 각각 앞과 뒤를 차지하지 않고 서로 교차되어 쓰일 수도 있기 때문에 분명히 나누기 어려울 것이지만, 아래에서는 일단 이 두 영역을 구별하여 설명할 것이다.

　　우선 문헌 분석과 인용에 대한 이야기부터 해보도록 한다. 논문의 많은 부분은 다른 사람의 글을 이해하고 분석하는 데에 할애된다. 대부분 다른 문헌을 대상으로 하고 있다는 인용표시가 필요한 곳이다(그 기술적인 방법에 대해서는 11장 '각주와 참고문헌 목록 만들기' 부분에서 설명한다). 다른 저자의 글을 분석할 때는 다음 사항들을 조심하자.

문장이 아니라 내용을 옮겨야 한다

"논문은 자기 글로 써야 한다."

글 모두를 스스로 지어내라는 뜻이 아니다. 다른 저자를 인용할 때에도 그 저자의 생각을 옮겨야지, 그 사람의 글을 옮겨다 놓아서는 안 된다는 것이다. 즉 반드시 자신의 문장으로 바꾸어 써야 한다. 그렇게 하기 위해서 우선 다른 사람의 글을 잘 읽는 것이 중요하다. 찬성하든 반대하든 간에 일단은 저자의 속뜻을 자기 생각처럼 완전히 이해할 수 있도록 최대한 노력해야만 한다. 그런 다음에야 자신의 말로 바꾸어 쓸 수가 있다.

문장마다 글투를 통일하라는 말이기도 하다. 자신의 견해를 밝히는 부분에서는 기탄없는 생각을 때로는 격앙된 말투로 쓰고, 다른 문헌을 이용한 부분, 특히 판례나 데이터를 인용하는 부분은 차갑고 단조롭게 놓아두는 경우가 많다. 읽을 때 자연스럽지가 않다. 자기가 쓴 부분은 섣부르거나 건방지다는 인상을, 자료를 인용한 부분은 그대로 베꼈거나 깊은 생각 없이 타자만 친 것으로 오해를 받을 수도 있다. 한번 반대로 해보자. 자신의 견해는 다른 사람의 생각을 옮기듯이 침착하고도 객관적인 표현으로 서술하고, 다른 사람의 생각이나 판례는 마치 자기의 견해를 쓰듯이 말투를 바꾸어서 쓰도록 노력하면 문체가 오락가락하는 일은 없을 것이다.

논문글을 작성할 때, 참고할 문헌을 옆에 놓아두고 눈은 그 자료에, 손은 자판에 올려 두고 타자를 치는 방법은 추천할 게 못 된다. 바른 방법은, 다른 문헌을 한 문단, 적게는 몇 줄 정도 읽고서 머리로 이해한 이후에 그 문헌에서 눈을 떼고 자기가 이해한 내용을 본문으로 옮겨서 쓰는 것이다. 그렇게 하면 다른 사람의 견해라도 자기의 표현으로 바꾸어서 쓸 수 있다. 혹시 글을 잘못 인용할 가능성도 있기 때문에, 그렇게 적어 놓고 그 문헌을 다시 읽어서 내용을 확인하는 것이 좋다. 이런 방법으로 문헌을 인용하면 이해하지 못한 문장을 옮겨놓은 듯한 곳이나, 문체가 안 어울리는 부분은 없어질 것이다. 물론 그대로 베껴 타자치는 것에 비해서 속도는 떨어지기 때문에, 논문작성 시간을 더 확보해야 한다.

만약에 시간 관계상 그렇게 못하겠으면, 썩 바람직하지는 않지만 적어도 다음과 같이 해야 한다. 일단 기존 문헌을 옆에 두고 옮겨서 글을 쓴다. 그 이후에 그렇게 써 둔 문장들을 처음부터 찬찬히 읽으면서, 한 문장씩 자기가 이해한 내용으로 바꾸어서 쓰는 것이다. 긴 문장이나 반복이 보인다면 요약을 하거나, 이해를 돕기 위해 필요하다면 새 문장이나 예시를 추가해 넣는 것도 좋다.

이런 식으로 인용하다보면, 원저자의 뜻에서 멀어질까봐 염려될 것이다. 그러나 어차피 저자의 생각을 고스란히 함께 갖고서, 그대로 표현하는 것은 인식론적으로 불가능하다. 그렇기에 다소 차이 나는 이해를 통해 쓴 '자신의 글'이, 그대로 복사해놓은 '다른 사람의 글'보다 우월하다고 말할 수 있다.

외국문헌을 인용해야 할 때도 마찬가지 방법으로 한다. 옮겨야 하는 외국저자의 생각이 있다면 나름대로 이해하려 노력하여 자신의 말로 풀어서 써야만 한다. 번역의 대가로 일컬어지는 안정효 선생은 외국소설을 옮길 때 일단 일정 부분을 읽은 후에 자기 스스로 소설을 쓰듯이 우리말 문장을 만든다고 한다. 학술논문은 조금 더 힘들겠지만 요령은 같다. 외국문헌을 저자의 뜻을 헤아려가며 읽고 나서 연구자가 이해한 바 대로 우리말로 옮겨오는 것이 중요하다. 이는 무척 어려운 작업이 아닐 수 없다. 법학책은 그나마 낫지만 다른 사회과학이나 철학책 중에는 번역하기 쉽지 않은 것이 많다. 그것을 자신이 이해한 대로 옮겨놓으면 전혀 다른 뜻이 되어버릴 가능성이 크다. 그런 외국문헌의 경우에는 원저자의 글

그대로 번역하여 옮길 수 있도록 최대한 주의를 기울이되, 이해가 안 되어서 자연스러운 우리말로 바꾸기가 불가능한 수준의 문헌이라면 논문에 인용하지 않는 것이 더 낫다.

자신의 말로 쓴 내용인지, 그대로 옮겨 적은 것인지 판별하는 방법은 간단하다. 문장 하나하나를 점검해보면 된다. 단 한 문장이라도 '이 말은 무슨 의미에서 쓴 것인가?'라고 누군가 물었을 때 난감해지거나 얼버무리는 수준으로 대답해서는 안 된다. 다른 사람의 생각을 옮긴 부분이라고 해도 이 원칙은 달라질 수 없다. 원전 저자수준으로는 답변을 못할지라도 자신이 이해한 바대로 정확히 설명할 수 있어야 한다.

"저자는 자기가 쓴 모든 문장에 책임을 져야 한다."

■ 번역과 번역서

번역서는 쉽게 나오는 것이 아니다. 번역이라는 작업을 한 번이라도 해본 독자들은 알겠지만 그 과정 자체가 고역이다. 더욱이 자신을 번역자라고 밝히면서 책을 내는 것은 외국어와 우리말 표현은 물론 전공지식에 대한 어지간한 자신감만 가지고는 덤빌 수 없는 일이다. 누군가가 그런 험한 일을 자발적으로 하였다면 그 외국서적을 우리나라에 소개하고 싶은 마음이 얼마나 컸을지 짐작할 수 있다. 수준 낮은 책일 가능성은 거의 없다.

나는 노자 『도덕경』에 관심이 많아 여러 번역서를 갖고 있는데, 어느 것이 잘 된 번역인지 분간할 능력이 없다. 몇 년 전 동양철학을 하는 분께 어느 번역본을 추천해주실 수 있는지 여쭤어보았다. 그분은 '모든 번역이 별로이기 때문에 원서를 읽어야만 한다'는 답을 해주셨다. 괜히 물어봤다 싶었다. 한문을 그 정도로 읽을 수 있으면 내가 왜 물었겠는가. 먼저 공부한 이들이 충분히 할 수 있는 이야기인지는 모르겠지만, 문외한에게는 동양철학으로 다가가는 것을 막는 말이라고 생각되었다.

이런 조언은 가려들어야 한다. 자신의 외국어 실력을 고려해서 책을 통해 얻을 수 있는 지식의 정확성과 독서 속도를 비교해보자. 어느 정도 외국어를 읽을 능력이 되는 학생이라면 짧은 문헌, 책의 일부분은 될 수 있는 대로 원어로 읽는 것이 낫다. 그런데 두꺼운 서적을 다 읽어야 한다면 계산이 필요하다. 만약 외국어 원서를 읽는 것이 번역서로 읽는 것보다 두 배 이상 오래 걸리는데, 번역서를 읽어서 잘못 이해될 가능성이 원서를 그대로 읽는 것에 비해 두 배 이상 높지 않다면 번역서를 읽는 것이 낫다. 잘 된 번역인지, 오역인지를 가려낼 능력이 충분하지 않을 때에는 더욱 그렇다. 나는 고등학교 때 배운 정도의 한문실력을 크게 향상시켜서 도덕경을 원서로 읽을 수 있을 정도까지 걸릴 시간과, 부정확한 뉘앙스의 번역이 포함되어 있는 책을 읽어 생기는 손실을 비교해보면 아무래도 번역서를 읽는 게 낫다는 판단을 했다.

요즘에는 그런 책이 거의 나오지 않지만, 읽어서 오히려 지식습득에 방해가 되는 정도의 오역이라면 힘들어도 원서를 읽는 게 나을 것이다. 그리고 아무리 읽어도 이해가 안 될 정도로 자연스럽지 않은 번역이면 굳이 시간을 많이 들여서 읽으려 노력할 필요가 없다. 예를 들어 법학분야 박사과정의 독자라면, 매우 높은 수준의 지성인이라 볼 수 있을 텐데, 그들이 꼼꼼히 읽어봐도 문장 중 절반을 채 이해하지 못하도록 쓰인 책은 잘못 번역된 것이라고 말하고 싶다.

이렇게 스스로 잘못 새기거나 번역문의 오류위험까지 무릅쓰고 굳이 외국문헌을 인용해야만 할까? 물론 꼭 그래야 하는 것은 아니다. 공부를 하면 할수록 '세상 사람들이 대개 다 비슷하다'는 것을 느낀다. 우리나라에 뛰어난 학자들이 주변에 많듯이 외국에도 많으며, 우리나라에 대충 쓴 논문이 있듯, 외국의 문헌에도 그런 것이 적지 않다. 다만 법학의 역사가 우리보다 긴 다른 나라에서는 더 다양한 테마에 걸쳐 많은 이야기들이 더 오래 지속되어 왔기에, 연구에 도움이 될 만한 문헌을 만날 확률이 높은 것뿐이다.

(아래에서 할 이야기이지만) 번역서를 읽어서 도움을 받은 경우에는 그 번역서를 각주와 참고문헌에 달아야 한다. 원서를 읽은 척하는 것은 매우 곤란하다. 만약 번역서를 인용한 부분이 논문의 핵심을 차지하는 경우라면 원서와 대조해보는 것도 필요하다. 원서를 구해서 내용을 직접 확인해본 다음에는 각주나 참고문헌에 원서를 그대로 인용해도 된다.

자료의 소개가 아니라 논증 대상의 확인이어야 한다

테마에 대한 연구자의 주장을 담은 것이 논문이기에, 주장을 펼치기에 앞서 등장하는 문헌 분석 또한 자기가 논증의 대상으로 삼고자 하는 내용으로 채워나가야 한다. 즉 '나의 주장을 이해하기 위해 알아야 할 것은, 기존에 이런 논의가 있었다는 사실이다'라는 내용이어야 한다. 단순히 '나는 이런 자료를 찾아서 소개한다'는 것이어서는 곤란하다.

학술논문은 보고서가 아니라는 점을 잊어서는 안 된다. 보고서는 많은 자료를 모아 소개하는 것을 미덕으로 한다. 여러 데이터를 나열할수록 좋고, 쉽게 알아볼 수 있게 만들수록 효과적일 것이므로 도표를 활용하기도 한다. 반면에 전통적인 법학분야의 학술논문에 도표가 거의 없는 이유는, 자료를 보기 좋게 정리하는 것이 논문의 덕목이 아니기 때문이다. 학술논문은 프레젠테이션 화면이 아니다. 표로 만들고 싶은 자료라고 하더라도, 친절하게 보여주고자 하는 의욕을 뒤로하고 중요한 것만 글로 풀어서 서술하는 것이 훨씬 낫다. 논문을 작성중인 독자라면 한번 물어보자. 기존 문헌과 판례를 옮겨온 부분이 과연 논증의 기초로서 필요한 것인가? (내가 만들어놓은 도표는 꼭 있어야 하는 것인가?)

참고한 자료의 양이 중요한 것이 아니라 참고한 내용의 질이 중요하다

많은 문헌을 분석할수록 좋은 것이며, 그것을 통해 논문 분량을 늘릴 수 있다는 것을 알고 있다. 그러니 모든 독서의 결과를 그대로 옮겨오고 싶어질 것이다. 그렇지만 유사한 주장을 하는 저자들의 생각을 본문 안에 병렬식으로 나란히 배치하여 평면적으로 쓰는 것은 권장할 방법이 아니다. 저자의 수를 줄이더라도 소개된 저자의 생각의 흐름을 독자들이 충분히 이해할 수 있도록 친절하게 설명해주는 것이 훨씬 좋은 방법이다. 내용에 차이가 없다면 열 페이지에 스무 명의 저자가 나오는 것보다, 두 저자만 소개되는 것이 낫다. 아래를 보자.

　실체형법과 형사소송법이 하나의 법영역에 속하는 통일체로서 구별될 수 없는 것인지, 아니면 양자는 명확히 구별되는 기능을 담당하고 있는지에 대한 대립이 있다.

(1) 빈딩의 견해

　빈딩은 형법을 일컬어 소송이라는 과정 없이는 어떠한 법적 결과도 일어날 수 없는 유일한 법영역이라고 함으로써 형식법 없는 실체법이 무의미함을 강조하였다.

(2) 마이어의 견해

　헬무트 마이어는 원래 시민들에게 속해 있던 형사소추권이 국가 독점권이 된 이상, 그것이 행사되지 않음으로써 절차가 진행되지 않으면 처음부터 형벌권 자체가 발동될 수 없는 것이므로 이러한 국가형벌권 개념하에서 실체형법과 절차형법을 구별할 수 없다고 한다.

(3) 보켈만의 견해

　보켈만은 같은 취지에서, 실체법적인 범죄체계론과 절차에서 문제되는 표지들 사이에 어떠한 궁극적인 구별기준도 없다고 하면서 결국에는 이 모두를 '소송의 조건'이라고 통칭할 수 있다고 한다.

(4) 갈라스의 견해

　갈라스는 실체법과 절차법을 나누는 표지로서 nulla poena sine lege-원칙을 제안하고 있다. 즉 이 원칙에 해당하는 것으로 보아야 하는 관건을 실체법적인 것으로, 그렇지 않은 것을 절차적인 것으로 보려 하였다.

(5) 슈트라텐베르트의 견해

　슈트라텐베르트는 국가형벌권 행사를 위해서 행위자의 위법하고 유책한 행위는 반드시 전제되는 것이지만 그로써 충분한 것은 아니라고 한다. 그것은 형벌이 주어질 수 있는 상태일 뿐 형벌이 필요한 상황을 뜻하는 것이 아니라는 것이다. 위법하고 유책하다는 평가만으로 바로 처벌되는 것이 아닌 한, 실체법과 구별되는 절차적

인 요소를 독립적으로 인정할 수밖에 없게 된다.

(6) 슈미트호이저의 견해

슈미트호이저는 형법적인 결과를 가져올 수 있는 형벌권 개념을 세 가지 유형으로 나눈다. 하나는 범죄의 특징적인 관건을 이루고 있는 것으로서, 구성요건에 해당하고 불법하며 유책한 행위라고 지시되는 것이고, 다른 하나는 순수하게 절차진행의 기능을 하도록 하는 것으로 고정된 고유한 기술적인 조건들이며, 마지막 세 번째 부류는 양자 사이에 놓여 있는 것으로서 불법과 책임 이외에 처벌을 위한 추가적인 관건들이며, 순전히 절차적이라고만은 할 수 없는 부분이라고 한다.

약간 과하게 나열한 것이지만 분위기파악은 될 것이다. 여러 저자의 견해들을 소개하다가 마는 식으로 쓰고 있는데, 사람들 이름은 많이 알게 되지만 정확히 무슨 내용을 어떤 근거에서 이야기했는지 알기가 어렵다. 비슷한 분량 내에서 한 저자에 집중한 아래가 훨씬 낫다.

일원론에 대항하여 실체형법과 절차형법의 원칙적인 구별을 견지하고자 한 대표적인 학자는 힐데 카우프만(H. Kaufmann)이다. 그는 마이어와 빈더도 절차를 고려하지 아니하고도 생각될 수 있는 실체적인 청구권 개념을 염두에 두고 있는 것 아니냐고 비판하면서, 법관이 포섭작업을 통해서 사안과 법규범 간의 관계를 설정하는 과정은 절차 안에서 처음으로 드러나는 것이 아니며, 오히려 소송참여자들의 인식 과정과 무관하게 그 전부터 존재한다고 한다. 그가 확정한 소위 '구별공식'(Abgrenzungsformel)은 실체법－절차법 관계론의 하나의 전기로 평가된다. 카우프만은 사적 자치 원리하에서, 절차 없이도 청구권의 유효성 판단이 가능한 민사소송의 원리를 차용한다. 이에 따라, 소송절차를 생각하지 않는 가상 상황을 고려하면 어떠한 법요소가 실체법적인 것인지 아니면 절차법적인 것인지 가려낼 수 있다는 것이다. 이를 통해 정립된 구별공식은 다음과 같다:

"만약 소송절차라는 것이 없다고 가정할 때, 지금 법적 성질이 문제되고 있는 요건이 형벌의 부과 여부에 영향을 미친다고 해야 할 것인가, 그렇지 않으면 그 요건은 형벌부과에 영향을 미치지 않는 것인가?"

이에 따라 소송절차가 없는 상황에서도 형벌부과에 조건이 되는 요소는 실체법적인 것으로, 그렇지 않은 것은 절차법적인 것으로 구별한다. 당시 논란이 되던 시효, 사면, 고소 등은 소송절차라는 것이 전혀 없는 상황이라고 할지라도 형벌부과 여부와 관계가 있다고 할 것이므로 실체법적인 제도라고 한다. 반면에 재판의 관할, 공소장의 존재, 과거 확정판결의 유무 등은 형사소송이 존재하지 않는 상황에서는 형벌부과와 관련해서 전혀 무의미할 것이므로 순수 절차법적인 제도라는 것이다. 이러한 공식을 통해서 카우프만이 가려낸 절차법 제도로는 소송절차의 형태에 관한 규정이나 법원조직에 관한 규정 등이 있으며, 나머지 구별이 어려운 것으로 생각되었던 것들은 대부분 실체법적인 제도로 분류되어야 한다고 판단하였다. 그는 자신의 공식이 실체법적 요건의 범주를 확대시켰다는 데에도 의미가 있다고 한다.

카우프만의 구별공식은 많은 논쟁을 불러일으켰다. 폴크(K. Volk)는 이 공식을 '실체형법의 핵심영역에 속한 것이 자명한 제도들이, 소송에 대한 고려 없이도 중요성을 지닌다'는 것으로 요약하고 있다. 여기서 문제는, 지금 논의대상이 되는 요건들이 '실체법의 핵심영역에 속하는가' 자체가 이미 자명하지 않다는 데에 있다는 것이다. 예를 들어 시효의 도과여부가 형사소송을 고려하지 않고도 형벌부과의 관건이 된다는 점이 어떻게 그렇게 명백할 수 있느냐고 묻는다. 시효도과가 행위자에게 중요한 이유가, 형벌필요성이 없어진 것 때문인지, 아니면 순수 절차상의 문제로 처벌되지 않는 것인지 여전히 불분명하다는 것이다.

짧게 인용되었지만 분위기를 알 수 있다. 한 저자의 생각을 대상으로 하여 어떤 근거에서 무엇을 주장했는지 이해되도록 서술하고 있다. 또 이와 구별되는 다른 저자의 글을 함께 엮어서 쓰고 있는데, 다른 견해와 대조해봄으로써 설명하려는 대상이 더욱 분명해진다. 독자들은 이와 같은 서술을 통해서 논문 작성자가 왜 이 저자의 생각을 길게 인용했는지를 알 수 있으며, 논문 안에서 논의가 진행되는 방향대로 함께 따라갈 수 있다. 여러 견해를 짧게 나열했을 때는 기대할 수 없는 효과이다.

논문에서 인용해야 한다

그렇기 때문에, 다른 저자의 생각은 될 수 있는 대로 논문이나 학술적인 단행본으로부터 얻어야 한다. 물리적으로 그렇지 않은가. 우리는 다른 사람의 긴 글을 읽고서 짧게 요약할 수 있다. 그렇지만 다른 사람의 짧은 글을 보고서 그의 생각을 길게 풀어서 쓰는 것은 거의 불가능하다. 교과서는 학생인 독자들을 위해서 저자의 생각을 간단하게 압축한 글로 이루어져 있다. 이것만 읽고서 논문의 글쓰기를 한다는 것은 가능하지가 않다. 논증적인 글을 읽지 않고 논증적인 글을 쓴다는 것은 모순이다. 교과서로 우선 내용을 확인한 것이라고 하더라도, 그 부분을 더 자세히 다루고 있는 논문은 없는지 반드시 찾아보아서, 교과서가 아닌 논문 내용으로부터 인용해야 한다. 위의 두 예를 보았을 때, 교과서 글만 읽어서 아래처럼 쓰기는 쉽지가 않다. 대체로 그 위의 예처럼 쓰게 될 것이다. 동일한 맥락에서 말하자면, 같은 분량을 찾았다고 하더라도 테마를 다룬 다섯 권의 교과서를 읽는 것보다, 치밀하게 테마를 논증한 논문을 한 편 읽는 것이 낫다.

학술적인 내용을 담은 단행본을 읽고서 그로부터 인용하는 것은 가장 좋은 방법이다. 학술지 논문보다 더 긴 논증들을 많이 담고 있기 때문이다. 그런데 아쉽게도 우리나라 법학의 풍토는 학술 단행본을 출판할 만한 분위기를 만들어주지 못하고 있다(그 이유에 대해서는 아래 '논문 수량에 대해서'를 참고하자). 외국에서는 학술단행본이 매우 많이 출판되기 때문에 참고할 자료가 풍부하다. 외국어 독해가 가능하다면 논문쓰는 데에 결정적인 도움을 받을 수가 있다.

법학교과서를 읽지 말라는 것이 아니다. 교과서를 참고하는 것은 필요조건이지 충분조건이 아니니, 그것만으로 논문을 쓸 수는 없다는 뜻이다. 일반 백과사전은 예외적으로 참고할 수 있겠다. 그렇지만 인터넷 포털사이트에 나온 (법학)지식이라는 글을 인용해서는 안 된다. 학교 수업에서 주고받은 페이퍼도 참고할 만한 것이 아니다. 다른 사람의 석사학위논문은 예외적으로 참고할 수 있지만, 박사학위논문을 쓸 때는 이를 인용하지 않는 것이 일반적이며, 석사학위논문을 쓸 때에도 그에 의존해서는 안 된다. 다른 사람이 쓴 박사학위논문은 반드시 참고·인용해야 하는 문헌이다.

유사한 판례(사례)를 많이 나열하지 말 것

문제제기를 하면서, 또는 현상을 설명하면서 사례를 언급해야 할 때가 있다. 판례를 소개해야 하는 경우도 많다. 이때 내용이 유사한 것이라면 한두 개만 소개하고 분석하면 된다. 외국의 사례도 마찬가지이다. 외국자료를 인용하면 조금 더 열심히 공부한 것처럼 보일 것 같고, 때로는 번역한 것이 아깝기도 해서 여러 사례나 판례들을 평이하게 나열한 논문을 많이 보아왔다.

II. 미국연방대법원 판례의 동향
　1. Linkletter v. Walker 사건 [1965]
　2. Stovall v. Denno 사건 [1967]
　3. Desist v. United States 사건 [1967]
　4. United States v. Johnson 사건 [1982]
　5. Teague v. Lane 사건 [1989]
　6. Brown v. Louisiana 사건 [1980]
　7. Danforth v. Minnesota 사건 [2008]

이런 식으로 목차를 구성한 예이다. '미국 교과서 방식'이라고나 할까. 잘해야 '보고서 방식'이다. 한 사례에 두 면 정도만 쓴다고 해도 열네 면 이상 이 분위기로 진행된다. 중요한 기준을 통해 구분이라도 해두면 좀 낫지만, 그렇지 않고 이렇게 평면적으로 나열해두면 전부 다 비슷비슷하게 보여서 무슨 의도로 여러 개를 찾아서 썼는지 궁금해진다.

설마 이런 식으로 작성된 학위논문이 있을까 싶겠지만 심사를 해보면 꽤 많다. 그런 논문을 접할 때마다 사례 하나하나를 모두 읽을 사람은 없겠다는 사실만 다시 깨닫는다. 그러니 논문작성자에게는 헛된 수고이다. 만약 독자가 다 읽지 않을 것을 알면서도 이렇게 썼다면 예의가 부족한 것이라고 생각한다. 예전 연구활동에서는 판례를 수집하는 것이 중요한 노동 가운데 하나였지만, 요즘에는 인터넷에 판례의 전문이 나온다는 것을 모르는 사람은 없다. 이런 식의 구성은 정말 손쉽게 논문을 만들어냈다는 인상만 주게 될 것이다.

대표적인 것 하나 또는 두 개 정도의 내용을 충분히 자기의 말로 바꾸어서 인용한 뒤에 그것을 치밀하게 분석하는 것이 훨씬 낫다. 드물게는 사례나 판례의 개수 자체가 의미 있는 경우도 있을 것이다. 새로운 경향의 판례가 자주 등장한다는 것을 일부러 보여주고 싶을 수도 있다. 그럴 때에라도, 찾아 둔 많은 사례들은 각주를 통해서 "이와 유사한 사례로는 ……" 식으로 시작한 뒤에 사건 번호만 인용해주면 충분하다. 다른 사례에도 관심이 있는 독자가 있다면 그것을 따로 찾아볼 수 있도록 소개하는 것이다.

내가 주인공이다

몇 페이지 앞에 논문을 잘 쓰려면 독자들이 읽는 과정을 상상해보아야 한다고 말한 데가 있지만, '그들을 위해' 글을 써야 한다는 뜻으로 오해하지 말았으면 한다. 학위논문이 학계에 긍정적인 영향을 미칠 것인지나 후속연구에 도움을 줄 수 있는지도 중요한 물음이 아니다. 학위논문만큼은 무엇보다도 자기를 위한 글이어야 한다. 자기가 공부한 것을 마음껏 글로 펼쳐보이는 것이 그 무엇보다 중요하다.

관련분야의 적지 않은 사람들은 여러 외국의 근로계약법제가 어떻게 서로 다른지, 우리나라에 참조할 만한 입법례가 있는지 궁금할 것이다. 그러나 학위논문을 쓰는 사람이 그 모든 자료를 빠짐 없이 조사하는 한편, 일목요연하게 이를 소개하기 위해 비교분석을 도표로 만들어서 정리할 필요는 없다. 스스로 관심 있고 중요하게 생각하는 입법을 한두 개만 서술해도 상관없다. 신·구법률 대조표를 만드는 대신에 알아보기 불편하더라도 중점을 두어야 하는 것만을 글로 풀어서 쓰는 것이 더 낫다. 복잡한 절차과정을 설명하려고 굳이 친절하게 그림을 그려 안내하지 않아도 된다. 인도의 계약법에 대해 궁금해 하는 이들도 많다고 하더라도 힌디어를 해독할 능력이 있는 연구자가 인도법을 번역·소개하는 것으로 학위논문을 채워서는 안 된다. 스스로 공부해온 경로를 드러내는 소중한 공간을 다른 사람 보기 좋으라고 만든 자료제공으로 대체해서는 안 된다. 정보를 필요로 하는 독자들은 학위논문이 아니라 다른 보고서나 자료집을 찾아볼 일이다.

문헌소개보다 더 중요한 것은 자기의 견해를 드러내는 부분이다. 연구자의 개성과 자신감이 드러나야 하는데, 특히 박사학위논문은 더 그렇다. 지도교수나 논문심사교수는 아마 다른 테마로 박사를 받은 사람일 것이다. 논문작성자가 연구한 테마에 대해 자기만큼 오랜 시간 많은 자료를 찾아 읽고 고민해온 사람은 없다고 보면 된다. 지도교수나 논문심사위원의 의견을 경청하고 수정하는 노력은 중요하지만, 자기자신만의 고유한 생각까지 교정해야 하는 것은 아니다. 사소한 개념정의나 고유한 사고방식마다 낱낱이 다른 문헌을 인용하는 것도 박사학위논문과 어울리지 않는다. 자기가 글의 주인공이 되어 자신의 생각을 자기 언어로 이해가능하게 일관되게 쓰는 것이 중요하다. 마침 같은 생각을 한 기존문헌이 있다면, '같은 주장으로는 ……'처럼, 자신의 견해를 돕는 것으로 각주에 인용하는 방식이 바람직하다.

10
자기 견해 쓰기

생각을 정할 때

이미 테마를 정할 때부터 어떤 결론으로 논문을 쓸 것인지 생각해둔 경우가 많을 것이다. 목차를 잡기 이전에 자신의 의견이 정해져 있다면 글의 최종 목표로 나아가는 과정이 곧게 이어질 수 있고, 목차의 흐름도 자연스러워질 수가 있다.

자기 견해를 정하는 것은 자료를 입체적으로 이해하는 데에도 도움이 된다. A견해, B견해, C견해라는 세 가지 학설을 분석하고 있다고 해보자. 자기가 아무 생각도 갖지 않고, 이 세 견해들을 설명하고자 하면 자신이 보기에 더 합리적인 견해도, 더 문제점이 많은 견해도 없기 때문에 그저 평면적으로 학설을 나열하게 될 것이다. 반면에 자신이 D라는 견해를 먼저 갖고 있다고 한다면, A는 B에 비해서 자신의 견해인 D와 더 가깝다거나 C는 D와 유사하지만 어떠한 점에서 차이가 생긴다거나 하는 '견해 사이의 거리 차이'를 두드러지게 만들 수가 있다. 그것이 바로 서술과 논증에 높낮이를 부여하여 입체적인 글쓰기를 가능하게 한다.

입법례나 판례 등의 정보를 소개할 때에도 마찬가지이다. 자료를 무미건조하게 나열하는 것은 독자들을 지루하게 만든다. 자기의 시각을 통해 자료를 비판적으로 분석하고, 그 비평이 그대로 논문글이 되도록 하는 것이 좋다.

언제 자기 견해를 완전히 확정해야 하는지에 대한 답은 없다. 결론을 확고히 하고서 테마를 잡는 경우도 있고, 문헌을 모아 읽어가면서 정할 수도 있다. 자료 분석을 다 마친 이후, 글을 써가면서 생각이 달라져도 상관없다. 그렇지만 주의해야 할 점이 있다. 자신의 이른 생각이 지나치게 확고해서는 안 된다는 것이다. 다시 말해, 미리 결정해놓은 확신으로 인해 공부가 방해되어서는 안 된다.

이미 확신에 물든 시각으로 다른 문헌을 읽게 되면 그 저자들의 의도를 왜곡하기 쉽다. 다른 견해의 장점을 생각해보지 못할 수도 있다. 자기 견해의 단점을 떠올려볼 기회도 잃어버리게 된다. 그렇게 되면 논문은 일방적인 분위기로 이어지게 되어, 첫 몇 장만 읽어보면 나머지는 들여다볼 가치가 없는 것처럼 여겨질 수도 있다.

앞에서 한 말을 반복한다. "다른 사람의 견해를 자기 생각인 것처럼 진지하게 받아들여보자. 자신의 견해를 마치 다른 사람의 생각인 것처럼 객관적으로 검토하자." 그렇게 해야 글의 논증 수준이 높아진다. 답을 찾아가는 긴 고민의 과정, 의심과 확신이 교차되어 진행되어온 경로를 그대로 옮겨놓는 것은 가장 훌륭한 논문의 글쓰기가 될 것이다.

■ 석사과정의 경험

사적인 이야기를 해야 할 것 같다. 나는 석사학위논문으로 "기능주의적 범죄이론 비판 – 개인의 권리보호를 위한 형사정책적 변론 – "이라는 글을 썼다. 잘 읽어지지도 않는 외국책을 억지로 보고 글을 쓰느라 고생한 티가 나서인지 그럭저럭 통과되기는 했지만, 문제가 많은 글이었다. 논문을 대략 나누어보면, 처음 절반 정도는 기능주의적 범죄이론을 소개하고 있다. 뒤르켐의 이론을 필두로 하여 파슨스와 머튼을 간략하게 논하고 이후에 현대의 학문적 경향에서 기능주의적 범죄이론을 분석하였다. 그 이후에 절반 정도는 기능주의적 범죄이론을 비판하고 있다. 결론은 기능주의적 범죄이론은 잘못된 인간관, 사회관에 기초하고 있는 것이므로 취할 것이 못 되고, 결국 인간중심의 범죄이론이 유일한 답이라는 식이었다.

그런 논문 흐름은 우리 '대학원 학풍'의 덕분이기도, 탓이기도 하다. 1990년대 중반 내가 속해 있던 형법-법철학 전공에서는 소위 '인격적 법익론'에 대한 신뢰가 높았다. 이것은 '범죄란 무엇인가'라는 아주 기초적인 질문에 대한 답으로서, '타인의 법익(法益), 그 가운데에서도 특히 개별적인 인간에 딸려 있는 구체적인 이익(생명, 신체, 재산 등)에 대한 침해'만을 범죄로 보고자 하는 입장이다. 독일 프랑크푸르트 법과대학 소속으로서 얼마 전 작고한 빈프리트 하쎄머(W. Hassemer) 교수가 그 대표적인 학자이다. 이 시각에서는 형법이 보호하고자 하는 이익의 내용이 추상화될수록 단점이 두드러진다고 생각하게 된다. 즉 사회 체계의 안정이나 '의료, 교통, 환경' 등의 시스템을 보호하기 위해서 형법이 곧바로 투입되는 것에 대한 반감을 갖게 한다. 그렇기에 이른바 '기능주의'는 그 적대적인 입장에 놓인다. 기능주의적 관점은 쉽게 전체주의적 세계관과 맞물리게 된다는 인상까지 갖게 되어, 전체주의를 극복하는 단계에 있던 당시 우리나라의 상황에서 물리쳐내야 하는 사고틀에 지나지 않는 것으로 여겼다.

이 시각 자체가 틀린 것은 아니었다. 지금도 이 대립의 토대 위에서 공부를 진행하고 있는 학자들이 있다. 그러나 돌이켜보면 학문을 처음 시작한 초보자의 마음을 이 구도가 지배한 것은 좋은 모습이라 볼 수 없었다. 우리 학풍에 속한 학자들의 책 위주로 가려서 읽었고, 다른 진영이 갖고 있는 논리의 장점에 대해서는 깊이 생각할 기회를 가지려 하지 않았다. 대학원 분위기가 전체적으로 그랬다. 선배들은 이제 막 학문을 시작하는 후배들에게 '누구의 글은 옳은데 다른 누구의 글은 조심스럽게 대해야 한다'는 말로 충고를 시작하였다. 더 과격한 선배들은 다른 진영에 있는 학자의 책에 대해 '이미 극복된 이야기로서 읽을 필요가 없다'고 했다. 그런 말들은 아주 간단히 뇌리에 각인된다. 선배들이 틀린 견해라고 하는 내용에 굳이 진지하게 호의를 가질 용기도 실력도 없는 후배로서 나아가야 할 길은 이미 정해졌다. 그렇다! 기능주의를 이제 나의 논문으로 난도질해주마! 뒤르켐, 파슨스, 루만, 야콥스에 이르기까지 위대한 저자들은 진지한 글을 이제 처음 읽기 시작한 일개 대학원생에 의해서 낱낱이 '털리고' 말았다. 그 초심자는 대단한 저서들에 대해 시원스레 논평한 것을 뿌듯하게 여겼을 수도 있다. 그리고 모든 것은 '석사학위심사'라는 비교적 관대한 평가를 거쳐 아무 문제도 없는 것처럼 덮여버렸다.

민망한 과거에 대해서 더 자세히 쓰고 싶지는 않다. 무엇이 우리를 실족하게 할 것인지만을 독자들이 알아챌 수 있으면 된다. 겸손하게 배워야 할 때임에도, 자기가 옳다고 믿는 시각에만 몰입하여 균형 있는 독서를 할 기회를 놓쳐버린 것이 아쉽다. 그로 인해 학위논문이, 치기나 허세라고 말하는 것은 심한 표현일 수 있지만, 적어도 치열한 논증을 포함하지 못하게 된 것이 안타깝다. 이후 다른 입장의 책들을 읽게 되면서 장단점을 좀 더 객관적으로 비교할 수 있게 되기까지 다시 노력해야 했던 것도 비효율적이었다. 아니, 이미 뇌리에 뿌리 깊게 도사리고 앉아 있을 것만 같은 그 진영논리가 지금까지도 내 작업에 부정적인 영향을 미치고 있을 것 같다는 염려도 있다.

자신이 옳다고 믿는 바가 확실히 있는 것은 좋다. 그렇게 되기까지 학문의 기본자세, '그것이 과연 옳은가', '다른 입장은 왜 옳지 않다고 해야 하는가'에 대해서 더 캐묻고 찾은 답이었을 때에만 그렇다. 자기 견해가 갖추어지지 않아 갈팡질팡하는 것처럼 보이는 시간이 길어지는 것이, 신속하게 확신으로 무장해서 다른 의견을 쉽게 재단해버리는 것보다 훨씬 낫다. 전자는 시간이 오래 걸릴 수 있지만 학문활동의 기본자세를 유지하는 것이나, 후자는 빠르지만 아직 학문의 길에 들어서지 못하고 있는 것이기 때문이다.

교수의 가르침 안에 자족하지 말아라.

선배들에게 반발하라.

읽고 있는 책 내용에 대해서 회의(懷疑)하라.

의심을 가져본들, 결국 처음 생각으로 되돌아올 수도 있다. 그렇지만 다른 의견에도 애정을 가지고 이해하려 충분히 노력했다가 결국 답을 발견하게 되는 힘겨운 여정이, 특정한 진영 안에만 머물면서 그에 대해 아무런 비판의식도 가지지 않는 편한 행보에 비해 언제나 더 나은 성과를 가져다준다. 그러니 읽을 필요가 없는 책은 없다. 공부하지 않아도 되는 분야도 없다.

자신 있는 논증

많은 법학글은 판례나 학설이 대립되어 있는 문제를 다루게 된다. 그 안에는 예를 들어 객관설, 주관설, 절충설, 판례 이런 견해들이 나뉘어 있다. 이렇게 학설을 나열해놓고서 '내 견해는 절충설', 이런 식으로 쓰고 마는 것이 논문일 수는 없다. 그건 자신이 아닌 다른 사람의 생각에 불과하다. 그렇다고 해서 (교과서에서 흔히 그러는 것처럼) '객관설의 단점, 주관설의 단점…… 그러므로 나는 절충설' 이렇게 써서도 안 된다. 다른 학설이 틀렸다는 것은 내 견해가 맞는 이유가 될 수 없기 때문이다. 왜 어떤 견해를 취할 수밖에 없는지를 세심하게 논증하고, 최대한 자세히, 이해하기 쉽게 가르쳐주듯 설명하는 글이 되어야 한다. 바로 그 부분이 '논문의 핵심'을 이룬다.

공부한 기간이 길지 않은 학생들은 조심스러운 마음을 갖게 되는 것이 당연하다. 저명한 교수들이 주장한 내용이 이미 교과서와 논문에 실려 있는데, 그 내용을 비판하면서 내 주장의 근거를 대라고 하니 자신이 없다. 이미 있는 학설 가운데 하나를 선택하고 나와 있는 서술을 그대로 옮겨놓는 것이 안전하다고 느낄 수도 있다. 그렇지만 지금은 시험답안을 쓰는 순간이 아니라 논문을 작성하는 과정이다. 학위논문이 학문적인 글인 이상, 당연히 학문의 방법을 담고 있어야 한다. 어떤 견해를 비판하거나 또는 주장하고자 한다면, '과연 그 말이 옳은지, 왜 옳은지'를 끝까지 따지고 들어가야만 한다. 이 마당에서 기성학자나 선배의 권위를 인정할 필요는 없다. 치열하게 고민한 끝에 만들어낸 자신의 생각이라면 자신 있게 논문의 글로 옮겨서 써내자. 학술적인 글은, 가볍게 표현하면 '계급장 떼고' 쓰는 것이다.

자신 있게 주장한 보람은 있을까? 아무래도 석사논문과 박사논문을 나누어서 이야기해야 할 것 같다. 대략적으로만 말하면, 석사과정생이 기존 이론을 비판하고 새롭게 내어 놓은, 이른바 '그의 학설'이 의미 있는 것으로서 학문적인 가치를 인정받을 수 있는 확률은 절반에 이르지 못할 것으로 생각한다. 절반 정도를 이야기한 까닭은, 그 석사학위자가 문제 삼은 테마와 공부한 양에 따라 가치가 인정될 수도 있고, 아닐 수도 있기 때문이다. 최근 갑자기 중요해진 정책적인 주제를 다룬 논문 내용이라면 석사의 견해가 나름대로의 성과를 인정받을 가능성이 높아진다. 예를 들어 "웹하드 관리자의 비밀유지의무"에 대한 것이라면 노장 교수들에 비해 더 풍부한 자료를 이해하고 글을 쓸 수도 있을 것이다. "계약자유와 신의칙의 관계"에 대한 연구를 한다면 공부한 기간이 긴 선배학자들에 비해서 성공할 확률은 떨어진다(물론 전자의 분야가 후자보다 좋은 것이라는 의미는 아니다).

석사논문의 학문적 가치를 인정받을 확률이 어차피 반 정도라면, 자기 생각을 적극적으로 서술하고 자신 있게 근거를 만들어볼 것을 권하고 싶다. 공부를 안 한 채로 곧장 떠올린 엉뚱한 의견만 아니라면 말이다. 테마의 확정된 범위 안에서 최선을 다해 자기의 생각을 끌어내려 노력하고, 결과를 겸손하면서도 분명하게 밝히면 된다. 덜 된 공부는 박사과정에 가서 한다는 식으로 미뤄도 문제될 것이 없다.

그렇지만 박사학위를 받아야 하는 연구자들에 대한 기대는 다르다. 그 결과물은 최종학력의 증명이기 때문에, 기존의 이론들과 차이를 보이는 자신만의 고유한 생각을 반드시 담아내야 하고, 그 학문적 가치를 인정받을 수 있는 확률을 최대한으로 끌어올려야 한다. 논문 작성자가 그 주제에 관한 한 어떠한 학자보다도 잘 안다는 확신에 이르지 못했다면 논문 제출을 미루고 공부를 더 하는 게 맞다. 박사학위논문 안에서 후속 연구에 과제를 미룬다는 느낌을 남겨서도 안 된다. 실제로 학위를 마친 후 박사학위 테마에 대해 그렇게 성실하게 연구를 계속 진행하는 사람을 거의 보지 못했다. 설령 학위논문을 보완하고 교정하는 논문을 추후에 학술지에 발표한다고 하더라도, 사람들은 박사학위 안에 포함된 논의로 생각하지, 학위논문을 극복하고 발전시킨 것으로 여기지는 않을 것이다.

■ 기성학자에 대한 인상 ■

전공의 특유한 분위기일 수도 있겠다. 법학은 기성학자들에 대한 감정이 분명히 나뉘는 묘한 학문이다. 학부 1학년 때부터 법과대학 학생들은 다수설, 소수설, 유력설, 판례의 견해 등으로 나뉘는 분위기에 익숙해져 있다. 고등학교를 막 졸업한 학부생들이 중간, 기말고사 답을 쓸 때부터 이미 그 가운데 하나의 견해를 취하도록 강요받는다. 그러니 교과서를 처음 읽는 수준의 학생들도 어느 저자의 말은 맞고, 어느 저자는 틀렸다는 식으로 편을 나누는 연습을 하기 시작한다. 우연히라도 자기 생각을 갖게 되면, 그것과 일치하는 견해를 밝힌 저자는 같은 편이 되니 전폭적인 지지를 보내고 싶어지고, 초보자에 불과한 자기가 보기에도 단점이 두드러지는 글을 쓴 학자에 대해서는 어느 정도 실망하는 마음이 생기게 마련이다.

이 책에서 학부생들의 태도까지 문제삼을 필요는 없을 것이다. 그렇지만 석·박사과정에 들어올 정도로 학문에 관심을 갖고 있는 학생들의 경우에는 조금 달라야 한다는 말은 해주고 싶다. 특히 기성학자에 대한 후학들의 평가와 관련해서 하고 싶은 말이 있다. 글을 쓰고 있는 나 또한 '기성학자'라고 불리기까지는 아직 시간이 남아있는 '후학'으로 분류될 것이니, 나 자신에게 스스로 하는 말이라고 생각해도 좋겠다.

기성학자들의 생각을 오해하지 않도록 조심해야 한다는 말은 더 이상 반복하지 않아도 될 것이다. 그런데 실제로 과거의 견해에 잘못이 들어 있는 경우도 분명히 있다. 특히 세대가 다른 선배 학자의 연구결과에 대해 실망스럽게 생각할 상황도 있을 것이다. 나는 그럴 때마다 그분들이 공부했던 환경을 떠올려본다.

'기성학자'를 대략 20세기에 교수가 되신 분들이라고 해보자. 그 당시의 학문적인 상황은 지금과 비교할 수가 없었다. 고시잡지 이외에 제대로 된 학술지가 우리 법학계에 등장한 것도 그리 오래된 일이 아니다. 그 전에는 관심 있는 테마와 관련하여 읽을 논문이 없었다. 드물게 논문이라고 일컬을 수 있는 결과물들이 고시잡지나 기념논문집에 실려 있긴 했지만, 테마가 제한되어 있는 당시 글로부터 학자들이 많은 도움을 기대할 수는 없었다. 꼭 필요한 문헌이 있어도 입수하기가 어려웠다. 학교 도서관에 비치되어 있어서 복사라도 해올 수 있으면 그나마 나았으나, 그렇지 않은 경우라면 국회도서관, 시립도서관 등으로 발품을 팔고 다녀야 했던 때였다. 더욱이 외국의 책이나 논문을 입수한다는 것은 거의 불가능했다. 가끔 외국에 유학을 가 있는 선후배들이 가져다주거나 보내오는 복사물들을 접하는 것이 전부였다. 좀 더 많은 글을 보기 위해서는 스스로 유학을 가는 방법 이외에 다른 길이 없었다.

지금은 어떤가? 그때와 비교할 수 없는 양과 질의 학술논문들을 앉은 자리에서 순식간에 출력해낼 수가 있다. 경로만 알고 있으면 외국의 논문 원본도 쉽게 입수할 수 있다. 교수연구실이나 학교도서관에는 해당 테마에 대한 원서로 가득하다. 필요한 책이 없다고 하면 도서관에서 구입해다 준다. 손만 내밀면 자료를 볼 수 있으니, 글이 없어서 읽지 못하는 예전의 상황을 이해하기조차 힘들 것이다.

글을 쓰는 사정도 묘사가 어려울 정도로 변했다. 1990년대 중반까지만 해도 거의 모든 학자들이 원고지 위에 펜으로 글을 썼다. 속도가 현저히 떨어지는 것은 물론이었거니와 틀린 글을 고치기도 힘들고, 새로운 내용을 보완해 넣는 것은 생각하기도 싫은 중노동이었다. 학위논문을 쓸 때에도 일단 손으로 원고를 만들어 두었다가 타자를 쳐서 옮기게 되는데, 타자를 치다가 틀린 부분이나 보완할 곳이 있으면 수정테이프를 붙여서 해결하거나 그 페이지 처음부터 타자를 새로 치는 방법 이외에 다른 길이 없었다. 타자치는 방법도 몰라서, 전문업체에 원고를 맡기는 상황의 불편함에 대해서는 말할 필요도 없을 것이다. 지금의 상황에 대해서는 언급하지 않겠지만, 과거에 비해 최소한 열 배는 효율적으로 글을 쓰고 있다고 확언할 수 있다.

주변의 사정은 어땠을까? 지금 우리들이 명성을 들어 익히 알고 있는 분들, 특히 1970년대까지 학위를 마친 분들은, 혼자였다. 관심 테마에 대해 공부하는 사람도 자신뿐이었고, 다른 전공까지 포함하더라도 일반대학원에 몸담고 있는 동료가 많지 않았다. 자료가 없었던 것은 물론, 대화를 할 상대도 없었을 것이다. 지도교수로부터 기대할 내용도 풍요롭지 못했음에 틀림없다. 게다가 원서를 사거나 쉽게 유학을 갈 정도로 여유 있는 때가 아니었으니, 지금 생각해보면 우리 학계를 선도해오신 그분들의 노고에 그저 머리가 조아려질 뿐이다.

그야말로 열악한 상황에서 공부해온 이런 분들의 글에서 오류를 발견한 것을 그렇게 대단한 것으로 생각할 필요는 없다. 아니 오히려 발견하지 못하면 부끄러워해야 한다고까지 말할 수 있다. 지금처럼 좋은 환경에서, 지금처럼 많은 글을 읽고 나서 학문생활을 시작하는 사람이라면 이미 기존학자들의 어깨를 딛고 올라서 세상을 바라보는 것이다. 당연히 선배학자들보다 훨씬 나은 업적을 내놓아야 한다. 그것이 후학의 의무이다. 지금 세대를 사는 학자와 학생들이 자신에게 익숙한 선배학자들을 가상적인 경쟁상대로 삼는 것은 이상하게 보인다. 지금 세대의 다른 사람들 또는 자신의 글을 읽고 비판하게 될 후배학자들을 의식하면서 공부하는 것이 맞다.

나는 선배학자의 견해와 다른 생각을 갖게 될 때에 이를 가벼이 여기면서 비평하는 것처럼 보이지 않는지 늘 돌이켜보려 한다. 그리고 후배들이 내 생각을 밟고 넘어서는 모습을 흐뭇하게 바라보는 한편, 다른 견해를 제시하지 못하는 후배들의 게으름을 나무랄 계획도 세워놓고 있다. 정신 차릴 수 없을 만큼 빨리 변화해 가는 시간의 흐름 속에서, 기존학자들에 대한 몰이해와 무시, 후학들이 다른 생각을 갖는 것에 대한 불경스러움을 지적하는 것으로 소중한 시간을 허비할 수는 없다고 생각하기 때문이다.

결론을 구체적으로

"노사뿐만 아니라 사회 전체가 공동으로 노력해야 한다." 이것이 결론의 전부인 노동법논문처럼 허망한 것은 없다. "여기서 기본권 침해가 불가피하나, 헌법 제37조 제2항의 취지에 맞게 과잉금지원칙을 언제나 유념해야 한다."는 결론을 200여 페이지를 읽은 끝에 발견하게 되었다면 독자는 그 학위논문을 내팽개치고 싶어질 것이다. 여러 문헌을 토대로 분량을 채운 학위논문을 보면, 각 목차마다 서로 상관관계가 별로 없는 논의사항을 소개하는 식으로 쓴 것이 많다. '이 문제에 대해서는 …… 라는 비판이 제기되고 있으므로, 더 심도 깊은 논의가 필요하다'는 정도로 서술하고 또 다음 목차로 넘어가기도 한다. 그 문제에 대해 학위논문까지 쓰고 있는 저자 자신도 이어가지 않는 '더 심도 깊은 논의'는 도대체 누가 해야 한다는 것인지 참으로 궁금하다.

법학논문, 특히 실정법의 해석·적용을 다루는 글의 결론은 분명하고도 구체적이어야 한다. 여기에 다른 사회과학과 구별되는 법학논문의 특징이 놓여 있다. 법학은 결국 법실무에 봉사하기 위한 것이다. 그리고 법실무는 사람들 간 분쟁을 해결하고 정의에 가까운 결과를 실현하기 위한 구체적인 활동이다. 쉽게 말해 법을 학문으로 공부한다고 하더라도 최종적으로는 개별적인 문제를 해결하는 데에 일정한 방향으로 기여해야 한다는 의미이다. 분야에 따라서 학문과 실천 사이에 놓여 있는 거리의 차이는 있다. 직접 개별 사안의 해결에 쓰일 수 있는 이론도 있고, 법철학처럼 실정법 운영에 먼 지침을 주고, 그로부터 일어난 파장이 결국 실무에 기여하도록 하는 분야도 있다. 그렇지만 법학이 구체적인 인간 실존의 조건을 개선하는 데에 반드시 도움을 주어야 한다는 데에는 예외가 있을 수 없다. 사람의 생명과 건강을 유지하려는 목적과 무관한 의학이 있을 수 없는 것과 마찬가지이다.

　　인간 삶을 염두에 두지 않고 추상적인 가치에만 몰두하는 법학, 이론 그 자체를 세밀히 다듬는 데에만 치중하는 공부에 그칠 수 없는 것이라면, 그 성과를 글로 표현한 논문 또한 추상적인 관념의 편린에 머물 수는 없다. 실정법의 해석·적용에 대한 결과물이라면 그것이 현실에서 어떻게 이용될 것인지에 대한 저자의 심사숙고가 완결된 형태로 드러나야 한다. 법정책이나 사법절차에 대한 논문이라면 당사자의 권리·의무 관계에 대한 고민과 함께, 논문의 제안에 의해 그것이 어떻게 달라질 것인지에 대한 예측까지 포함되어 있어야 한다. 법철학논문이라고 해도 마찬가지라고 생각한다. 철학적 사고의 결과물이 법현실을 어떠한 경로로 개선할 수 있을지에 대한 연구자의 희망이, 될 수 있으면 구체적으로 형상화될 수 있어야 한다.

알려진 원칙, 이론, 판례로 논증을 대신해서는 안 된다

자신 있는 논증이란, 자기가 주장하는 내용을 자기가 생각해낸 언어로 풀어서 이해시켜야 한다는 뜻이다. 다른 사람이 이미 만들어놓은 논거의 권위에 그대로 기대어버려서는 안 된다.

"시민들의 불안감이 커짐에 따라, 현대사회에서는 위험요소마다 형법을 투입하여 조기에 위해의 가능성을 막아야 한다는 목소리가 높다. 그러나 법익침해 단계에 이르지 아니한 상태에서 단지 추상적으로 위험한 상태에 놓였다고 하여 형벌이라는 강력한 수단을 투여하는 것은 형법의 최후수단성에 반하며, 리스트가 말한 바, '법은 정책이 뛰어넘을 수 없는 한계'라는 원칙에도 어긋나는 것이다."

왜 형법의 투입이 자제되어야 하는지를 다루는 논문글이다. 이토록 중요한 물음에 대해서 이 글은 다른 설명 없이 마지막 부분에 '최후수단성'과 더불어 어떤 원칙을 인용함으로써 답하고 있다. 심사를 하다보면 이런 식으로 서술되는 곳을 여러 학위논문에서 쉽게 찾아볼 수가 있다. 물론 논문 가운데 그다지 주목되지 않는 곳에서는 이렇게 말해버려도 된다. 그렇지만 연구자 논문의 핵심에 해당하는 내용이 이런 식으로 개념의 권위에 시종일관 의존되어 있다면 독자들은 크게 실망할 것이다. '왜 형벌이 최후수단이 되어야만 하는가', '정책이 법을 넘어설 수 있는 상황은 전혀 없는가'를 당연히 묻고 싶어진다. '지금 꼭 형벌을 부과해서 범죄를 막아 달라'고 간절히 외치는 잠재적인 범죄피해자들이 있다. 연구자는 그들에게 '참아라, 형법의 최후수단성이 중요하니까'라고 말해줄 것인가?

원칙이 틀렸다는 것이 아니다. 권위 있는 이론을 언급하는 것도 좋다. 그렇지만 그에 앞서 저자는 그 문제에 대한 자기 생각을 갖고 있어야 하며, 그 주장을 돕는 설명을 자신의 말로 풀어서 써주어야 한다. 만약에 형법이 자중해야 한다는 것이 자기의 생각이라면, 이를 독자들에게 설득시키기 위해서 여러 페이지에 걸쳐서 자신의 언어로 친절하게 논증해준다. 그러고는 끝에 '이와 같은 속성을 일컬어 형법의 최후수단성이라고 한다'는 정도로 언급하는 것이 훨씬 바람직하다. '법과 정책의 관계'에 대해서 권위 있는 학자만큼 알고 있지 않더라도 괜찮다. 자기가 이해한 바대로, 왜 정책적인 필요에 따라 법이 곧바로 반응할 수 없는 것인지 충분히 지면을 할애하여 이해시키려는 노력을 해야 한다. 그런 이후에 각주에서 '이와 유사한 입장을 리스트(F. v. Liszt)의 견해에서 찾아볼 수 있다'고 하며 권위 있는 이론과 문헌을 소개하면 된다. 조금 부족한 이해일지언정 자기 말로 자신 있게 쓰는 것이, 굳어진 개념을 내세우고 그 뒤로 숨어버리는 것보다 훨씬 낫다.

국내외의 판례 입장을 그대로 써서 논증을 대신하는 행태에 대해서는 이제 길게 이야기하지 않아도 될 것 같다. 기말고사 시험답안지조차 그렇게 쓰면 안 된다는 주의사항을 학부생들도 배우고 있다. 역시 마찬가지로 자신 있게 이론을 만들어서 설명을 한 이후에 '이와 같은 방식에 대해서는 판례를 참조하라'는 식으로 각주에 표현하면 된다.

심사숙고한 것만 쓸 것

예전에 '정의와 법적 안정성의 관계'를 언급하는 한 학술지 논문을 심사한 적이 있다. 많은 사람들은 이 주제가 법철학에서 가장 중요하면서도 어려운 것임을 알고 있다. 관계를 맺고 있는 세부적인 테마들도 아주 많다. 논문작성자는 그런 특징을 너무 의식했었던 것 같다. 본문 안에서 '정의와 법적 안정성의 관계'를 둘러싼 많은 논점에 대해 짧게라도 한 마디씩은 하려고 한 의도가 보였다. 심지어 하나의 소목차를 차지하는 본문의 내용이 ' …… 논점도 중요하게 다루어지는 것이다. 하지만 이에 대해서는 여기서 언급하지 않겠다'는 것이었다. 그런 말이라도 써놓지 않으면 이 주제에 대한 연구를 하면서 뭔가 빈틈이 있는 것으로 보일까 염려했던 모양이다.

그렇지만 그런 걱정은 안 해도 된다. 테마를 결정할 때와 마찬가지로 논문글을 쓸 때에도 연구한 것에만 집중하면 된다. 논문 읽는 사람은 빠짐없는 서술을 원하는 것이 아니라, 집중된 테마에 대한 치밀한 논증을 기대하기 때문이다. 연구하지 않았거나 연구를 했어도 논증에 자신이 없는 부분은 안 써도 아무런 단점이 되지 않는다. 오히려 부실하게 놔두느니 빼는 것이 훨씬 낫다. 비판의 여지도 줄어든다.

"자신 있게 쓸 수 없으면 안 쓰는 것이 낫다."

어떻게 새로운 생각과 만나는가

법학논문은 아마도 글쓴이의 창의성을 드러내어 보이기에 가장 어려운 글의 형식이 아닐까 한다. 전공 안에서 분야와 테마를 정하는 범주도 어느 정도 정해져 있는 것은 물론, 이미 전개되어온 논의를 이어받아 그 가운데 선별한 것을 비평하든지 발전시키는 경우가 대부분이다. 그러니 전에 볼 수 없던 참신한 작품을 기대하기 어렵고, 예전보다 다소 진화된(또는 퇴보된) 글이 쓰일 뿐이다. '논문의 독창성'이 심사항목에 들어 있는 학술지도 많지만, 심사자로서는 기존 논의를 소극적으로 종합하고 분석하는 데에 그치지 않고 연구자의 사견이 일정 부분 포함되었는지만을 살펴볼 수 있을 뿐이다.

그렇다고 해서 자기 고유한 생각을 펼쳐 보여야 하는 학위논문의 기본적인 조건을 외면할 수는 없다. 우리가 어떻게 새로운 생각과 만나게 되는지 생각해보자.

처음부터 과거 논의에서 빠진 데가 쉽게 발견되는 테마도 있다. 출판된 관련자료를 모두 찾아서 읽어보았는데도 그렇다면, 대체로 학계에서 취급한 지 얼마 지나지 않은 주제일 것이다. 반면에 이미 수준을 검증받은 결과물이 산적한, 특히 오래 묵은 전통적인 테마에서는 그 생각을 뛰어넘는 창의적인 아이디어를 곧바로 떠올리기가 쉽지 않다. 이러한 때에 만약 독창적인 사견을 내세울 수준이 되기 전에 학위논문에 착수해선 안 된다고 말한다면, 논문작업을 선뜻 시작할 수 있는 사람은 별로 없을 것이다.

새로운 생각에 대한 기대를 갖고 그 테마에 더욱 몰두하는 것 이외에 다른 방법은 없다. 많은 문헌을 찾아 면밀히 분석하고 심사숙고를 반복해본다면 언젠가는 그 사이에 작게나마 '틈'이 있음을 발견할 수 있다. 이제 바로 그 점을 계속 주시하면서 독서와 생각을 쌓아가다보면 스스로 틈을 메울 수 있는 독창적인 생각이 자리잡게 될 것이다. 그것을 논문으로 쓰면 된다. 시간이 흘러도 좀처럼 비집고 들어갈 공간이 보이지 않는 경우도 있다. 그럴 때는 그 대화맥락에서 과감하게 빠져나와보는 것도 도움이 된다. 예를 들어 고전적인 논의상황을 새로운 학자의 시각으로 바라본다거나, 전혀 다른 전공자의 눈으로 분석하는 것이다.

그래도 쉽지 않은 경우, 즉 문헌을 분석한 지 일 년 이상 지나도록 끝까지 창조의 영역을 감추고 있는 것처럼 보이는 주제도 많다. 그런 때라면 여러 문헌을 분석하면서 알게 된 생각들을 덧붙여 정리하는 방법으로 논문을 작성해도 된다. 그동안 논의에 빠짐이 없었다고 단정할 만한 이유를 내용으로 글을 쓰는 것도 충분히 가치 있는 작업이라고 말할 수 있다.

논문의 독창성은 다른 사람이 보아 알기 이전에 저자 자신이 먼저 안다. 자기가 하고 싶었던 공부를 시간에 쫓김 없이 이어왔고, 충분히 머리에서 숙성된 내용을 발표한 글이라면 그 안에 담긴 자기 고유한 생각을 스스로 잘 알고 있다. 반대로 논문제출기한이나 발표문 마감시간 등에 쫓겨 내놓은 글에 창의성이 부족하다는 점 또한 이미 스스로 알고 있다.

아전인수가 되지 않도록

자신 있게 논증해야 한다는 말은 다른 사람의 생각을 쉽게 재단하라는 뜻이 아니다. 먼저 다른 사람들이 해놓은 생각을 충분히 이해하기 위해서 최선을 다한 이후에야 비로소 그 글을 비평할 수 있다. 어려운 일이다. 노련한 학자라고 해도 늘 조심해야 하는 것이고, 완벽하게 지킬 수 없는 요청이라고도 할 수 있다.

작년 일이다. 간단한 주제에 대해서 글을 써냈는데, 마침 그 논문을 학술지에 게재할 것인가를 평가한 심사위원 중 한 분이 내 글에 인용된 저자였던 것 같다. 그 분은 심사서에 이렇게 썼다.

> "논문 ○○ 페이지에 보면 '○○○ 교수는 ……라고 주장하였다'고 설명하고 있는데, 실제로 ○○○ 교수는 그와 같은 말을 한 적이 없다."

학술지 게재 심사위원은 공개되지 않는다. 내가 인용한 ○○○ 교수님이 하필 심사위원이었을 것으로 짐작할 수 있을 뿐이다. 다시 그 교수님 글을 꺼내어 읽어보니 내가 성급하게 읽었다는 것이 드러났다. 죄송한 마음이 들었다.

가끔 내가 쓴 글을 동의하는 식으로 또는 비판적으로 인용하고 있는 다른 논문을 볼 때에도 비슷한 느낌을 받을 때가 있다. '이 저자는 내 글을 잘못 이해하고 쓰셨구먼'이라는 생각만 할 뿐, 어쩔 수 없는 상황이다. 원래 글이란 그런 것이 아닐까? 작가의 손을 떠난 글은 독자의 이해에 완전히 내맡겨지게 된다. 잘못 이해했네, 잘 읽었네 하는 느낌은 저자만 갖게 되는 것이지, 독자는 그 나름의 이해에 따라 읽을 수밖에 없다.

이 말은 무엇을 의미하는가? 독자는 저자의 글을 함부로 막 읽어버려도 된다는 뜻인가? 독자에게는 자기의 이해에 따라 편하게 읽을 수 있는 권리만 있고, 저자의 뜻에 가깝게 읽어야 한다는 의무는 없단 말인가? 그럴 리는 없다. 아무리 저자의 생각 안에 들어가서 읽으려 노력해도 결국 달리 읽을 수밖에 없는 판에, 함부로 쉽게 읽으면 얼마나 엉뚱한 해석이 될 것인가를 늘 조심하라는 것이다. 신문 기사를 읽을 때에는 기사를 쓴 사람의 생각의 흐름을 따라가려고 그렇게 심각하게 고민하지 않아도 된다. 시인은 아마도 읽는 이가 나름대로 달리 읽어줄 것을 바라면서 시를 쓸지도 모른다. 그렇지만 학술적인 글은 전혀 다르다. 저자의 생각을 고스란히 따라 읽기 위해 최선을 다해야만 한다. 인용할 때도 마찬가지이다. 저자의 생각을 있는 그대로 고스란히 담아올 수 있어야 한다.

저지르기 쉬운 실수는, 자신의 생각을 적극적으로 납득시키기 위해서, 다른 생각을 '만만한 상대로 다듬는' 일이다. 내가 그런 실수를 해봐서 잘 안다. 석사논문을 쓸 때, 이미 비판을 하려는 목적으로 관련문헌을 읽기 시작하였고, 논문을 완성할 때까지 한 번도 그 색안경을 벗어본 적이 없었다. 그러니 나와 다른 생각을 가진 기존의 학자들이 다 만만해 보이는 동시에, 그 이론들의 논리에 구멍이 숭숭 뚫려 있는 것으로 논문에 그려놓게 된다. 솔직히 말하면 실수도 아니다. 의도된 것도 있다. 논문이 그럴 듯하게 보이려면 자기의 논증에 힘이 있어야 할 것 같고, 그러자면 먼저 다른 견해의 힘을 쪼옥 빼놓은 다음에, 그 시체와 같은 대상에 주먹질을 가하는 것이 더 효과적일 것으로 느껴졌기 때문이다. 이를 '허수아비 논증'이라고 하던가. 싸움의 대상을 아무 힘이 없는 허수아비로 만들어놓고 공격을 한다는 말이다. 토론 대상을 없애버리고 혼자 힘을 주고 있는 모양이라 '섀도 복싱'이라고 불러도 좋겠다. 공리주의의 핵심을 '최대다수의 최대행복'으로 요약하곤 한다. 이에 대한 쉬운 비판은 소수자의 권리를 보장해주지 못할 것이라는 걱정에서 나온다. 이것을 더욱 만만하게 다듬어서 '소수자의 인권침해를 정당화하는 이론'이라고 허수아비로 만들어 논문에 옮겨놓게 된다면, 그 글을 벤담(J. Bentham)이 되살아나 읽을 수 없는 것을 다행으로 여겨야 한다.

직접 대면하는 사람이 아니라 글을 남겨놓은 사람이고, 만날 리도 없는 학자라고 해서 그의 뜻을 만만하게 주물러서는 안 된다. 이해가 안 되는 부분이 있으면 계속 반복하여 읽고, 저자의 다른 글들을 또 찾아보고 그 저자가 속했던 학풍이나 당대의 분위기도 함께 알아보도록 노력하는 것이 필요하다. 그런 게 말 그대로 깊은 공부이다.

■ 끝까지 의심하라

페터 우스티노프 경(Sir. Peter Ustinov)은 1921년에 태어난 영국국적의 배우이다. 코미디언이자 방송사회자이기도 하며, 극작가, 영화제작자, 무대연출가, 무대미술가까지 맡았던 사람이다. 기초 정규교육만을 받았지만 여덟 개의 주요 유럽언어를 할 줄 알았고, 그 문화적인 공로를 인정받아 영국에서 작위도 받았다. 아가사크리스티 원작소설이 영화화될 때에 등장했던 뚱뚱한 노년의 탐정역이라고 말하면 기억날 사람도 있겠다. 2004년 작고하기 직전의 한 인터뷰에서 남긴 말을 기억하고 있다. 기자는 물었다. 지금까지 인생에서 얻은 단 하나의 지혜가 있다면 무엇이냐고. 그는 이렇게 대답했다.

"우리를 불행하게 만드는 것은 의심이 아니라 신념이다. 의심은 사람들을 모이게 만들고, 신념은 사람들을 흩어지게 만든다."

아마도 괴테의 비슷한 표현에서 영감을 얻은 말이라고 생각되는데, 제2차 세계대전과 냉전의 비극을 겪은 지혜자가 남긴 값진 표현이 아닌가 한다. 굳이 멀리 있는 예를 찾을 필요도 없다. 우리의 근대사를 보면 더 잘 알 수 있다. 가장 끔찍했던 역사의 배후에는 언제나 신념이 있었다는 것을. 모든 사람이 '내 생각이 틀렸을 수 있다'고 의심하였더라면 극도의 참혹한 순간들은 피할 수 있었을 것이다.

독자들도 한번씩 생각해보면 좋겠다. 지금 자신을 불행하게 만드는 문제가 있는지, 또는 자신이 다른 누군가(부모형제, 애인, 지도교수 등)와 갈등하고 있지 않은지……. 떠올려보면 그 불행 안에는 언제나 '확신'이 도사리고 있다는 것을 알 수가 있다. 나 자신이, 또는 나와 갈등하고 있는 그 사람이 확신하고 있는 사람이 아니라 의심하는 사람, 즉 자신이 틀릴 수 있다는 것을 늘 염두에 두는 이라면 우리의 불행은 없거나 줄어들 것이라고 짐작할 수가 있다. 가치상대주의라고 부르면 거창하게 들리지만, 이처럼 언제나 우리 삶의 영역에서 구체화할 수 있는 것이다.

"학문활동의 가장 무서운 적은 의심이 아니라 신념이다. 의심은 학문의 폭을 넓고 깊게 만드나, 신념은 공부를 방해한다."

내가 옳다고 확신하기 때문에 남을 인정하지 않는다. 다른 사람은 틀렸다고 확신하기 때문에 자신을 바꾸지 않는다. 자기 이론이 늘 옳다고 믿는 사람이라면 다른 이들의 견해에 대해 그렇게 깊이 공감하려 해보지 않을 것이다. 그런데 그런 사람이 그 신념으로 쓴 글은 잠언서나 연설문이 될 수는 있지만 논문이 될 수는 없다.

학술적인 글을 쓸 수 있을 만큼 다른 이들의 생각을 깊게 이해하기 위해서는 '그 다른 사람이 되어보아야 한다'. 마치 그 사람의 머리를 빌리고 있는 것처럼 그 생각 안에 들어가 잠겨보아야 한다. 그러려면 먼저 자기의 확신을 반드시 내려놓아야 할 것이다. 빈 곳이 있어야 다른 내용물이 채워지지 않겠는가. 일단 다른 사람의 입장이 되어 그의 말을 그 사람의 머리로 이해하려고 노력한 이후에, 다시 빠져나와 자기의 견해로 되돌아가거나 다른 길을 찾아가면 된다. 그런 경험을 거친 다음에 쓴 글의 깊이가 곧 수준 높은 학문적인 결과물이 된다.

학문의 결과에 대해 확신할 수 있으려면, 학문의 과정에서는 반드시 의심을 반복해보아야 한다. 학문하는 과정 중에 신념이 지배하면, 이제 그 결과물은 의심을 피할 수 없다.

반론가능성을 함께 생각하라

어떤 이론이든 오로지 틀리기만 한 것이 있겠는가. 배우지 못할 대상이 없다고 하여, 어린 아이의 생각으로부터도 깨달을 것이 있다는 식의 넓은 포용력을 보여주는 학자가, 자신과 반대되는 견해를 가진 동료로부터는 아무것도 배우려 하지 않는 것은 안타까운 일이다. 마찬가지로 인간들 사이의 의사소통을 대상으로 하는 법학이라는 영역에서 언제나 옳은 이론이라는 것도 있을 수 없다. 자신의 견해를 반론의 여지없이 타당하다고 주장하는 것은 그 이론의 가치를 오히려 떨어뜨릴 수 있다.

포퍼(K. R. Popper)의 널리 알려진 생각에 따르면 어떤 이론이 학문적인 결과라고 평가받을 수 있으려면 그에 대해 반증이 가능해야 한다. 반증이 불가능한 것은 학문적 이론이 아니라 그저 느낌의 표현이거나 상상이거나 단순한 주장에 그치게 될 것이다. 이렇게 볼 때, 반증의 여지가 있다는 것은 그 이론의 단점이 아니라 그 이론이 학문적인 내용이라는 뜻이 된다. 반론을 허용하지 않는, 반론이 필요 없는 것처럼 논문을 써놓았다면 그것은 자기 논증이 완벽하다는 의미가 아니라 학문성이 떨어진다는 의미로 비친다.

반증가능성이 있는 생각을 의견으로 제시할 뿐만 아니라, 논문의 글 안에서도 이를 표현해주는 것이 좋다. 자기 견해가 기존 이론에 대한 비판으로부터 등장한 것이라면, 자기 견해를 충분히 서술한 이후에 반대로 그것이 과거 의견으로부터 비판을 받을 수 있다는 것을 생각하여 이를 함께 서술하는 것이 유용할 때가 많다. 그 이후에 적절한 재반론을 추가하면 논문의 학문성이 높아질 것이다. 만약에 작성자의 견해가 독창적인 것이어서 반론이 없거나 반론을 찾을 수 없었을 경우에는, 반론가능성을 생각해서 만들어내도 된다. '이 글에서 논증해온 견해에 대해서 ……라는 반론이 가능할 것이다'라는 식으로 문단을 시작한다. 자기 견해에서 지적될 수 있는 단점 또한 자기 자신이 가장 잘 알 수 있기 때문에 반론을 서술해보는 것은 어렵지가 않다. 그 가능한 비판에 대해서 어떻게 대응할 수 있는지, 또는 잘 대응할 수가 없다면 장차 어떠한 연구가 더 필요한지 겸손하게 밝히면 된다.

논증이 '대화'가 되도록 하라

논문글을 쓰는 방식과 관련하여 이 책에 언급된 이야기들을 한마디로 줄일 수 있다. 바로 '논문이 학문적인 대화가 되도록 하라'는 것이다.

연구자가 다른 학자들과 더불어 학문적인 이야기를 주고받는 것으로 느껴지게끔, 그리고 그 대화내용을 독자들에게 다시금 말로 전달하는 식으로 써야 한다는 의미이다. 구어체로 쓰라는 말이 아니다. 자기의 생각을 설명하고 논리적으로 증명하며, 반론들을 제시하고 다른 견해와 비교해보는 과정을 독자가 어려움 없이 따라올 수 있도록 친절하게 이해시켜야 한다는 것이다.

이하에서 논문작성자는 C견해를 주장하고 있다.

A견해는 …… 한다는 점에서 기존의 논의들이 발견하지 못한 사실을 정확히 지적하고 있다는 평가를 받고 있다. 그러나 ……라는 면에서는 논거의 합리성이 충분히 입증되지 않았다고 생각된다. B견해의 ……라는 점은 A 견해의 단점으로 지적되었던 ……에 대하여 중요한 관건을 분명히 지적하고 있다. 그러나 이 견해는 ……면에서 한계가 있으며, 그 한계는 A견해를 완전히 극복할 수 없는 것이기도 하다. 또한 B견해는 그 자체로서 논리적인 모순을 갖고 있는데, B견해의 ……부분은 타당해 보이지만 ……는 그 주장과 상응될 수 없는 것이다. ……의

이유에서이다. 이 두 견해와 다른 새로운 이론이 가능한지에 대하여 나아간 검토가 가능할 것으로 본다. 두 견해를 생각해 볼 때, 새롭게 C의 견해를 주장할 수 있을 것으로 생각한다. C의 견해가 필요한 이유는 ……이고, 이 견해의 타당성을 근거로 한다면 실제로 문제는 ……와 같이 해결될 수 있다. 이러한 해결이 ……라는 점에서 A견해나 B견해의 해결방식에 비해서 장점이 있다고 할 수 있다. 그렇다면 C견해는 A, B 견해가 공통적으로 갖고 있었던 ……라는 단점을 극복한 것이라고 볼 수 있는가? 이에 대해서 C견해 또한 ……라는 면에서 보면 불합리하다는 지적이 있을 수 있을 것이다. B견해를 주장하는 ○○○ 학자의 생각을 그대로 따르자면 C견해의 ……한 점은 극복될 수 없는 문제가 아닌가 생각해볼 수도 있을 것이기 때문이다. 그러나 C견해는 ○○○ 학자가 이야기하는 것과 ……면에서 다른 전제를 갖고 있는 것이기에 이와 같은 단점은 해석론을 통해서도 극복될 수 있다고 해야 할 것이다.

자신의 견해를 논증하는 본문을 짧게 표현해보았다. 이 정도의 내용은 10면 이상 분량을 차지할 것으로 보인다. 읽는 느낌이 어떤가? 우선 교과서나 보고서와 다르다는 것은 쉽게 알 수가 있다. A견해를 주장한 사람, B견해를 주장한 사람 그리고 C견해를 주장하고 있는 저자가 서로 한 테이블에서 대화를 하는 것처럼 느껴진다. 주장과 반론, 그에 대한 재반론 등이 집요하게 반복되면서 답을 찾아가고 있다는 느낌을 준다. 바로 이런 글이 논증적인 글이며, 이것이 논문의 본문이 되어야 한다. 이렇게 글을 쓰다보면 자연스럽게 한 목차 내의 서술이 길어지게 된다.

목차를 나누어 짧게 끊어서 요약적으로 쓰는 것은 좋은 서술이 아니라고 하였다. 같은 내용을 쓴 것으로서 위 '논문글'과 아래 '요약글'의 분위기를 비교해보자.

1. A견해
1.1. A견해의 내용
1.2. A견해의 장단
1.2.1. A견해의 장점
1.2.2. A견해의 단점
2. B견해
2.1. B견해의 내용
2.2. B견해의 장단
2.2.1. B견해의 장점
2.2.2. B견해의 단점
3. 사견
　A견해가 잘못된 이유는 ① … ② … ③ … ④ … 이다.
　B견해가 잘못된 이유는 ① … ② … ③ … ④ … 이다.
　그러므로 C견해를 주장하고자 한다.
　C견해의 장점은 ① … ② … ③ … ④ … 이다.

내용은 같고, 후자의 저자가 더 많은 생각을 했을지도 모른다. 그러나 이렇게 여러 견해를 소개한 후에, 자기 의견을 간략하게 보여주는 것에 그치는 데에서 학문적 대화가 이루어지고 있다는 것을 느낄 수는 없다. 주장과 비판의 근거도 ①, ②, ③ 식으로 원문자 번호를 달아서 정리하고 있는데, 결코 권할 수가 없는 방법이다.

■ 긴 글에 익숙하지 않은 환경 ■

더 이상 젊지만은 않은 독자라면 활자판에 잉크를 찍어 인쇄되었던 예전 학자들 논문을 한 번 추억해보자. 거의 목차 나눔이 없다시피 하면서 두런두런 당신의 이야기를 들려주시는 글이 많았다. 이전 세대 저자들이 쓴 학술서도 마찬가지이다. 엥기쉬(K. Engisch)의 그 유명한 『법학방법론』(안법영, 윤재왕 번역, 2011)을 펴본다. 340여 페이지짜리 책이 8개의 '장'으로 구성되어 있을 뿐, 그 아래 도무지 목차라는 게 없다.

그러나 요즘에는 학술논문이나 책들도 그렇게 쓰이는 예가 드물다. 점점 목차는 많아지고 문단은 짧아진다. 여러 원인이 있을 것이다. 깊이 공부하지 않은 채 여러 문헌을 한꺼번에 인용하려 하면 대체로 그런 모양이 되기 쉽다. 그런데 공부를 많이 했다고 알고 있는 박사 과정생의 학위논문마저 요약식으로 쓰여진 것을 본 적이 있다. 작은 목차로 나누어 정리하듯 쓰지 말고 대화하듯이 길게 써보라고 했는데도 그렇게 잘 안 된다고 했다. 그 말이 맞았다. 긴 글을 읽지 않고, 글을 길게 써보지 않아서 못 쓰는 것이었다.

요즘 학생들이 가장 많이 접하는 읽을거리는 단연 스마트폰에 뜬 글이다. 게시판 글, 댓글들은 모두 단문이고, 암호로 축약된 기호들도 많다. 그것마저 다 읽지 않고 그야말로 촌각을 다투듯 페이지를 넘긴다. 조금 긴 글은 여지 없이 '스크롤의 압박(마우스의 스크롤을 계속 돌려야 하는 것이 귀찮다는 뜻)'이라고 생각된다. 다른 데서 예를 찾을 필요가 없이, 나도 포털에 뜬 뉴스를 볼 때 손가락을 대서 페이지를 열어보기라도 하는 경우보다는, 짧은 제목만을 보고 세상 돌아가는 것을 짐작하는 때가 훨씬 많다.

학생들이 보는 책도 마찬가지이다. 과거에 기본서라 불렸던 곽윤직 선생의 민법책 시리즈를 들고 다니는 학생을 본 기억이 가물가물하다. 바로 실무가가 된다는 로스쿨생도 수험가에서 만든 '요약서'를 보고 있다. 예전에는 집이나 도서관에서만 봤는데, 요즘에는 학교 수업 때에도 요약서를 펴 놓고 체크를 한다. 그 안의 글들은 모두 '짧다'. 제목이 자세히 나뉘어 있어, 전체를 빨리 훑어볼 수 있도록 만들어져 있다. 요약이 곧 그 책들의 미덕이니 당연한 모양일 것이다. 그런데 요즘에는 법학교과서에서도 충분한 논증이 진행되고 있지 않은 것 같다. 이론과 판례의 수가 급증하였는데 교과서 페이지 수는 제한되어 있으니 예전보다 더 줄여서 소개하는 식으로 쓰여지는 것이 아닌가 한다.

그리고 한 번도 논문이라는 것을 읽어보지 않고서 학부나 로스쿨을 졸업하는 학생들도 많다. 나는 수업 시간에 논문을 자주 읽어야 한다고 말하면서, 그래야 시험 답안도 논증적으로 쓸 수 있을 것이라고 강조한다. 그 말을 들은 학생들은 중간, 기말시험에 나올 것 같은 논문은 마지못해 읽고 있지만 그것이 변호사시험 답안작성에 도움이 될 것이라고 생각하지는 않는 것 같다. 하긴 최근 변호사시험은 사례형마저 논증을 할 필요가 거의 없이 단순히 판례의 결론만 간단히 쓰는 식으로 출제되니 틀린 판단도 아니다.

이와 같이, 긴 글을 도무지 접해볼 기회가 없었기 때문에 학위논문의 글도 자연히 요약적으로 짧아지는 것이 아닐까 싶다. 길게 쓰라고 하는 말이 무슨 뜻인지조차 못 알아듣는 것도 이해가 된다. 독자 중에 이렇게 물을 사람도 있겠다. 모든 게 다 세월 따라 변하는 것인데, 왜 꼭 논문의 글은 길게 논증하는 식이어야 하냐고. 목차 아래에 짧게 요약하는 방법이 왜 꼭 틀린 것이냐고. '틀린 방식이 아니라 다른 방식일 뿐'이라고 말할지도 모르겠다. 고리타분한 방법을 전통이랍시고 답습하려 하는 것이냐는 비난이 있을 수도 있다.

물론 그렇다. '틀린 글쓰기'라는 것이 어디 있겠는가. 그렇지만 원래 학위논문이란 것 자체가 이미 고리타분한 것이다. 책 겉모양이든, 속 형식이든, 글의 내용이든, 모두 오래 지속된 학문적 전통에 따르도록 해놓고 있다. 그리고 이 책은 그 전통을 알려주고자 하는 것일 뿐이다. 연구자의 습관과 전통적인 글쓰기 가운데 무엇을 더 중요하게 생각할지는 결국 각자의 판단에 맡길 수밖에 없다.

그렇지만 인식론적으로 분명한 사실은 있다. 짧은 글 안에 긴 논증과정을 담는 것은 물리적으로 불가능하다는 것이다. 짧은 글만 읽는 사람의 사고의 시간도 자연스럽게 짧아지게 된다. 생각을 길게 하지 않았으면서 긴 글을 쓸 수는 없다. 오랜 세월 이어져내려온 전통적인 글쓰기 방식이 저자의 치밀한 논증과정을 드러내어 보이기에 더 적합한 것이기 때문에, 계속 이런 조언을 반복하지 않을 수는 없을 것 같다.

학위논문을 염두에 두고 있는 독자라면 지금부터라도 길게 논증된 글을 일부러 찾아서 읽는 습관을 들이는 것이 좋겠다. 그 대화의 방법들을 배우는 것이 중요하다. 특히 고전에 해당하는 책이나 논문을 가까이 두고 선현들의 논증방식을 따라가볼 필요가 있다. 바로바로 떴다 사라지는 인터넷 화면을 머리에서 지워버리고, 편안한 마음으로 느긋하게 책상 앞에 앉아, 조곤조곤 자신들의 이야기를 늘어놓는, 때로는 대화의 상대끼리 격론을 벌이는 글을 긴 호흡을 갖고 읽어가는 경험을 쌓아가길 바란다.

분명하고 단정하게

말투를 모호하게 쓰는 것을 겸손이라고 오해하는 경우도 있는데, 그냥 읽기 어렵게 만드는 불분명한 서술에 그치는 예가 더 많다.

……라고 할 수도 있다/ ……일지도 모르겠다/ ……라고 하는 것이 어떨까 한다/ ……라고 쉽게 말하지 못할 것으로 본다/ ……라고 해야 할 때도 있을 것이다

가끔은 괜찮지만 이런 식의 표현으로 일관하는 것은 좋아 보이지 않는다.

좀 다른 이야기인데, 논문심사를 할 때 피심사자나, 학술발표를 할 때 발표자 가운데 '정말 부족하기 짝이 없는 가치 없는 논문입니다', '보잘것없는 글이니 읽지 마시고, 어디에 인용도 하지 마십시오' 식의 말을 '습관적으로' 붙이는 사람들이 있다. 그게 겸손이라고 생각할지 모르겠지만 집중력을 떨어뜨린다. 진짜 그 정도로 부족한 글이라고 느끼면 더 많이 연구해서 잘된 글을 갖고서 심사에 임하거나 발표를 할 일이지, 왜 사람들 불러다 놓고 그런 이야기를 하는지 모르겠다.

그렇다고 해서 자기 자신의 명확한 생각임을 지나치게 단정적으로 이야기하는 것도 바람직하지는 않다. 물론 집필의 자유에 속하나, 공부하는 학생이 쓴 학위논문으로서는 부정적인 반응이 있을 수도 있다.

……일 수밖에 없다/ …… 이외에 다른 생각을 하기 어렵다/ ……이 아니라고 할 수는 없다

일인칭을 사용하는 것에 대해서 문의하는 경우도 있는데, 자제하는 것이 후회가 없다고 대답을 해준다. '나는 ……라고 생각한다', '이에 대해 필자는 ……라고 말하고자 한다' 식의 표현은 피하는 것이 낫다. 일인칭 명사를 빼고 그냥 '……라고 생각한다'고 쓴다고 해도 어차피 저자의 논문이기 때문에 자기가 말하는 줄 다 안다(독일에서는 일인칭 명사를 안 쓰는 것을 'Ich-Verbot: 일인칭 금지'라고 하여 학술적 글쓰기의 고정된 규범으로 보는 예도 있다). 주어 없이 쓰면 문법에 안 맞는다고 볼 수 있지만, 문법에

집착한다면 거의 모든 문장에 '나는'을 써야만 할 텐데, 읽기가 거북할 것이다. '우리는'이라고 쓰면 조금 나은 때도 있지만 독자가 글쓴이의 생각에 굳이 동참하고 싶지도 않은데, 괜히 어색해질 수도 있다.

문장을 너무 길거나 어렵게 쓰는 것, 유행어나 비속어를 쓰는 것은 바람직하지 않다고 했지만 그 밖에는 어느 정도 개성에 맡겨져 있다. 논문을 쓰는 목적에 따라 문체가 약간 달라질 수도 있다. 학위논문인 경우에는 건조하고 중립적으로 미사여구를 최대한 줄여서 쓰는 것이 원칙이다. 재미없게 쓰라는 것은 아니지만 느낌표를 동원해야 할 것만 같은 격정적인 말이나 다정한 표현, 문학적인 비유·은유 등을 쓰는 것은 별로 권할 게 못 된다. 그에 비해 학술지 논문을 쓰는 때에는 약간 더 자기의 색깔을 드러내는 문장으로 써도 된다. 나아가 기념논문집 같은 경우에는 다음과 같이 좀 더 따뜻하게 써도 된다.

> "이 이론은 이번에 정년을 맞으시는 김○○ 선생의 영향을 받았다고 말해야겠다. 이 기회에 선생의 만수무강을 아울러 기원한다."

논리학의 기초를 알아야 한다

이 책에서 논리학 내용을 길게 쓸 수는 없다. 학위논문 작업을 하는 사람이라면 글쓰는 기본에 도움이 되는 논리학의 기초에 대해 많이 알아둘수록 좋기 때문에, 따로 배우지 않았다면 책을 찾아 읽어볼 것을 권한다. 많은 내용들이 있지만 몇 가지 예를 들어보자.

논리에 비약이 없도록, 일반화의 오류를 범하지 않도록 조심해야 한다.

"과거에 비해 최근 법률가들은 법적 근거를 판례에서 더 많이 찾고 있다. 로스쿨 제도는 이와 같은 경향을 가속화하게 된다. 그러므로 우리나라는 더 이상 대륙법계 국가가 아니라 영미법계 국가이다." → 실제로 본 적 있는 글.

동어반복(순환론: Tautologie)이 되지 않도록 써야 한다. 문제를 문제로 답하면 안 된다. 하나마나한 이야기를 하면 안 된다.

"어떠한 수사방식에 법원의 영장이 필요한가 하는 문제가 제기된다. 영장이 필요한 방식을 강제수사, 영장이 필요하지 않은 경우를 임의수사라고 말한다. 따라서 강제수사인 경우에는 영장이 필요하고, 임의수사에는 영장이 필요하지 않은 것이라고 보면 될 것이다." → 으잉?

논거가 논증되어야 할 내용보다 더 불분명해서는 안 된다. 그렇게 쓰면 선결문제 요구의 오류(petitio principii)에 빠진다.

"외국인이 저지르는 중범죄가 늘어나고 있다. 우리 사회에 부적응한 외국인이 점차 더 폭력적인 성향을 갖게 되기 때문이다." → 앞이 더 분명하고 뒤의 이유제시에 더 반론의 여지가 많다(외국인 중범죄가 늘어나는 것은 무엇보다도 국내 거주 외국인 수 자체가 늘어나기 때문이 아닐지)

'절대 참인 명제'가 나오지 않도록 해야 한다. 그럴듯해 보이지만, 읽어보면 추가적인 의미가 없는 당연한 말이다.

"인간의 존엄성은 소중하다." → '인간의 존엄성'이라는 말 안에 이미 인간이 존엄하다는 내용이 들어있다. 그걸 소중하다고 하는 것은 '장발의 여자는 머리가 길다'처럼 당연한 이야기이다. 만약 '인간이 언제나 존엄한가'를 먼저 묻는다면 그에 대해서는 논의를 해볼 수 있겠다.

특히 법학 논증에서는 당위의 표현과 존재의 표현을 구별해야 한다.

"국방부가 1000명의 시민들을 대상으로 조사한 바에 따르면 대체복무제의 도입은 아직 시기상조라는 의견이 다수를 차지하고 있다. 그러므로 우리나라에서 이 논의는 아직 성급한 것이라고 해야 한다." → 설문조사 결과는 '존재(Sein)'이며, 그 논의를 해야 하는가, 하지 말아야 하는가 하는 문제는 '당위(Sollen)'이다. 존재로부터 당위가 바로 근거지워지거나 비판되어서는 안 된다. 그 반대도 마찬가지이다.

같은 이유에서, 법률은 현실을 통해서 바로 극복될 수 없다. 제도의 본질은 실정법을 통해서 바로 극복될 수 없다.

"낙태죄의 처벌율은 1퍼센트에 미치지 못한다. 그러므로 낙태죄는 폐지되어야 한다." → 낙태죄 규정이 만약 법이론적으로 정당하다는 것이 의심의 여지 없이 입증된다면, 규범이 준수되지 아니하는 현실을 비판해야 한다.

"독일과 달리 우리나라에서 공소시효는 형사소송법에 규정되어 있기 때문에, 우리나라에서 시효는 소송법적인 제도라고 보아야 한다." → 제도의 궁극적인 본질 물음이 실정법의 형식으로 대답될 수는 없다.

서론과 결론

서론과 결론을 가장 마지막에 작성하는 연구자가 많을 것이다. 본문을 써내려가는 중에는 어떻게 시작하고 맺을지 아직 확정되지 않는다. 서론에 무슨 내용이 들어갈지 대충만 기록해놓고 본문을 작성한 이후에 결론을 쓰고 마지막에 서론을 쓰는 것이 가장 좋다.

서론 쓰기

서론의 가장 중요한 역할은 문제를 제기하는 것이다. 논문에서 어떤 논의를 하게 될지 밝히는 것을 말한다. 독자들의 흥미를 끌어 논문을 계속 읽고 싶게 만드는 것이 중요하다. 읽고 싶어지게끔 한다는 것, 흥미를 끈다는 것이 무엇일까?

시사적인 화제나 유머, 흥미진진한 사건을 넣으라는 것이 아니다(물론 자연스럽게 섞어서 쓸 수 있다면 이런 내용도 나쁘지는 않지만). 중요한 역할은 '같이 생각하도록 만드는 것'이다.

'자, 지금 이런 문제에 대해 논의해야 한다고 생각합니다. 처음 읽으시는 분들은 생소하게 느낄지 모르겠지만 이 문제는 ……라는 점에서 참으로 중요합니다. 재미있겠지요? 한번 같이 생각해봅시다'라는 내용이 논문의 서론이다. 이를 위해서 법학에서는 구체적인 사례, 판례를 들어 흥미를 끌어내거나, 견해의 대립을 분명히 드러내어 생생한 논쟁이 이루어지고 있는 중이라는 것을 강조하기도 한다.

문제제기에 자연스럽게 이어져야 하는 내용이 '연구의 필요성'이다. 현실에서 문제가 있기 때문에 연구를 통해 그 문제를 해결하고자 한다는 의도를 밝힌다. 논문을 쓰는 이유에 해당한다. 제기된 문제가 심각하다는 것, 연구 자체가 흥미 있을 것이라는 점을 자연스럽게 느끼도록 해야지, '절박하게 필요한 연구라고 하지 않을 수가 없다'는 식으로 말로만 강조하는 것은 곤란하다.

서론에서 연구범위를 확정해두는 것도 중요하다. 논문이 취급하는 주제와 방향을 명확히 하는 것이다. 기존 문헌에 대한 비판에 해당하는 것인지, 판례를 비평하는 것인지, 새로운 시론(試論)을 펼치고자 하는 것인지, 입법을 제안하는 것인지 등을 분명히 하게 된다. 무엇이 중점적으로 취급된다는 사실을 솔직하게 쓰는 것이 좋다. 그렇게 해두어야 독자는 그 글에서 다른 논의까지 진행되지 않았다는 것에 불만을 갖지 않을 수 있다. 범위를 제한하면 글쓰기를 편하면서도 집중적으로 할 수도 있다.

경우에 따라서 연구방법을 말해두는 예도 있다. 연구가 조사방법에 따른 것인지, 아니면 여러 나라의 제도를 비교하는 것인지, 한 문헌을 집중적으로 연구하는 것인지 등을 밝힌다. 더불어 장차 논문이 어떤 방식으로 진행될지를 미리 언급하는 것도 필요하다. 독자들이 미리 이런 정보를 알고서 논문을 보면 자연스럽게 흐름을 따라가는 데에 도움을 받는다.

서론에서는 장차 논증할 자신의 견해를 미리 밝히지 않는 것이 좋다. 물론 대략적인 논의의 진행방향을 설명하는 것은 좋지만, 서론만 읽어도 이미 논문 안에서 저자가 무슨 말을 하게 될 지 다 알도록 만들면 안 된다. 독자들은 일찍 저자의 뜻을 다 간파했다고 생각하여 흥미를 잃을 것이다.

논문 첫 문장을 누구나 흔히 떠올리는 표현으로 시작하지 않는 것도 연구자의 능력이다. 작가들은 자기가 쓰는 소설의 첫마디를 어떻게 시작할지를 놓고 오랜 시간 고민한다고 한다. 학위논문에서 그 정도는 필요하지 않지만 그래도 상투적으로 시작하기보다는 좀 더 관심을 집중시킬 수 있는 표현을 던지는 게 좋지 않을까 한다.

"현대사회에서 인간의 소외는 언제나 중요한 문제가 되어왔다."

이것보다는

"지금은 적어도 인간 소외가 중요하게 다루어져야 한다는 주장을 더 이상 반복해야 할 상황이 아니다."

이런 게 좀 더 낫지 않을지.

결론 쓰기

학술지 논문에서는 요약이나 결론을 쓰지 않는 예도 있다. 어차피 긴 글도 아닌데, 굳이 내용을 다시 줄이는 것이 불필요하다고 느끼기 때문이다. 독자들이 요약만 읽고 학술지 논문의 뜻을 오해할까봐 일부러 빼는 저자도 있다. 그러나 학위논문에서는 결론부분에 요약을 생략할 수 없다. 100페이지가 넘는 긴 글을 모두 읽지 않으면 저자의 뜻을 알 수 없도록 놔두는 것은 불친절하다.

그렇기 때문에 학위논문의 결론에서는 본론에 이르기까지 소개되었던 기존의 논의도 함께 요약하고 자신의 견해를 다시 한 번 명확히 밝혀주는 표현을 해두어야 한다. 본론에서 이미 써놓은 사견부분을 그대로 옮겨서 적으면 안 된다. 성의가 없어 보일 뿐 아니라 논문형식에도 어긋난다. 새로운 마음가짐을 갖고 새 글로써 요약해야 한다. 서론과 본론에서 언급되지 않았던 내용이 포함되는 것은 괜찮다. 장차 무슨 논의가 더 필요하다는 점이나 이 연구가 미칠 수 있는 영향 등이 추가되는 것도 좋다. 그렇지만 지나치게 길어지면 요약으로서 본질에 안 맞기 때문에, 길어도 여덟 페이지 정도를 넘지 않는 것이 좋겠다.

서론에서와 마찬가지로 결론의 마지막을 어떻게 맺느냐도 중요하다. 논문의 가장 앞뒤의 부분에서만큼은 저자의 문학적인 역량을 좀 발휘한다고 하더라도 흠이 되지 않는다. 약간의 감정적인 표현을 하거나 은유적으로 표현하는 것도 괜찮다. 그렇지만 '기교를 위한 기교'에 그쳐서, 논문 전체의 품격을 떨어뜨리거나, 아래 예처럼 완전히 다른 분위기로 생소하게 끝맺는 것은 독자들을 불편하게 만들 수도 있다.

"어떠한 이론의 영향하에 놓여 있든 간에 가장 중요한 것은, 실제로 손해를 입은 당사자를 위해 적극적으로 국가기관이 절차 안에서 노력하는 것이지, 새로운 법규범과 제도를 신설함으로써 다른 가능성을 먼저 생각해내는 방법이 아닐 것이다. 실험은 인간의 삶에 긍정적인 영향을 미칠 때에만 실험으로서의 가치를 인정받는 것이기에!"

■ 사람들은 법학논문에 무엇을 기대하는가

열심히 공부하지 않으면서 논문을 쉽게 써서 학위를 따겠다는 사람들에 대한 책망 정도로 이 책이 비치지 않을까 걱정된다. 특히 전업학생으로서 공부만 하고 있는 이들보다는, 직업을 가지고 있으면서 논문을 신속하게 쓰려 하는 사람들에 대해서 그런 충고를 더 강하게 하고 있는 것은 아닌지 돌이켜본다. 결코 그걸 의도하지는 않았지만, 독자에 따라서는 그렇게 느낄 수 있을 것 같다.

그런데, 외부에서 그렇게 학문활동을 '만만하게' 보게 된 데에 이유가 없지는 않다는 생각도 든다. 많은 원인을 바로 '학자'라 불리는 사람들 스스로 제공해왔다는 반성을 또한 하지 않을 수가 없을 것 같다. 앞부분에, 법조인이나 의사처럼 전문직업인이 되는 것은 결코 쉽지 않다고 생각하면서도, 학위논문을 써서 학자가 되는 것은 그렇게 어렵지 않게 여기는 상황이 안타깝다는 내용을 잠재적인 흥분상태에서 쓴 곳이 있다. 그런데 반대로 이제는 다음과 같이 스스로 물어보아야 할 것만 같다. '우리는 학술논문 쓰는 것을 법조인이 직업활동을 하는 것만큼 치열한 작업으로 여겨왔는가'를 말이다.

태초에 사안이 있었다. 그 이후에 법이 있게 되었고, 실무는 그 법을 운영하기 위해 법과 거의 동시에 탄생했을 것이다. 법학은 마치 미네르바의 부엉이가 어둑어둑해질 때를 기다렸다가 우아한 날갯짓을 시작하듯, 가장 나중에 모습을 드러냈으리라 짐작해볼 수 있다. 그러나 우리는 잊어서는 안 된다. 법학은 태생적으로 그렇게 우아한 무엇인가가 될 수 없다는 것을. '사안'보다 늦게 고안된 것이지만 결국 그 사안에 봉사하기 위해서 존재해야 함을 망각할 수는 없다.

여기서의 '사안'은 교과서에 나오는 시뮬레이션이 아니다. 즉 甲이 허언으로 乙에게 돈을 준다고 말하고선 주지 않는 것도 아니고, A가 B를 살해하려 총을 쏘았는데 옆의 C가 총알에 맞는 것도 아니다. 평생 단 한 번 변호사를 찾아온 한 인격체, 그 실존이 낯설고 두려운 사법의 힘에 의탁하고 싶을 정도로 힘겹게 짊어지고 가고 있는 그런 것이다. 일생 모은 재산이 달려있는, 생명과도 바꾸지 못할 명예가 걸려있는, 아니 목숨 자체가 오갈 수 있는 그런 뼈저린 분쟁의 한 가운데에 사람들이 가쁜 숨을 쉬고 있다. 법실무가들은 바로 이런 사안 안에서 그 사람들과 대화하는 것을 자신의 직업으로 삼는다. 마치 의사가 자기 가족처럼 환자를 대하듯, 자신 앞에 선 모든 이들의 아픔을 가장 민감한 살갗을 맞대어 함께하는 사람을 사명감 있는 실무가라고 우리는 말한다.

그렇다면, 그 실무가들은 언제 '법학'을 찾는가? 사람들의 권리를 지켜주는 직업활동을 해내다가, 어느 순간 이론적인 근거가 절박하게 필요하다고 느낄 때에 학문에 무엇인가를 기대하게 된다. 그러니 법학은 실존의 한계상황에 놓인 사람들에 대해, 비록 간접적이기는 하지만 넉넉히 기여해낼 수 있는 작업을 하고 있어야만 한다. 장차 생소한 내용의 분쟁이 생길 수도 있음을 미리 예견해서 그때 필요하게 될 이론을 갖추어주면 가장 좋겠지만, 그런 혜안까지는 없다고 하더라도, 일어나고 있는 사안을 해결하는 데에 도움을 줄 수 있어야 한다는 사실은 늘 잊지 말아야 한다. 사안으로부터 법철학과 조세법학이 떨어져있는 거리는 같지 않겠지만, 모든 학문의 시선은 늘 실존의 삶을 응시하고 있어야만 할 것이다.

하지만 생각해본다. 학자들은, 아니 나 자신은 그런 예민함을 갖고서 작업을 하고 있는가? 이론의 도움을 절실하게 필요로 하는 곳을 애써 외면하고, 지적인 즐거움을 느낄 수 있을 것 같아 보이는 방향으로만 눈길을 주려 하고 있지는 않은가? 그래놓고는 실무가들에게 법학의 무게를 진지하게 생각해야 한다는 말만 쉽게 반복해오지는 않았는가? 가치를 느낄 수 있게끔 활동한 적도 없으면서 학문의 권위를 인정해야 한다고 강조한 적은 없는가?

사안 안에 놓여 있는 사람들은 인생의 가장 괴로운 순간들로 하루하루를 버텨가고 있다. 그들을 만나는 법조인은 그 고통 때문에 자신도 아프고, 쉬이 문제를 해결해주지 못함으로 인해 자책하며 지내는 날들도 허다할 것이다. 법을 둘러싼 모두가 그렇게들 무거운 삶을 이어가는 상황에서, 도대체 학자가 무엇이기에 혼자만 우아하게 법을 다루려 하는가? 사람들은 학자들이 어떻게 살아가든 상관없다고 생각할지 모른다. 오랜 기간 그렇게 각자 상관없이 살아오기도 했다. 학자들은 스스로 고상하다고 생각했을 것이다. 그러나 관찰자들은 학자의 '고상함'보다는 '안일함'을 먼저 보아왔을 수도 있다.

학위논문은 구체적인 주제를 다루어야 한다고 하였다. '사회전체가 힘을 모아 잘 해결해야 한다'는 식의 모호한 이야기로 끝낼 것이 아니라, 분명하고 자신 있는 논증을 통해 손에 잡히는 결론을 내려주어야 한다고 했다. 원칙과 이론의 권위에 숨어 논증을 생략해서는 안 된다는 이야기도 있었다. 이 모든 것은 바로 우리가 쓰는 글이 '법학'논문이기 때문에 주어지는 요구이다. 살 곳이 없어 결혼을 하지 못하고 있는 나이든 커플의 처지와 무관한 주택임대차제도 개선방안 논문이란 있을 수 없다. 자신에게 성범죄를 저질렀던 자가 곧 출소하게 되는 때 느껴질 불안감을 진지하게 공감해본 적이 없는 사람은 피해자학 논문을 써서는 안 된다.

다가올 미래는 지금까지와 다를 것이다. 학문이 다루는 주제도 훨씬 더 다양하고 구체적인 모습을 갖추어가고 있고, 학문과 실무가 서로의 노고를 인정하고 존중하는 때가 되어가고 있는 것도 느껴진다. 바로 그 중심에 지금의 학위과정자들이 서 있게 된다. 반성하고 있는 나 자신을 포함하여, 일부 선배들의 한가로움을 더 이상 이론의 깊이와 혼동하지 말았으면 좋겠다. 이제는 일선 실무가들이 도움을 바랄 때 피하지 않고 응답을 해줄 수 있는, 마지막으로 '법'에 실낱같은 희망의 끈을 연결해보려하는 사람들의 고통을 멀리서나마 치유해주게 될, 깨어 있는 학술논문들이 더 많이 쓰여지길 진심으로 바란다.

11

각주와 참고문헌 목록 만들기

각주와 참고문헌 목록, 제목차례, 초록 등 만들어야 할 게 많다. 다분히 형식적인 것이기 때문에 중요성이 떨어진다고 생각할 수도 있지만 그렇지 않다. 이 요건들이 제대로 갖추어지지 않으면 학술논문이 되지 않는다.

각주 만들기

학위논문에서 각주의 역할은 매우 중요하다(법학에서는 미주나 본문주, 내용주 등은 거의 안 쓴다). 각주를 만드는 방법을 미리 알고 있으면 효율적으로 논문쓰는 데 큰 도움이 된다.

저자마다 글쓰는 스타일이 다르기 때문에 어떻게 어디에 각주를 만드는지를 분명하게 이야기할 수는 없다. 각주를 붙이는 계획부터 다른데, 어떤 저자는 본문을 쓰면서 될 수 있으면 각주를 같이 작성하는 사람도 있고, 본문 전체를 미리 다 써놓고 나서 각주를 따로 붙이는 사람도 있다. 연구자의 개성에 속하는 문제이다.

그렇지만 각주의 역할은 어느 정도 통일되어 있다. 아래와 같은 때에 붙이게 된다.

① 본문이 어느 문헌에 나온 내용인지를 밝히기 위한 것

각주를 반드시 달아야 하는 대표적인 경우이다. 각주로 인용처를 표시하지 않으면 표절이 될 수 있다. 각주에 소개된 자료 앞에 아무 말도 붙이지 않으면 대개 이 경우에 해당한다.

1) 대법원 2006. 12. 18. 결정, 2006모646.

② 자기의 견해와 같거나 다른 입장의 문헌을 소개하기 위한 것

의견을 같이 하는 문헌을 소개하면 논증의 설득력이 더 커진다. 반대 견해가 있을 때 이를 같이 써주면 학문적 대화가 진행 중임을 알 수 있다.

5) 같은 생각으로는 김태진, M&A계약의 진술 및 보장 조항에 관한 최근의 하급심 판결 분석, 고려법학 72, 2014, 437면; 다른 의견은 김상곤, 진술 및 보장 조항의 새로운 쟁점, 상사법연구 32-2, 2013, 89면 이하.

③ 본문에 넣기에 분위기가 덜 어울리는 문장의 추가, 보완, 참고

본문에 써 넣을 때 흐름을 다소 깨게 되지만, 논문에 쓰고 싶은 내용인 때에는 각주로 처리할 수 있다. 연구한 내용이 많으나 본문에 못 넣어 아쉬운 경우에도 각주에 쓰는 것은 괜찮다.

9) 위험이라는 개념이 행위지침적 요소도 포함하고 있는지, 다시 말해 순전히 이론적인 개념이 아니라, 실천적인 개념이기도 한지는 여기서 논의하지 않겠다. 이에 관해서는 Kindhäuser, Gefährdung als Straftat, 1989, S. 201 ff. 참고.

④ 관련 내용에 대해 궁금해 할 수 있는 독자들을 위해서 참고 자료들을 소개하는 것

독자들이 논의내용에 대해서 더 찾아보고 싶을 때 이용하도록 자료

들을 적어두는 것이다.

3) 이에 대한 더 자세한 논의는 Göbel, Die Einwilligung im Strafrecht als Ausprägung des Selbstbestimmungsrechts, 1992, S. 66 ff.; Ingelfinger, Grundlagen und Grenzbereiche des Tötungsverbots, 2004, S. 196 ff.를 참고할 것.

이와 같은 기능을 담당하기 때문에, 각주 내용이 본문과 조금 어울리지 않는다 해도 크게 문제되지는 않는다. 본문에 비할 때 문장이 조금 어렵거나 쓰이는 단어가 다소 생경한 경우도 있을 수 있고, 필요한 경우에는 외국어 단어를 그대로 쓰더라도 괜찮다. 각주의 개수가 많거나 적어도 잘못 쓴 것이 아니다. 논문 전체를 평균으로 계산해보았을 때 페이지당 2~5개 정도가 보통이지만 1개 정도만 있거나 10개 이상이 있다고 해도 잘못된 것이 아니다.

형식도 비교적 자유롭다. 페이지 아래 각주번호 표시를 1), 2), 3) 식으로 쓰지만, 1. 2. 3. 처럼 만드는 경우도 있다. 본문에서 쉼표나 마침표 다음에 각주번호를 다는 것이 일반적이지만,[4] 그 전에 각주번호를 다는 예도 보았다[23]. 단어[7]를 설명하기 위해 문장 중간에 달아도 된다. 각주가 너무 늘어나서 숫자가 커지면 보기가 안 좋을 수 있으므로,[1049] 편, 장, 절 등 가장 큰 목차가 바뀔 때 다시 1), 2)……이렇게 시작하는 것도 권할 수 있다.

그런데 아래와 같은 점은 특히 조심하길 바란다.

인용된 문헌의 역할이 분명해야 한다

가끔 강박관념을 본다. '학술논문에는 각주가 많아야 한다'는 것이다. 위의 역할을 담당할 수가 없는데도, 각주가 있어야 할 것 같으니 각주를 만든다. 본문을 심화하는 내용도 아니고 출처표시가 필요한 부분도 아니며, 본문에 대한 동의나 반론을 담고 있지 않은데도 붙어 있는 각주들이다. 본문에 끼어들어 있는 각주번호는 독자의 시선을 맨아래로 이끌게 되어 있다. 그런데 있으나 마나 한, 또는 왜 붙어있는지 모를 자료가 소개되어 있으면 싱거운 논문이라는 느낌을 줄 수가 있다. 대부분은 '본문 내용과 유사한 서술이 다른 글에도 있다'는 정도의 의미로 그렇게 해둔 것 같은데, 각주 없이도 충분히 할 수 있는 이야기에도 계속 이런 식의 각주가 붙어있는 것을 보자면, '자기 글에 대해 저자 스스로 어지간히 자신이 없구나' 하는 생각까지 든다. 각주의 개수는 논문의 질과 아무런 상관이 없다. 마지막 교정 단계에서라도 냉철하게 살펴보아서 굳이 필요 없는 데에 관성적으로 붙여 놓은 각주라고 생각되면 없애는 것이 좋다.

만약에 위에서 말한 역할을 각주가 실제로 담당하고 있는 때라면, 해당 주가 이 가운데 어떤 노릇을 하는지 명확하게 써주는 것이 좋다.

> 이번의 법개정은 '공판중심주의의 실현'[1]을 도모하고 있는데, 특히 이러한 변화에서 공소장일본주의에 위반되는지에 관해서는 새로운 기준이 필요하다는 점을 지적할 수 있다.[2]

---

1) 정승환, 공판중심주의 이념과 공판절차의 현실, 고려법학 57, 2010, 104면 이하.
2) 홍영기, 공소장일본주의 ─ 이론과 정책 ─, 형사법연구 22-3, 2010, 205면 이하.

이 예를 보면 각주 1)에서 소개되는 문헌이 '공판중심주의 실현'과 관련하여 왜 인용되었는지 불분명하다. 그 논문이 공판중심주의라는 표현 자체를 처음으로 썼을 것 같지는 않다. 그렇다면 공판중심주의를 실현하는 모든 방식이 그 문헌에 나와있다는 것인지, 그 자료가 이 목적에 찬성한다는 것인지 아니면 반대한다는 것인지 알 수 없다. 각주 2)도 마찬가지이다. 새로운 기준을 제시하는 문헌인지 아니면 저자와 같은 뜻을 갖고 있는 문헌인지가 명확하지가 않다. "2) 새로운 기준 제시의 필요성을 언급한 예는, 홍영기, 공소장일본주의, ……" 이런 식으로 인용문헌의 기능을 밝혀주어야만 한다.

이렇게 각주마다 역할을 부여하는 작업을 하기 위해서는 참고문헌을 '제대로' 읽어야만 한다. 섣불리 읽는 사람들이 가끔 참고문헌의 저자가 의도하는 것과 다른 이야기를 서술하고서도 그 저자를 인용할 때가 있다.

> 일사부재리원칙은 피고인이 하나의 사안으로 두 번 이상 재판받지 않게 하는 법치국가적 보장원리로서 핵심적인 헌법상 기본권이다.[3]

> ─────────────
> 3) 홍영기, 일사부재리의 효력범위 ─ 즉결심판을 예로 하여 ─, 저스티스 123, 2011, 156면 이하.

각주에 달려 있는 자료에 위와 비슷한 이야기가 나오기는 한다. 그런데 조금만 더 읽어보면 저자는 일사부재리원칙의 본질을 시민의 자유보장을 위한 법치국가적 원리라고 보는 입장에 반대하고 있음을 알게 된다. 자료 안에서 위의 표현은 통설이 일반적으로 그렇게 이해하고 있다는 이야기를 던짐으로서 비판의 대상을 확정하기 위한 것에 불과하다. 맥락을 잘 파악하지 못한 채, 비슷한 문장이 나온다는 것만 확인하고 각주를 달면 이런 문제가 흔히 생긴다. 이런 잘못은 특히 외국문헌을 인용하는 때에 더 자주 발견된다.

한 각주에 내용을 너무 많이 쓰지 말 것

각주 안에 본문을 방불케 할 정도의 내용을 채워 넣는 경우가 있다. 한때 유행이었는지, 나도 석사논문을 아래와 같이 시작했었다.

(1) 연구대상

機能(Funktion; function)이라는 말은 널리 쓰이는 만큼 다양하고 폭넓은 의미를 갖는다.[1] 여기서 우선 '어떠한 기능을 담당하고 있다'는 말은 현상에 대한 단순한 서술일 뿐 일정한 내용을 가진 목적관련개념이 아니라는 점을 확인할 필요가 있다.

---

1) 기능은 수행, 또는 실행을 뜻하는 라틴어의 funtio에서 비롯된 말로서 서로 의존관계에 있으면서 전체(기계·유기체·국가 등)를 구성하고 있는 각 因子가 가지고 있는 고유한 구실이나 작용을 말한다(신기철/신용철 편저, 새우리말 큰사전, 삼성이데아 1986; Clement, Elisabeth et al., Pratique de la philosophie de A à Z, Paris 1994(이정우 역, 철학사전, 동녘 1996), 56면). 생물학적으로는 생명체 안에 있는 특정한 기관의 활동적인 성질의 총체를 말하는 한편 수학에서 function은 函數를 말한다(Clement, 앞의 책). 이러한 기능은 구조, 즉 형태와 밀접한 관계를 가지고 있으며, 부분의 활동은 부분의 기계적인 집합으로서의 구조전체에 대해서는 전체의 상태에 대응한다. 반대로 구조전체가 부분의 목적이 될 때에는 유기적 구조에 대한 부분, 곧 기관의 합목적적인 활동이라는 뜻이 되며, 인식론적으로는 실체에 대립하는 개념이다(두산세계대백과사전, 두산동아 1996 5권, 48면). 칸트(Kant)는 기능에 대해 그의 순수이성관에서 하나의 일반적인 현상으로서 다양한 현상을 가져오는 작용의 총체이며 이해에 대한 이러한 작용의 판단이며 객체에 대한 중개적 지식이나 현상에 대한 다른 현상이라고 한다(Caygill, A Kant Dictionary, S.209). 뒤르켐(Durkheim)은 기능이 결과에 관계없이 생명체의 운동체계를 뜻하는 것으로 쓰이는 경우와 그와 같은 활동과 그에 상응하는 유기체의 욕구와의 관계를 나타내는 두 가지 의미로 쓰인다고 한다(Durkheim, 사회분업론, 396면). 파슨스(Parsons), 머튼(Merton) 등의 기능주의 사회학자들은 기능에 대해 수학적인 수치로 파악되는 것이 아니라 생물학적인 이해로서 최광의의 의미의 욕구충족이라 한다(Durkheim, Über die Teilung der sozialer Arbeit, Frankfurt a.M. 1977, S.89; Parsons, The Social System, London 1951, S.21; Merton, Social Theory and Social Structure, New York 1968, S.75 f., Voß, Symbolische Gesetzgebung, S.59에서 인용). 초기 기능주의 사회학자 래드클리프-브라운(Radcliffe-Brown)은 기능의 예로서 胃의 기능을 胃의 활동과 대비하여 설명한다. 위의 활동(움직임)을 통해 음식물의 단백질이 흡수되어 혈액에 의하여 각 조직에 분배될 수 있는 형태로 그 단백질을 변화시키는 것이 위의 기능이다. 어떠한 활동의 기능은 전체로서 체계에서 그 활동이 하는 역할이며 따라서 구조적 연속성을 유지하기 위하여 그 활동이 하는 寄與이다(Radcliffe-Brown, Structure and Function in Primitive Society, London 1952, S.179 f., Habermas, 사회과학의 논리, 198~196면에서 인용). 일반적으로 범죄학에서 '기능'이라는 개념은 어떠한 유용한 목적이나 필요를 공급하는 것을 말한다(Traub/Little(Hrsg.), Theories of Deviance, S.1). 아멜룽(Amelung)은 기능과 역기능이라는 의미에는 윤리적인 含意가 들어 있지 않다고 하면서 기능이 반드시 바람직한 것을 말하지는 않는다고 하였다(Amelung, Rechtsgüterschutz und Schutz der Gesellschaft, S.358). 또한 그는 목적개념은 행위주체와 관련하여 행위의 방향을 말해주지만 기능개념은 어느 체계 안의 관계를 말해준다고 하면서 규범이 사회체계를 유지하는 데 대해 갖는 기능적인 의의란 목적설정에서는 기대될 수 없다고 한다(A.a.O., S.358 f.). 킨트호이저(Kindhäuser)의 기능과 목적의 의미연관에 대한 형법적인 문제점 지적은 Zieschang, Diskussionsbeiträge der Strafrechtslehrertagung 1995 in Rostock, S.923.

꼭 잘못된 형식이라고 할 수는 없지만 결코 권하고 싶지는 않다. 연구자가 왜 이렇게 쓰게 되는지 잘 알고 있다. 본문에 넣기에는 분위기가 썩 어울리지는 않는 것이라고 생각하면서도 지우기는 아깝고, 찾아본 문헌이 많다는 것을 보여주고 싶을 수도 있다.

각주로 담을 내용이 이렇게 길다면 차라리 대부분을 본문으로 돌리는 게 낫다. 본문에 충분히 길게 쓸 수 있는 내용인지를 먼저 살펴보자. 다소 안 어울린다고 생각되었지만 막상 본문에 넣으려고 노력해보면 자연스럽게 들어가도록 문장을 손볼 수 있을 것이다. 만약에 도무지 어울리게 할 수 없는 것이 있다면 그것만 각주에 남기든지 지워야 할 내용이다.

혹시 각주가 길어지고 있는 그 부분만 공부를 열심히 했고, 다른 본문의 서술은 너무 평이해서 서로 안 어울리고 있는지도 모른다. 그럴 때에는 긴 각주를 본문으로 올리고, 본문의 다른 부분도 그 정도의 연구결과물이 되도록 수준을 맞추어야 한다. 지적인 자랑이 필요하다고 해도 마찬가지이다. 각주가 아니라 본문을 통해 자랑하면 된다. 각주를 길게 쓰는 것은 겸손한 것도 아니고 자부심 있는 것도 아니며 아무튼 '애매한 것'이다.

같은 이유에서 글자와 문단의 크기나 모양이 다른 '참고스타일'의 글을 끼워넣지 말길 바란다. 아래 예에서 '이러한 … 것이라고 한다' 부분을 왜 작은 글로 썼는지 독자들은 궁금해 할 것이다. 읽으라는 것인지 말라는 것인지 모르겠다. 교과서에서 이렇게 쓰는 것은 이해가 된다. 급하게 시험공부를 해야 하는 학생처럼 책을 빨리, 많이 읽어야 하는 독자라면 큰 글씨만 보고, 좀 더 자세히 알고 싶은 학생들은 작은 글씨로 된 '참고'를 보라는 뜻일 것이다. 그런데 논문에서 이건 무슨 의도일까? 논문은 학문적으로 깊이가 있는 글로 일관성 있게 진행된다. 대충 주요부분만 읽을 사람은 없는 것으로 전제해야 한다. 그렇기 때문에 이렇게 참고스타일로 접어두고 싶은 내용이라고 하더라도 본문에 들어가도록 써야 한다.

> 즉결심판은 적법절차의 많은 부분을 생략하고 있다. 가장 중요한 점은 공판절차를 거치
> 지 않는다는 것이며, 따라서 구두변론주의, 공개재판주의, 전문법칙 등 근대적 재판의
> 중요한 원리들로부터 벗어나 있다.
>
>> 이러한 특징으로부터 즉결심판은 고유 의미의 재판과는 다른 것이며, 따라서 일반재
>> 판과는 달리 기판력이 그대로 인정될 수 없다는 주장이 있다. 위에서 본 바와 같이 독
>> 일의 과거 판례 가운데 과형명령의 간이한 형식상 충분한 사실관계의 입증이 어렵다
>> 는 속성으로 인해 기판력을 그대로 인정할 수 없다고 본 경우가 있었다. 헬무트 마이
>> 어(H. Mayer)는 과형명령에 대해서 이는 역사적으로 단지 재판을 간이화하기 위하여
>> 고안된 형식에 그치는 것이 아니라, 처음부터 경찰활동의 일환으로써 재판을 대체한
>> 데에서 비롯되었으므로 서로 추구하는 방향이 전혀 다르다고 분석하고 있다. 그러므
>> 로 이를 통해서는 일반재판과는 달리 불법을 결정하고 책임을 비난하는 국가의 역할
>> 이 충분히 이행될 수가 없는 것이라고 한다.
>>
>> 그러나 즉결심판에 일반재판과 같은 기판력을 부여할 것인가 하는 문제는 형사소송
>> 개념으로부터 원리적으로 답변되어야 하는 것이지, 그 제도의 특유한 개별 속성들을 나
>> 열함으로써 부정될 수 있는 것은 아니다.

판례는 본문과 속성이 다르다고 생각해서 작은 글씨로 판례인용을 하는 경우가 있던데, 이것도 결코 좋은 방식이 아니다. 이미 말했듯이 판례를 옮긴다고 해도 위화감 없이 논문의 본문이 될 수 있도록 자기글로 바꾸어 인용하는 것이 더 좋다. 다른 저자의 글이나 판례를 반드시 문장 그대로 옮겨오고 싶을 때에는 구별되는 문단 스타일로 써도 되는데, 이에 대해서는 연구윤리 부분에서 이야기할 것이다.

각주 안에 문헌들 제목만 지나치게 많이 나열하여 참고자료 목록처럼 만드는 것도 권하고 싶지 않다. "특히 이 논의에 대한 최근의 자료로는, (이후에 논문제목 수십 개 나열)." 연구자가 다 읽어봤다면 읽은 것들 중에 중요한 것만을 선별해서, 또는 내용별로 묶어서 인용하는 것이 좋다. 내용이 나오는 페이지도 명시해주어야 한다. 아무 구별 없이 제목만 많이 늘어놓으면 읽지도 않은 것인데 목록만 찾아서 옮겨다놓은 것으로 의심을 살 수도 있다.

될 수 있으면 원전에 가깝도록

3차보다는 2차 문헌, 2차보다는 원전을 인용하는 것이 좋다. 앞에서 이야기한 것처럼 해석학의 쟁점이라면 푀겔러를 읽은 김박사의 글보다는 푀겔러의 글을, 그것보다는 하이데거의 글을 인용하는 것이 좋다. 물론 입수해서 읽었다는 전제로 그렇다. 하이데거의 각주를 달고 있는 김박사의 글을 통째로 옮겨오면서 김박사의 글만 각주로 다는 것은 불성실해 보일 것이다. 김박사의 글만 읽고 하이데거로 각주를 달면 연구윤리에 반한다.

만약에 김박사나 푀겔러의 글을 통해 하이데거의 원전이 있음을 알게 되었다고 할 때, 하이데거 책을 직접 찾아서 읽고 내용을 그 확인하였다면 김박사나 푀겔러를 중간에 인용하지 않았다고 해서 연구윤리에 반하는 것은 아니다. 즉 이때는 재인용임을 표시하지 않아도 된다. 원전을 발견하게 된 통로를 명시하지 않았다고 해서 윤리에 반하는 것이 아니라, 원전을 전혀 안 읽고서 읽었다고 하는 게 윤리에 어긋난다(더 자세히는 아래 연구윤리 부분에 설명될 것이다).

가장 안 좋은 예는 종이로 된 문헌이 아니라 인터넷에서 본 것을 그대로 옮겨 오는 때이다.

3)　　　　이에　　　　대해　　　　더　　　　자세한　　　　내용은
http://www.riss.kr/search/detail/DetailView.do?p_mat_type=1a0202e37d52c72
d&control_no=bbee4231f8780f9cffe0bdc3ef48d419를 볼 것.

딱 봐도 아니다 싶다. 성의 없어 보인다. 독자들이 이 인증코드 같은 것 전부를 타자 쳐서 찾아보라는 것인가? 책으로 글을 읽게 될 독자가 논문작성자처럼 이 부분에 블록을 씌워 복사를 해서 인터넷창에 붙일 수 있을 것으로 착각하면 안 된다. 긴 것을 옮겨 붙인 바람에 위 글의 띄어

쓰기가 왜곡된 것도 심히 거슬린다. 신문기사를 인용할 때에도 마찬가지이다. 해당 신문을 직접 도서관에서 찾아보지는 않더라도, 그 발간 날짜와 해당 면을 인용하는 식으로 각주를 만들어야 한다. 인터넷포털에 '종이신문보기' 기능이 있다. 그걸 찾아보고 표시하면 된다. 해외 사이트에서 찾은 외국판례처럼 종이문헌을 인용할 수 없을 때도 있다. 이때는 해당 홈페이지의 검색창이 뜨는 부분을 각주에 표시하고 특정한 키워드 또는 사건번호 등으로 검색한 결과라는 식으로 인용하는 것이 바람직하다(인터넷상 자료는 변경될 수 있기에 검색한 일자를 표기하면 더 좋다). 그래야만 그 부분을 읽는 독자도 똑같은 방식으로 인터넷에서 그 내용을 찾을 수가 있다. 그러한 경우나, 어느 기관을 소개하면서 홈페이지를 언급할 때 등을 제외하면 www.가 들어간 각주가 있어서는 안 된다.

시대가 바뀌어서 인터넷으로 모든 문헌을 접할 수 있는 때가 곧 올 것이다. 그때가 오더라도 종이로 된 문헌을 직접 찾아서 읽은 것만 각주로 인용하는 전통이 그렇게 쉽게 바뀌지는 않을 것이다.

판례와 법조문의 인용

논문 각주에 법조문이나 판례를 거의 원문 그대로 옮겨 놓는 예를 특히 요즘에 많이 보고 있다. 학위논문뿐만 아니라 학술지 논문도 그렇다. 전체에서 한두 번 정도는 법전이나 판례 찾는 수고를 덜어준다는 뜻에서 이해할 수도 있는 것이지만, 매우 길게 그것도 여러 번 각주에 등장하는 것은 납득하기 쉽지 않은 방식이다. 공연히 논문의 분량을 늘리는 데에만 신경썼다거나 각주가 없으면 허전하기에 각주를 만들어 두었다는 인상을 주게 된다.

법률과 판례 찾는 데에 아무 어려움이 없는 요즘에 굳이 그런 방법으로 아까운 논문의 지면을 채워서는 안 될 것이다. 정확한 법률의 명칭과

조문번호, 판례번호만 각주에 인용하는 것으로 충분하다. 물론 법률이나 판례 자체가 분석 대상으로 특별한 의미가 있는 때여서 그대로 인용해야 할 필요가 있는 경우라면 중요한 부분을 전재하더라도 문제가 되지 않지만, 그렇더라도 너무 많은 분량을 그대로 옮기는 것은 바람직하지 않다.

판례 인용표기는 다음과 같은 방식으로 한다. 우리나라 판례의 경우에는 "대법원 2015. 11. 12. 선고 2014다15996 판결"과 같이 표기하는데, 재판법원, 선고날짜, 사건번호, 재판형식을 의미하는 것은 모두가 알고 있다. 아주 간략하게 사건번호만 기재하더라도 판례를 찾을 수 있지만 학술논문에서는 위와 같이 정해진 인용방식대로 표기해주는 것이 좋다. 줄인다면 "대판 2015. 11. 12. 2014다15996"으로 한다.

외국 판례 표기의 대표적인 방식만 소개하자면, 미국 판례는 "Marbury v. Madison, 5 U.S. 137, 163 (1803)"식으로 인용한다. 양 당사자 이름(형사판례 등 국가기관이 당사자가 되는 때는 United States v. Lane처럼 쓴다), 판례집의 권수, 판례집(United States Reports) 약자, 시작페이지, 인용된 페이지, 선고연도 순이다. 독일 판례의 정식 표기법은 "법원명, 판결(또는 결정) 날짜 - 재판부표시 식별표기"식으로 쓴다. 예컨대 BGH, Urteil vom 13.12.2012 - 5 StR 407/12는 대법원 제5 형사재판부가 2012년 12월 13일에 한 407/12 판결이다. 그러나 이렇게 쓰면 너무 길어지기 때문에, 많은 경우에 판례집 권수와 페이지로 표기한다. BVerfGE 100, 313 (362)는 연방헌법재판소의 결정집 100권에 수록된 것인데 첫 페이지는 313면이고 각주가 가리키는 곳은 362면이라는 뜻이다. 해당 판례를 다룬 학술지가 있다면 그 학술지로 표기하기도 한다. BGH NJW 2018, 552처럼 쓰면 대법원판례로서 NJW(Neue Juristische Wochenschrift)라는 학술지 2018년도판의 552면에 수록되어 있다는 의미이다.

모두 이런 방식으로만 인용되는 것은 아니므로 문헌마다 차이를 확인해볼 필요가 있다. 그리고 논문을 작성할 때에는 반드시 일관된 방식을 결정하여 표기해야 한다.

중요한 개념설명을 각주로 미뤄서는 안 된다

논문의 일정부분을 이해하는 데에 결정적인 관건이 될 수 있는 개념
은 반드시 그 논문의 본문글 안에서 설명되어야 한다.

> "특히 징세의 필요성이 조세를 담당하는 국가기관에 의해서 파악되지 아니하였을
> 경우에, 조세부담자인 당사자가 자발적으로 이를 신고해야 하는 의무가 있다고
> 볼 수 있는지, 만약 그렇게 하지 아니하였을 때에 그에게 불이익한 처분을 하는
> 것이 타당한지에 대해서는 'nemo tenetur – 원칙'에 따른 검토가 반드시 필요하다고
> 본다.[11] 이 원칙에 의할 때, 납세의무는 다음과 같은 경우에 제한된다고 볼 수 있을
> 것이다."

---

11) 이 원칙에 대해서는 특히 Rogall, Der Beschuldigte als Beweismittel gegen sich selbst:
Ein Beitrag zur Geltung des Satzes 'Nemo tenetur seipsum prodere' im Strafprozeß,
1977, 70면 이하를 볼 것.

위 글에서 독자들은 저자의 주장을 이해하는 데에 결정적인 역할을
하는 것처럼 쓰여 있는 'nemo tenetur – 원칙'에 대해 당연히 궁금해 하
게 된다. 그런데 이렇게 각주로 미루거나, 또는 각주에 다른 문헌을 소개
하고 그것을 보면 알 것이라고 해버리면 독자가 수월하게 글을 읽지 못
할 것이다. 어떤 글을 이해하기 위해 다른 문헌을 반드시 보아야 된다면,
그것은 완결된 글이라고 하기 어렵다.

책 이름만 쓴 것은 좋은 각주가 아니다

8) 이 내용에 대해서는 Velasquez/Rostankowski, Etics, Theory and Practice, 1985.

문헌의 제목만 쓰고 내용이 나오는 페이지를 분명히 쓰지 않는 방법은 좋지가 않다. 예전 학자들이 가끔 이렇게 해놓는 것은 봤다. 그러나 학생들이 흉내내서는 안 된다. 나는 누구라도 이렇게 해서는 안 된다고 생각한다. 이게 뜻하는 게 뭔가? 도대체 그 책의 어디에 그 내용이 나온다는 것인가? 그냥 저자가 해당 내용을 다룬 그 책을 갖고 있다는 말인가? 아주 드물게 책 전체가 내용과 직결되어 있어서 인용되어야 할 부분을 꼭 집어낼 수 없는 때가 있을 수도 있다. 그런 때라면 차라리 '1면 이하'가 더 낫다.

참고문헌 목록 만들기

여기서 '참고문헌 목록'은 논문글 이후에 나오는 '참고문헌'이라는 제목 아래 자료소개 부분을 가리킨다. 일부 학술지 논문을 제외하면 학술논문에 참고문헌의 목록은 필수요소이다. 이것을 만드는 이유는 자료의 정확한 출처를 알려줌으로써, 논문작성이 정직하게 이루어졌음을 보이고, 해당 자료를 찾아보고자 하는 이들에게 도움을 주기 위해서이다. 대체로 국내문헌과 외국문헌을 나누어 정돈하도록 하고 있고, 경우에 따라서는 논문과 단행본을 구별하여 나열하기도 한다.

참고문헌이 책인 경우에 목록의 한 줄은 다음과 같은 요소들을 포함한다.

"저자, 책의 제목, 판수, 출판사, 출판지, 출판연도"

예를 들면 다음과 같다(맨 앞 동그라미 안의 숫자는 이 책에서 편하게 설명하기 위해 붙인 것이고, 논문의 참고문헌에는 붙이지 않는다).

(①) 배종대, 형법각론, 제11전정판, 홍문사, 서울, 2020
(②) Roxin, Claus/Schünemann, Bernd: Strafverfahrensrecht, 28. Auflage, C. H. Beck, München, 2014

문헌이 논문인 경우에는 다음과 같이 만든다.

"저자, 논문제목, 논문출처(학술지이름), 학술지 권(호), 발행기관, 연도, 해당 논문이 나오는 페이지"

예를 들면 다음과 같다.

(③) 심재우, 荀子의 法思想, 법학논총 제29집, 고려대학교 법학연구소, 1993, 39~68면
(④) Neumann, Ulfrid: Hat die Strafrechtsdogmatik eine Zukunft?, in: Prittwitz, C./Manoledakis, I.(Hrsg.): Strafrechtsprobleme an der Jahrtausendewende, Baden-Baden, 2000, S. 119 ff.

문헌이 불분명해져서는 안 된다

저자와 문헌제목만 고정된 것이고, 다른 요소들은 순서가 조금씩 바뀌거나 생략되는 경우도 있다. 그렇지만 원칙은 분명하다. '그 자료를 쉽게 찾을 수 있도록 만들어야 한다'는 것이다.

저자나 책이름을 틀리지 않게 썼다고 해서 언제나 그 자료를 찾을

수 있는 것은 아니다. 책 중에는 발행 시기에 따라 판수가 달라지는 예가 많다. 같은 제목의 자료라고 해도 판이 달라져서 각주에 표시된 페이지를 찾았을 때 그 내용이 안 나오면 잘못 쓴 표시가 된다. 그러니 판수 또는 출판연도를 정확히 표기해야 한다.

두 번째 예인 ②에 클라우스 록신과 베른트 쉬네만의 『Strafverfahrens-recht』라는 독일어책이 보인다. 28판이다. 판을 많이도 바꿨다. 'C. H. Beck'은 출판사 이름이고, 뮌헨에서 2014년에 출판되었다는 표시이다. 우리나라 교과서인 ①과 같은 예에서 '개정판', '전정판', '전정개정판' 등의 표현을 쓰기도 하는데 그렇게만 해두면 어느 것이 더 나중 것인지 혼동이 있을 수 있다. 책의 출판연도를 함께 써주는 것이 더 낫다. 한 해에 판이 두 번 바뀌었다면 그것 또한 명시해주어야 한다.

책이 '판'을 달리해서 새로 찍는 것은 그 내용에 일정분량 이상의 변경이 있다는 뜻이다. 그러한 변화 없이 책이 다 팔려서 인쇄만을 추가할 때에는 '쇄'만 다르게 한다. 논문에서 문헌을 표기할 때에는 '쇄'가 아니라 '판'을 기준으로 연도를 표시하는 것이 바람직하다. 제2판은 2013년에 발간된 자료인데 제2판 제6쇄가 2017년에 나왔을 경우, 구체적인 출처를 적으면서 2017만으로 표기한다면, 그 책의 제2판을 보고 있는 독자들은 다른 책이 아닐지 궁금해지기 때문이다.

③ 논문은 '법학논총'이라는 논문집(학술지)에 실려 있음을 알 수 있다. 이 명칭만 쓰면 안 된다. '법학연구', '법학논총', '법학논집', '법학' 등의 제목을 가진 학술지는 하나가 아닐 것이기 때문에, 발행한 기관명을 반드시 써주어야 한다. '비교형사법연구', '안암법학'처럼 학술지이름이 고유한 경우에는 기관명을 쓰지 않아도 자료를 찾을 수 있어서 학술지 논문 방식으로는 큰 문제가 아니지만, 학위논문의 참고문헌 목록에서는 예외 없이 발행기관을 전부 써주는 것이 좋다.

④ 논문은 노이만이라는 저자가 쓴 것인데 학술지에 나온 글이 아니라,

프리트비츠와 마놀레다키스라는 두 사람이 편집한(Hrsg.) 『Strafrechts-probleme an der Jahrtausendewende』라는 이름의 단행본에 실려 있는 논문임이 표시되어 있다. 바덴바덴에서 2000년에 나온 책임을 알 수 있다.

③과 ④를 보면 마지막에 그 학술지나 단행본 중에 해당 논문이 어느 부분에 실려 있는지가 표시되어 있다. ③은 39~68면에 ④는 119면 이하에 게재된 것으로 되어 있다. 학술지 논문에서 간략하게 참고문헌 목록을 만들 때에는 이러한 '해당부분' 표시를 생략하는 때도 있다. 그렇지만 학위논문에서는 명시해줄 것을 권한다. 표시를 해두어야 해당 자료를 쉽게 찾을 수 있을 것이다. 다른 이유도 있다. 해당논문을 확보하지 아니하고, 거기에 나오는 내용을 다른 곳에서 읽었으면서도 마치 그 해당논문을 직접 찾아본 것처럼 각주를 꾸미는 사람은 이 표시를 쓰기 어렵다. 연구윤리문제가 심각해져가는 때이니만큼 오해를 피하기 위해서라도 해당 페이지를 표시하는 것이 좋다.

특히 각주에서 외국문헌을 표기할 때, 이 점을 명확하게 하기 위해서 해당 면을 두 개 표기하기도 한다. 예를 들어 Puppe, ZStW 1983, 287, 303처럼 표기하면 앞의 287면은 해당 논문의 첫 페이지를 의미하고 뒤의 303면은 그 각주가 정확히 지시하는 부분을 말한다. 뒤의 것을 괄호 안에 넣을 수도 있다. Puppe, ZStW 1983, 287 (303). 이와 같은 방식으로 쓰인 판례인용도 많이 보았을 것이다. 그렇지만 콤마와 괄호를 같이 쓰면 안 된다. Puppe, ZStW 1983, 287, (303)는 틀린 방법이다.

간략한 표기법 (학술지 논문)

각주와 참고문헌 목록을 만드는 원칙은 분명하다. 관련된 자료가 있음을 알리고, 그것을 찾고 싶은 사람에게 도움을 주기 위해서이다. 그러니 그걸 보고도 자료를 찾을 수가 없다면 그 각주와 참고문헌 목록의 기능은 없는 것이고 논문도 잘못 쓰여진 것이다. 반대로 각주와 참고문헌만 보고서 자료를 찾을 수 있으면 충분하기 때문에, 필요 이상으로 더 장황하게 쓸 이유도 없다.

특히 '학술지 논문'의 참고문헌 목록에서 위와 같이 전부 쓰면 분량이 너무 늘어날 것이기 때문에 위의 ①, ② 경우를 예로 들면 다음과 같은 식으로 간략하게 표기해도 된다.

배종대, 형법각론, 2020

Roxin/Schünemann, Strafverfahrensrecht, 28. Aufl., 2014

우리나라 책은 대체로 서울 아니면 경기도에서 나왔을 것이므로 출판지를 쓰지 않아도 문제되지 않는다. 출판사가 바뀌어온 경우가 아니라면 출판사이름을 반드시 써넣지 않아도 된다.

예외적으로 외국 코멘타처럼 해당 법조문과 란트눔머(Rn.)가 문단에 고정되어 있어서, 판이 바뀌더라도 내용이 실린 부분의 표시가 변하지 않는 때도 있다. 예를 들어 "Erb, in: Münchener Kommentar zum StGB, § 32 Rn. 199."라고 각주에 표시되었을 때 어느 판을 보더라도 해당 부분을 찾아가면 같은 내용이 나오도록 되어 있다(이때 뒷부분을 '32/199'라고 줄여서 쓰는 경우도 많으며, 우리나라 교과서에서도 이런 표기방법이 늘고 있다). 이런 자료에는 각주나 참고문헌에 판 또는 출판연도를 명시하지 아니하여도 된다.

표기를 생략하려면 약속을 해야 한다

그렇지만 아무리 약식으로 쓰더라도 정확한 자료를 찾을 수 있어야 한다는 원칙에는 변함이 없다. 각주가 이렇게 되어 있다고 해보자.

3) 이에 대한 자세한 내용은 Hassemer, Einführung, S. 110 ff.; Naucke, ZStW 1997, S. 8; Jakobs, a. a. O.

세미콜론(;)으로 연결되어 세 문헌이 나와 있다. 이것만 보고 자료를 문제없이 찾을 수 있는 사람은 전공에 익숙하고 독일어에 생소하지 않은 기성학자들밖에 없을 것이다. 맨 앞이 일단 하쎄머라는 사람의 글인 것은 알겠는데, Einführung이라는 이름의 저서는 없다는 것을 알게 된다. S. 는 뭐며, ff.는 또 뭐란 말인가? 그 뒤는 나우케라는 학자의 글일 것이다. 그런데 ZStW가 뭐람? 1997년에 나온 것인 것 같기는 한데 문헌 제목조차 없다. 야콥스라는 저자가 쓴 a. a. O.가 뭘까?

예외적으로 학술지 논문에서는 그것을 읽을 전문가집단이 거의 다 알고 있을 만한 약어를 그대로 쓰는 것은 괜찮다. 그렇지만 학위논문 각주를 이렇게 써 놓고서 '이 정도는 상식으로 알아야지'라고 말하면 안 된다. 불친절한 것이기에 앞서 틀린 것이다. 글자를 읽을 수 있는 사람이라면 누구나 자료를 찾을 수가 있어야만 한다. 이 표시들은 약어로 쓰인 탓에 비전문가들이 찾을 수 없는 모양이 되었다. 그냥 이대로 두어서는 안 된다. 책이름을 줄여서 쓰든, 줄임말을 쓰든 간에 어떤 것을 생략한 것인지 반드시 학위논문 안에서 약속을 해두어야 한다. 이 수고를 절약할 수는 없다. 대체로 약어는 맨 앞 서문(인사말)이나 제목차례 다음 부분에, 책이름을 줄인 것은 참고문헌 목록에 표시를 하는 것이 일반적이다(이 책의 부록에서도 이 약어들을 비롯해서 영어문헌과 독일어문헌에 흔히 등장하는 약어들을 소개해두었다).

간단한 것부터 이야기하면, S.는 쪽(면)이라는 뜻으로서 영미문헌의 p.에 해당한다. 이 정도라면 다 알지 않느냐며 그냥 놔두어서는 안 된다.

영어권 자료를 인용한 학위논문에도 'p.: page' 이렇게 약어표시에 기입해 두어야 한다. f.는 바로 다음 쪽에 이어진다는 표시이고, ff.는 '그 쪽 이하'라는 것이다. a. a. O.는 '앞의 곳'이라는 뜻으로서 그냥 그것만 쓰면 앞에 나왔던 쪽을 의미하고, a. a. O., S. 34와 같이 쓴다면 앞의 문헌 34면이라는 뜻이다.

우리말로 '110면 이하'라고 쓰면 될 일을, 왜 S. 110 ff.로 쓴 다음에 약어표시를 또 해주느냐고 물을 수도 있다. 이것은 작성자의 자유이다. 외국문헌의 경우에 그 해당 국가의 표시대로 약어를 쓰는 저자도 있고, 될 수 있는 대로 우리글을 많이 쓰려는 저자도 있다. 둘 다 괜찮다. 해당 문헌을 찾을 수 있게 해두었는지만이 중요하다.

'ZStW'는 『Zeitschrift für die gesamte Strafrechtswissenschaft』라는 'Walter de Gruyter' 출판사에서 나오는 유명한 형법학잡지 이름의 줄임말이다. 학술지 이름이 길기 때문에 대체로 이처럼 줄임말을 많이 쓴다. 학위논문에 등장하는 이러한 고유명사 또한 약어를 표시한 부분에 포함시켜야 한다.

'ZStW 1997, S. 8'이라는 것을 보면 이 학술지에서 나온 논문인지는 알겠는데, 논문제목이 없다. 논문의 발행 호(권), 발행월 표시도 없다. 그렇지만 잘못된 인용이 아니다. 외국학술지는 많은 경우, 한 해를 단위로 하여 월간이든 주간이든 격월간이든 간에 페이지 수를 계속 이어지게 발행한다. 예를 들어 1월호가 1~134면이라면, 2월호는 135~298면…… 이런 식이다. 그렇기 때문에 출판연도와 페이지만 알면 논문을 찾아갈 수가 있어서 제목을 생략한 표기이다. 이러한 방법은 학위논문 각주의 인용으로는 권할 만하지 않다. 학술지 논문에서는 흔한 것이고, 코멘타의 경우에는 대체로 이렇게만 쓴다.

각주에 Einführung이라고만 되어 있는 것은 책 이름을 줄인 것이라고 생각된다. 무슨 책인지는 논문의 맨 뒤 참고문헌 목록에 다음과 같은 방식으로 소개되어 있을 것이다.

…

정희철, 형벌목적론에서 교육형주의의 의미, 홍익법학 제10권 제2호, 2009, 231면 이하

최석윤, 판결전 조사제도, 형사정책 제12권 제2호, 2000, 57면 이하

하명호, 신체의 자유와 인신보호절차, 고려대출판부, 2012

(단행본의 경우 각주에서는 괄호 안의 약어만 표시하였음)

Bringewat, P., Grundbegriffe des Strafrechts, 2. Aufl., nomos, 2008 (Grundbegriffe)

Fischer, T., Beck'sche Kurz-Kommentar. Strafgesetzbuch und Nebengesetze, 59.
    Aufl., C. H. Beck, 2012 (BK)

Gropp, W., Strafrecht. Allgemeiner Teil, 2. Aufl., Springer, 2001 (AT)

Hassemer, W., Einführung in die Grundlagen des Strafrechts, 2. Aufl., C. H.
    Beck, 1990 (Einführung)

Heinrich, B., Strafrecht — Allgemeiner Teil I, Kohlhammer, 2005 (AT)

Hettinger, M., Die „actio libera in causa": Strafbarkeit wegen Begehungstat trotz
    Schuldunfähigkeit? Eine historisch-dogmatische Untersuchung, Dunker
    & Humblot, 1988 (Die actio libera in causa)

…

외국 문헌이 나열되어 있는 곳 바로 위를 보면 단행본의 경우에는 각주에서 약어로 쓸 것이며, 약어로 쓴 부분을 괄호 안에 표시해두었다고 되어 있다. 전체 제목 가운데에서 줄여서 표기할 단어 부분에만 밑줄을 긋는 사람도 있고, 진한 글씨체로 하는 사람도 있다. 꼭 이렇게 만들지 않아도 되는 것은 물론이다. 책 이름을 각주마다 전부 쓰게 되면 각주가 지나치게 길어지게 될 우려가 있어서 이런 방법을 쓴 것뿐이다.

일부 학술지의 경우에 참고문헌 목록이 없어도 게재가 허용되는 예들도 있다. 그런 때에는 이런 식으로 간략하게 표시하는 것이 불가능하

다. 당연히 각주마다 문헌의 출처를 완전히 기입하여 독자들이 해당 문헌을 찾는 데에 어려움이 없도록 해야 한다. 이때 모든 각주마다 긴 문헌의 제목을 다 나열하기 번거롭다면, 문헌이 처음 등장하는 각주에만 참고문헌 목록에 올리듯이 전체 표기를 다 쓰고,[2] 이후 각주에서 같은 문헌이 표기될 때에는 그 각주번호를 이용하여 처리할 수도 있다.[56]

[2] 이준일, 헌법재판소가 의미하는 명확성 원칙의 재구성, 헌법학연구 제7권 제1호, 2001, 269면.
......
[56] 이준일, 각주 2)의 논문, 297면.

번역서와 번역논문

우리말로 번역된 외국의 문헌을 각주나 참고문헌목록에 표기하는 방식은 통일되어 있지 않다. 저자나 원서의 이름을 외국어로 써도 되고 우리말로 써도 된다고 한다. 그런데 경험에 비추어 다음과 같이 쓰는 게 어떨까 한다.

법학을 비롯한 사회과학의 경우에는 소개된 번역서를 읽는 독자도 있지만, 원서에 관심이 있어 찾아볼 사람도 분명히 있다. 그리고 한글표기만으로는 저자가 누군지 분명하지 않은 때도 드물지 않다. 일반독자라면 '포이에르바하'와 '포이어바흐'가 같은 이름인지 모르는 것도 이상하지 않을 뿐만 아니라, 그렇게만 해 놓으면 형법학자인 아버지 P. J. A. v. Feuerbach인지 『기독교의 본질』을 쓴 철학자 아들 L. A. Feuerbach인지 알 수도 없다. 물론 읽는 사람이 한글표기로 인터넷을 뒤져보면 원어 이름을 발견할 수 있겠지만 논문작성자가 친절하게 원어표기를 함께 써주는 것이 더 좋은 방식이라고 생각한다.

번역서의 속표지 부분, 또는 역자해제 등을 살펴보면 대부분은 저자의 원어표기와 원서 제목이 나와 있으니 그것을 이용하면 된다. 인용된 번역서가 더 중요하고, 원서를 읽고 인용한 것으로 오해되는 것을 피해야 하므로 번역자와 번역서 제목 및 출판연도를 같이 표기해야 하는 것은 물론이다.

책의 경우에는 참고문헌 목록에

Neumann, Ulfrid/Schroth, Ulrich: Neuere Theorien von Kriminalität und Strafe, Wissenschaftliche Buchgesellschaft, Darmstadt, 1980 [배종대 역, 형사정책의 새로운 이론, 홍문사, 1994]

식으로 표기하고 각주에는 간략하게

5) Neumann/Schroth, 형사정책의 새로운 이론, 38면 이하.

처럼 옮기면 된다. 번역서 표기 전후에 소괄호를 쓸 것인지 중괄호를 쓸 것인지는 전혀 중요하지 않다. 번역자의 이름만 괄호 안에 넣어도 상관 없고(303페이지의 예 참조), 괄호를 쓰지 않는 다른 방식으로 만들어도 괜찮다. 번역서에 소개된 저자 이름을 '노이만/슈로트'로 참고문헌 목록에 추가해서 표기하고 각주에 '노이만/슈로트, 형사정책의 새로운 이론, 38면 이하' 식으로 써도 좋다.

논문의 경우에는 참고문헌 목록에

Liszt, Franz v.: Ueber den Einfluss der soziologischen und anthropologischen Forschungen auf die Grundbegriffe des Strafrechts (1893), in: Hinrich Rüping (Hrsg.), Franz von Liszt, Aufsätze und kleinere Monographien,

Bd. 2., Strafrechtliche Aufsätze und Vorträge II, Hildesheim; Zürich; New York 1999, S. 75 ff. [홍영기 역, 형법의 기본개념에 미치는 사회학적, 인류학적 연구의 영향에 대해, 형사법연구 제21권 제1호, 한국형사법학회, 2009 봄, 537면 이하]

로 표기하고 각주에는 간략하게

9) Liszt, 형법의 기본개념에 미치는 사회학적, 인류학적 연구의 영향에 대해, 542면.

처럼 표기한다. 참고문헌에 적어둘 게 길기는 하다. 그렇지만 이렇게 옮겨 놓으면 무슨 외국글을 번역한 것인지 관심이 있는 사람들에게 큰 도움을 줄 것이다.

저자 이름순으로 나열

참고문헌 목록에 자료를 나열할 때에는 저자 이름 '가나다순'으로 한다. 외국이름의 경우에는 성(姓: last name)을 기준으로 'A, B, C…'로 정렬한다. 앞 이름(first name)을 기준으로 하는 것은 잘못된 방식이다. 서양학자는 대개 성만으로 불리기 때문에 그렇게 써놓으면 찾기가 매우 어려워질 뿐만 아니라 앞 이름이 같은 사람들이 많기 때문에 혼동의 우려도 있다. 일면식도 없는 학자를 앞 이름으로 친밀하게 소개할 필요는 없다. 성을 기준으로 하되 학위논문인 때에는 앞 이름 전체 또는 앞 이름을 알 수 있는 약자를 콤마 이후에 함께 쓰는 것이 바람직하다. 학술지 논문의 경우에는 같은 성을 가진 학자들끼리 혼동이 되지 않는다면 성만 표시할 수도 있다.

각주에서 여러 저자의 자료를 나열할 때에도 이런 순서로 하는 것을 권하고 싶다. 간혹 가까운 저자(예를 들어 지도교수)를 앞에, 또는 저자의 저명도 순으로 나열한 것처럼 보이는 때가 있는데, 위험할 수가 있다. 실제로 어느 학회에서 "왜 각주에서 내 책이 ○○○ 교수의 책보다 뒤에 나열되었느냐!"라면서 발표문 만든 사람을 혼내는 교수를 본 적이 있다. 왜 저러시나 싶긴 했다. 애초에 이름순으로 나열하면 괜한 오해를 사지 않는다.

목록 만드는 요령

앞에서 설명한 것처럼 문헌을 수집하면서 목록 만드는 습관이 있는 연구자라면 그것을 그냥 활용하면 된다. 번잡한 일이 쉽게 끝난다. 그렇게 안 했더라도 적어도 학위논문을 쓰기 위해 자료를 모을 때만큼은 자료의 정확한 정보를 기재해가면서 수집해두길 권한다. 바로 참고문헌 목록으로 활용하면 된다. 만약에 각주를 쓸 때마다 자료의 출처까지 열심히 기재해두었는데, 참고문헌 목록을 따로 갖고 있지 않다면, 각주만 모아서 따로 다른 파일로 저장한[흔글 사용: 입력-주석-주석저장하기] 이후에 저자 이름순으로 문헌이 정렬되도록 하여 참고문헌 목록을 만들 수도 있다.

어떤 문헌이 반복된 개정으로 판수가 바뀌어왔다면, 가장 최근에 출판된 것을 참고하고 인용하는 것이 물론 더 좋다. 그렇지만 이미 이전 판을 갖고 있고, 인용할 부분에 달라짐이 없는 때라면 출판연도를 표시하고 구판을 이용해도 잘못된 것은 아니다. 공부를 하는 데에도 시간이 많이 들 텐데, 모든 문헌을 최신판으로 바꾸기 위해서 또 많은 시간을 할애할 필요는 없다.

■ 지도교수의 글을 안 읽은 지도학생?

이 책이 논문쓰기의 전통을 알려주려 한다고는 하나, 아래 이야기는 '전통'이 아니라 '구습'에 불과하다고 말할 사람도 있을 것 같다. 옳고 그름과 관련된 것도 아니므로 그냥 편하게 이야기하고자 한다. 독자들도 부담 없이 읽으면 좋겠다.

학위논문은 지도교수의 지도 하에 최소 일 년 이상 작성된다. 교수는 학생을 곁에 불러다가 말로 지도하기도 하지만 대부분은 '글'로 지도한다. 지도학생은 지도교수의 글을 읽으면서 배운다. 지도교수의 관심에서 아예 동떨어져 있는 분야를 공부하지 않는 한, 지도교수가 쓴 글을 참고하는 것은 당연한 일이다. 이것을 당연하다고 보는 게 '구습'은 아닐 것 같다.

그런데 최근에 논문심사자로서 학위논문 심사에 참여해보면 논문작성자 지도교수의 논문이 각주나 참고문헌 목록에 전혀 등장하지 않는 경우를 종종 보게 된다. 조금 의아하기까지 하다. 그 피심사자의 지도교수가 옆에서 민망해할까봐 그 자리에서 이유를 묻기도 쉽지가 않다. 두 가지 중 하나, 즉 자신의 지도교수가 그 테마와 관련된 글을 쓴 적이 없다고 생각하기 때문이거나, 지도교수의 글을 반드시 참고해야 한다는 '관행'을 모르기 때문일 것이다. 차라리 후자의 이유는 이해가 된다. 그렇지만 전자의 경우에는 논문쓰기의 기본을 모른다고 해야 할 것 같다.

참고문헌 목록은 거기에 나열된 문헌이 해당 논문의 테마를 직접 다루고 있다는 표시가 아니다. 논문을 쓰기 위해 진행해온 공부의 긴 여정에서 그 자료로부터 간접적으로라도 도움을 받았음을 드러내는 것이다. 지도교수의 어떤 글도 멀게나마 논문 내용에 영향을 못 미쳤다는 것을 이해할 수 있을까? 아니, 지도교수로부터 간접적으로도 아무 가르침을 받지 않은 학생을 지도학생이라고 부를 수는 있는지조차 의문이다. 비현실적인 가정이지만 행정법을 전공하는 학생이라고 해도 국제법 전공의 지도교수로부터 배운 것이 있어야 한다. 그러면 멀게나마 영향을 받은 그 글을 참고문헌 목록에 올리면 된다.

논문 전체의 첫 각주 1)번은 지도교수의 글을 인용함으로써 시작되어야 한다는 것, 테마와 간접적으로만 관계되는 것일지라도 지도교수의 글은 참고문헌 목록에 되도록 많이 실어야 한다는 것도 생각하기에 따라서는 미덕일 수 있지만, 구습이라고 보는 시각도 이해되기 때문에 지켜지지 않는다 해도 안타깝지는 않다. 한편, 지도교수의 생각에 반드시 찬성하는 쪽으로 논문을 써야 한다는 규범은 이 시대에는 넘어서야 할 관행에 해당한다고 생각하고 있다. 그리고 지도교수 이외의 심사위원이 누가 될지를 미리 짐작해서 그들의 논문을 인용하면서 치켜세워주려 하는 것, 심사위원들에게 교통비를 넉넉히 챙겨드려야 한다는 학계의 분위기는 그야말로 극복되어야 하는 구습에 불과하다.

12
제목차례, 초록, 기타

제목차례 (목차)

학위논문 앞부분에는 '목차'가 표시된다. '제목차례', 또는 그냥 '차례'라고도 한다. 본문 내의 제목이 일별되어 있고 해당 페이지가 명시된 부분이다.

제목차례 부분이 지나치게 많은 것은 좋지 않다. 논문 전체분량에 좌우되겠지만 평균적으로 보아 여덟 페이지 이하가 적절하고 훨씬 짧아도 괜찮다. 이 부분이 길어지면 그것만으로 논문 개요를 쉽게 파악할 수 없기 때문이다. 앞에서 우려한 것처럼 논문글 가운데에 작은 목차를 너무 많이 넣었을 경우에 그렇게 되기 쉬운데, 논증적인 글쓰기가 되지 않았을 것이라는 인상을 줄 수가 있다. 이미 본문 안에서 작은 목차를 없애기 어려운 상황이 되었다면 제목차례에서라도 작은 목차 표시를 생략해서 분량이 늘어나지 않도록 하는 것도 취할 수 있는 방법이다. 즉 위의 예에서 (1) 독일, (2) 스위스, (3) 일본 이 부분의 목차를 굳이 제목차례에 올리지 않아도 상관없다.

제목차례는 기술적으로 간단히 만들 수가 있다. 흔글인 경우에는 [도구−차례/찾아보기−차례 만들기]를 클릭하면 대화창이 하나 뜬다. '제목차례'와 '스타일로 모으기'를 체크하면 제목차례에 들어갈 제목의 스타일의 수준을 정할 수 있게 되어 있다. '탭모양'에서 제목과 페이지 수 사이의 점선모양도 고를 수 있다. 이렇게 해두면 수정 과정에서 페이지가 변하더라도 쉽게 처리할 수 있다. 이걸 점줄까지 일일이 타자로 쳐서 만들게 되면 작업 시간을 허비하게 될 것이다. 이렇게 하기 위해서는 무엇보다도 '스타일'(F6) 기능을 알아야 하는데, 스타일은 논문 작업의 기초에 해당하기 때문에, 모르는 독자라면 반드시 워드프로세서를 아는 사람에게 물어서 배워두어야 한다.

초록

초록은 논문 전체를 요약하고 정리하는 부분이다. 대체로 맨 뒤에 넣게 된다. 국문초록과 외국어초록을 모두 만들거나 하나만 만들기도 하며, 소속된 곳의 분위기에 따라 석사논문의 경우에는 초록을 생략하는 경우도 있으니 먼저 알아보는 것이 좋다. 박사학위논문에는 외국어초록 (abstract, Zusammenfassung)이 들어가는 것이 원칙이다. 아주 자신 있지 않다면 외국어를 잘하는 사람에게 교정을 받아야 한다. 요즘에는 특히 영어에 능통한 사람들이 많아져서, 제대로 안 썼다가는 괜한 오해를 살 가능성이 높다.

서문 (인사말)

석사논문이라면 맨 앞의 인사말, 감사말을 굳이 쓸 필요는 없다. 석사논문은 곧바로 책으로 출간되는 수준의 글이 아니다. 그리고 여러 사람들에게 고마움을 표시하기에는 아직 이르다고 생각할 수도 있다. 박사학위논문에서도 인사말을 안 쓰는 사람이 있는데 그것은 상관없다. 감정이 가득 묻어나오거나 비장함이 느껴지게 쓰는 것보다 차라리 없는 편이 나을 때가 있다. 맨 앞의 한 면에 짧게 한마디로 "부모님께 드린다"는 식으로 쓰는 사람도 많다.

기타

법학논문에서는 부록 부분에 그림차례, 도표차례 등이 필요 없는 때가 대부분이지만, 필요하다면 제목차례 이후, 또는 맨 뒤에 써넣는 것이 좋다. 판례를 많이 인용한 경우에는 판례 목록을 쓰는 경우도 있다. '색인'은 대체로 만들지 않는다. 해두면 독자들에게 도움이 되겠지만 쉬운 작업이 아니다. 앞서 말했듯이 간략하게 줄여서 쓴 표시들이 있는 한, 약어목록을 만들어두어야 한다.

3

♦

법학논문작성법

13

연구자의 윤리

최근에 자기 방식이 표절에 해당하는지 묻는 전화가 가끔 걸려온다. 예전에는 없던 분위기다. 멀쩡히 활동하던 사람들이 표절시비에 휘말리게 되면 학계를 떠나게 되기까지 하니 매우 조심해야 하는 것은 사실이다. 연구윤리라는 단어를 쓰고는 있지만, 연구자들이 비도덕적이어서 표절을 하는 것이 아니라, 어떤 것이 표절인지 몰라서 잘못을 저지르게 되는 경우도 많은 것 같다. 그러니 글을 쓰기 전부터 조심해야 할 점들을 미리 알아둘 필요가 있다.

일단 분위기 파악을 해보자. 논문 표절에 관심 없는 사람이라고 해도 음악 표절, 영화 표절 같은 것은 비교적 익숙하다. 다른 사람의 창작물을 그대로, 또는 가능한 범위를 넘어 사용해서 자기 작품을 만들었으면서도 그 사실을 밝혀주지 않으면 표절이 된다는 정도는 모두 알고 있다. 그런데 가요에 관심이 있는 사람이라면 표절이라고 판정받아 퇴출된 곡이 있는 반면에, 표절 의심이 매우 짙지만 여전히 방송을 타고 있는 곡도 있다는 것을 알 것이다. 표절에 대한 판단이 쉽지 않다는 것을 말해준다.

논문 표절 문제가 처음으로 심각하게 다루어졌을 때였다. 표절인지 아닌지 정확히 판단하기란 거의 불가능한 것이 아니냐는 투정을 들은 인문학의 한 원로교수님이 "나한테 가져와요. 내가 다 판단해줄 테니."라고 말씀하신 기억이 나는데, 그분도 완벽하게 가려내시지는 못할 것으로 생각한다. 무엇보다 해당 전공에 어느 정도 익숙해야 표절 여부를 가려낼 수 있기에 모든 전공의 모든 논문을 판정하실 수는 없을 것이다. 그렇지만 가려낼 수 있다고 자신 있게 말씀하신 그 마음도 알 것 같긴 하다.

'표절에 대한 관념은 누구에게나 있지만, 어느 누구도 그것이 객관적으로 타당하다고 자신 있게 말할 상황은 아니다.'

이 책을 읽는 독자들이 비교적 젊은 학생들일 것으로 가정해본다. 과거에는 연구윤리 문제에 대해 상대적으로 너그러웠기 때문에(그랬던 이유에 대해서는 아래에서 쓸 것이다), 그때 글을 쓰셨던 선배들의 예를 따르는 것은 안전하지 않다고 말하고 싶다. 지켰으면 좋을 것으로 '권고'하는 내용과, 반드시 지켜야 할 '강제'적인 것을 구별하여 서술해보겠지만, 지금 공부를 하고 있는 학생들은 권고사항까지 모두 주의해줬으면 한다. 앞으로 연구윤리 기준이 더 강화될 수는 있어도, 완화될 것 같지는 않기 때문이다. 이 문제에서는 '의심스러울 때는 자유의 이익으로—원칙'(in dubio pro libertate: 허용 여부가 모호한 경우라면 금지하지 않는 쪽으로 결정하라는 뜻)이 적용되지도 않는다. 일단 의심을 사게 되면 명예가 곧장 실추되는 수가 있으니 아무리 조심해도 지나치지 않다.

표절의 책임

왜 표절의 유혹에 빠지는가? 공부가 덜 되어 지식의 양은 많지가 않은데, 목표로 하는 논문 분량에 못 미칠 때 표절로 해결하고 싶어질 수 있다. 지금까지 이 책에 서술된 것 중에 중요한 내용들이 전혀 지켜지지 않은 때에는 표절을 통해서 논문을 쓰는 수밖에 없을 것이다. 애초에 이런 상황에 놓이지 않도록 하는 것이 중요하다. 원칙대로 하면, 즉 충분히 공부하여 이해를 갖춘 후, 자신이 생각해낸 것을 자기 말로 쓰면 표절 위험이 있을 리 없다. 그러니 표절시비를 피하려고 노력할 것이 아니라, 논문을 제대로 쓰려고 노력해야 한다.

아주 가끔은 정말 노골적인 표절로 만들어진 것을 보게 되는데, 그런 글을 읽는 것은 너무 힘겹다. 엉뚱한 견해, 호응이 안 되는 문장, 논거가 부실한 주장은 참을 수 있다. 그렇지만 도덕성이 결여된 글은 참을 수 없다. 다른 사람을 속이는 데에 가책을 느끼지 않는 자는 학자가 되어서는 안 된다. 이 책을 읽고 있는 독자 중에 그 수준인 사람은 없을 것으로 확신한다. 논문을 잘 써보기 위해 지침서까지 구해서 읽을 정성을 가진 사람이라면, 그렇게 무분별하게 글을 갖다 붙이지는 않을 것이기 때문이다.

만약에 논문작성자가 표절을 하였다면 그는 어떻게 될 것인가? 교수들은 대개 한 학기에 몇 편씩의 논문심사를 떠맡게 된다. 제출된 모든 논문을 면밀히 검토하는 것이 쉽지가 않다. 박사학위논문의 심사가 포함된 학기라면 더욱 그렇다. 그런 때에 상대적으로 심사가 까다롭지 않은 석사학위논문에 대해서는 테마가 제대로 정해졌는지, 목차는 자연스러운지, 자신의 견해가 분명히 서술되어 있는지, 논문의 형식은 잘 갖추어져 있는지를 살펴보는 것도 바쁘다. 문장을 하나하나 따져보면서 다른 사람의 글을 그대로 가져온 것은 아닌지 검토할 여력은 없다고 봐도 된다.

표절의심이 있는 논문이 그대로 통과되었다 치자. 결코 그 학생의 연구윤리에 대한 심사까지 이루어졌다고 보아서는 안 된다. 가끔 매스컴에서 표절시비가 보도될 때에, 논문심사를 맡은 교수 및 그것을 통과시킨 학교 측의 책임도 크다고 말하는 사람들이 있던데, 그건 심사과정을 몰라서 하는 이야기다. 표절을 하지 않아도 될 정도로 교수로서 충분히 교육을 하지 못했다고 하면 수긍은 간다. 그렇지만 심사자가 문장을 베껴온 사실을 발견하지 못했다는 비판은 현실의 사정과 어울릴 수 없다. 표절의심을 받고 있는 어떤 이가, '학교가 심사를 통해 문제없다고 해서 통과된 내 논문에 대해, 왜 너희들이 먼저 뭐라고 하느냐'고 큰소리친다는 것을 뉴스에서 읽은 적도 있다. 논문심사과정을 뻔히 알면서 기망행위의 첫 피해자일 수도 있는 학교를 그렇게 이용하는 행태를 보니, 그가 연구윤리를 어겼는지는 모르겠지만 사람의 윤리는 확실히 저버리고 있다는 생각이 들었다.

표절의 책임은 전적으로 논문제출자가 지는 것이다. 그 문제가 개인의 인생을 통째로 바꾸어놓을 수 있는 정도로 심각해진 경우도 적지 않다. 시효도 없다. 학계에 발을 들이지 않고 살 것이 아닌 한, 그 논문이 언제든 문제될 수 있다는 것을 알아야 한다(물론 요즘에는 정치계에 나갈 때 더 주목되는 것이기도 하다). 설사 끝까지 '발각되지' 않는다고 해도 자신의 양심의 목소리가 들려와서 끊임없이 자괴감을 느끼며 살아갈 수도 있다. 그러니 표절을 하지 않아도 될 정도의 공부가 되어 있지 않다면, 차라리 논문을 제출하지 말고 한두 학기 공부를 더 해야 한다. 반드시 그래야만 한다. 남은 삶을 내다본다면, 6개월의 시간을 절약하기 위하여 무리했다가 평생 마음의 짐을 지고 살아가는 것은 현명한 선택이 못 된다.

표절에 대한 원칙

표절을 가려내는 구체적인 기준을 정하기는 쉽지 않다. 나는 이 책을 준비하면서 한국연구재단을 비롯하여 몇 군데에 전화를 걸어, 만들어 놓은 가이드라인이나 지침이 있는지 물어보았다. 연구재단 측에서는 과거 2007년경에 그런 것을 만들려고 시도한 적이 있는데, 각 학문분야의 사정을 전부 반영하는 것이 불가능하다는 결론을 내렸다고 답변하였다. 충분히 이해되는 말이다.

그렇다면 공인된 기준이 없기 때문에 표절에 대해서 편하게 생각해도 될까? 그렇지 않다. 실정된 규칙이 없다는 것일 뿐, 각 분야 고유의 비공식적인 규범으로 승인된 내용은 분명히 있기 때문이다. 연구'윤리'에 시비가 붙어 반윤리적인 학자나 학생으로 낙인찍히는 것은, 어쩌면 공식적인 규칙에 따라 벌금을 내는 일보다 더 큰 손해일 것이다.

우선 큰 원칙을 그려내는 것으로 출발해보자.

"자신의 머리에서 나온 생각 이외에, 다른 사람에게서 가져온 내용의 글이나 방법(연구방법, 데이터, 그림 등)에는 그것을 사용했다는 표시를 하라."

이 정도는 다 알고 있다. 더 구체화할 수는 없을까? 문제가 되는 경우를 떠올리는 쉬운 길은 표절을 당해보는 것이다. 아직 경험이 없는 독자가 많을 것이니, 나의 기억 및 다른 사람들의 체험담을 종합해서 예를 들어보기로 한다. 다음과 같은 경우에 표절당했다는 느낌을 갖게 된다 (불쾌 정도가 낮은 것으로부터 높은 것 순서로 구성했다).

첫째, 각주를 달고서 문장을 그대로 옮겨간 경우이다. '각주를 달았는데 뭔 표절이냐'고 할 수도 있겠다. 그렇지만 아무리 각주에서 출처를 표시하였다고 하더라도 문장을 그대로 가져가는 것이 썩 달갑지는 않다. 우연히 한두 줄이 같을 수는 있다. 그렇지만 그 이상을 넘어 반 페이지 가까이 똑같이 쓴 경우도 보았다. 조금 안쓰러워 보일 때도 있다. '원저자 의도와 조금 달라지더라도 자기 나름대로 이해해서 쓸 것이지……' 하는 생각이 든다.

둘째, 일부 문장을 (거의) 그대로 옮기고 각주를 표기하지 않은 경우이다. 표절의 정석이다. 우연히 같은 문장으로 쓰여졌다고 반발할 수도 있겠지만, 단어를 조합해서 경우의 수를 따져 보면 확률이 높지 않은 상황이다. 어느 한 목차나 문단을 통째로 옮기면서 각주를 안 단 경우에 원저자의 분노는 더욱 커진다.

셋째, 아이디어를 옮겨간 경우이다. 생각만 옮겼으니 각주를 안 달아도 된다고 생각할 수 있겠지만 원저자는 기분이 더 좋지 않을 것이다. 논문의 본질은 형식적인 문장에 드러나는 것이 아니라 논문 안의 독창적인 생각에 놓여 있는 것이기 때문이다. 그걸 가져가면서 아무 표시도 안 하는 것은 참으로 뻔뻔하다. 아이디어를 똑같이 가져가지는 않지만 유사하게 써먹는 교묘한 수법도 있다.

넷째, 글과 아이디어 모두를 아예 가져가 바꾸어 썼으면서 아무런 표기도 하지 않은 경우이다. 조금씩 바꿔 쓰긴 했으니까 표절검색프로그램을 돌려도 적발이 안 될 것이다. 작성자도 들키지 않을 것으로 생각했겠지만, 의외로 원저자가 쉽게 알아내는 경우가 많다. 원저자는 학술지나 학술자료사이트 등을 훑어볼 때 자기가 썼던 논문과 테마가 겹치는 글들을 쉽게 찾아낸다. 눈에 더 잘 띄기 때문이다. 그 논문을 읽어보고 싶어지는 것은 당연하다. 논문을 찾아 참고문헌 목록을 보았을 때 자신이 그 테마로 썼던 논문이 리스트에 들어있지 않으면 약간 서운한 마음이 생길 수도 있다. '내 논문과 무관한 글이겠지' 생각했지만 몇 장을 넘겨보는 순간 그냥 자기 글을 바꾸어 옮긴 것처럼 보인다면 등골이 오싹해질 것이다. 문장이 똑같지는 않지만 목차 순서나 서술방식이 같으면 의심을 품게 되고, 각주에서 인용된 문헌이 여러 편 일치되고 인용된 순서까지 같다면 의심은 더 짙어질 것이며, 그 자료들이 원저자가 외국에서 어렵게 구한 19세기 책들이라고 한다면 의심은 확신에 이르게 된다(나의 경험담). 이런 경우 작성자가 원저자 논문을 일부러 인용하지 않은 이유는 분명하다. 만약 원저자의 논문을 각주에 인용하면 독자들이 그 원문을 찾아볼까봐 걱정되기 때문이다. 그래서 다른 모든 글은 인용표시를 해도, 그대로 대고 베끼다시피 한 논문만 참고문헌 목록에서 **뺀다**. 거의 범죄수법에 근접해 있다.

최근 들은 이야기인데, 비교적 예전에 나온, 덜 유명한 외국(특히 일본)의 학술지에 나온 글을 그대로 번역해서 우리나라 학술지에 내는 자들이 있다고 한다. 이런 것은 원저자가 알아낼 수도 없으니, 적발하기가 더욱 어려울 것 같다. 이런 악질적인 건이 발견되면 학술지 게재불가 판정을 하는 정도로 그쳐서는 안 될 것 같다는 생각이 든다.

이런 예들을 떠올리면서 표절의 기준을 간략하게 서술해보기로 한다. 여러 자료에서 공통적으로 언급되는 내용도 참고하였다.

자신의 생각이 아닌 것에는 출처를 밝혀야 한다

다른 사람의 글을 읽고 쓴 것이면 인용한 것임을 밝힌다. 기본이다. 표현을 다르게 바꾸었다고 해서 표절이 아닐 수는 없다.

자신이 직접 처음 만든 것이 아닌, 다른 사람의 아이디어나 연구방법을 그대로 차용해서 쓰면 그것도 표절이 된다. 어쩌면 표현을 따온 것보다 더 심각한 문제일 것이다. 논문은 고유한 생각을 논증해낸 작업이기 때문이다. 문학과는 다르다.

문헌을 읽다가 어떤 내용이 마음에 들어 자기 견해가 되었다고 하더라도, 자기가 처음으로 생각해낸 것이 아니기 때문에 그 내용을 서술할 때에는 반드시 출처를 밝혀야 한다.

순서가 바뀌면 어떨까? 어떤 내용을 자기가 먼저 생각해냈는데, 그 이후 같은 내용이 들어 있는 문헌을 발견한 경우이다. 상황이 이렇다면 인용표시가 없다고 하더라도 연구윤리에 반하지 않는다. 이 경우를 표절이라고 한다면, 어떠한 생각을 저자가 서술했든 간에 시비를 걸 누군가가, 앞서 출판된 비슷한 생각을 어떻게든 찾아내어 저자에게 윤리적인 결함이 있다고 뒤집어씌울 수 있게 될 것이다. 법학에서 어느 생각인들 '완전히' 독창적일 수가 있겠는가!

그렇다면 바로 위 원칙을 이용해서, 진짜 표절인 때에도 자기가 먼저 생각해낸 상황이었노라고 우겨보는 것은 어떨까? 다른 데에서 읽은 것을 인용 없이 써놓고서 나중에 시비가 붙으면 '나는 그런 자료가 내 논문보다 먼저 출판되어 있었다는 것을 몰랐다'고 해버리는 식이다. 그런데 어디서 많이 들어본 스토리 같다. 음악이나 영화 등을 표절하는 사람들이 늘 하는 변명이 아닌가. 운 좋게 그냥 넘어간다고 하더라도 의심과 불명예가 끝까지 따라다니게 된다는 것을 다들 잘 알고 있다. 그렇기 때문에 다툼의 소지를 없애기 위해서라도, 자기 생각과 일치하는 내용을 후에 발견한 때에는 이를 명시해주는 것이 좋다. "이 견해와 같은 입장으로는 ……"으로 시작하게 각주를 만들면 된다. 자신만의 엉뚱한 생각이 아니라는 느낌을 주고 여러 문헌을 분석했다는 인상을 심어줄 수도 있을 것이다.

간혹 다른 사람의 주장이나 판례 등을 인용한 것처럼 썼으면서도 아무런 출처가 없는 때도 있는데, 이것은 연구윤리문제를 논하기에 앞서 완전히 잘못 작성된 논문이다. 아주 쉽게 눈에 띄는 잘못이므로 반드시 고쳐야 한다. 실증자료, 역사적 사실 등을 서술해놓고서 인용이 없는 경우도 마찬가지이다.

독일의 학설과 판례는 물권적 청구권에 대하여 대상청구권이 발생할 수 없다는 부정설을 취하고 있다. (각주 없음)

서울 중심 지역의 대기 오염 정도는 지난 10년 동안 꾸준히 낮아지고 있다. (각주 없음)

초기 카논법(iuris canonici)에 따르면 피의자는 기소에 이르기까지 진실에 부합하는 진술을 해야 할 의무가 없었다. (각주 없음)

다른 사람의 문장을 그대로 사용하면 출처를 밝힌다고 해도 표절이 된다

표현을 바꾸지 않고 그대로 옮겨오면 출처를 밝히더라도 표절이 된다고 보는 것이 일반적이다. 만약 똑같은 문장으로 쓰고자 한다면 따옴표 안에 넣어 그대로 인용한 것임을 명시해야 한다고 말한다. '문장을 그대로 옮겨온다'는 말이 모호하기는 하다. 여섯 단어를 초과하여 연속해서 일치하는 경우에는 표절이라고 하는 기준도 있었다. 과거 연구재단 인문사화과학 분야의 표절에 대한 규범이자 교육인적자원부 가이드라인이었다.

이 지침은 문학이나 인문학이 아닌 사회과학 서술에서 매우 빡빡한 느낌을 준다. 법학을 비롯한 사회과학은 그 특징상 저자의 뜻을 그대로 이해하여 인용하는 것이 중요하기 때문에 저자의 글과 일치하는 문장이 들어 있을 가능성도 그만큼 높다. 한 문장에 여섯 단어가 넘게 들어 있는 것이 대부분이므로, 이 지침에 의하면 한 문장이라도 같으면 출처를 인용하더라도 언제나 표절이 될 수밖에 없다. 외국문헌을 번역해 옮긴 경우도 포함하게 되면 아마 거의 모든 글이 표절로 분류될 것이다. 특히 법학논문에서 잘 알려진 판례를 인용한다면 그것을 인용하고 있는 다른 논문과 문장이 겹치는 경우가 많아서, 표절검사 프로그램을 돌리면 표절률이 높게 나온다는 말도 들었다. 정당하게도 이 '여섯 단어' 기준이 효력을 발휘한 적은 없다. 전공의 특유성을 고려한다면 이렇게 글자 수로 따지는 기준설정은 성공할 수 없을 것이다.

그런데 이런 공식적인 기준이 있다고 하면서 표절 시비를 걸어오는 자들이 있을 수도 있기 때문에(세상에는 별사람이 다 있다는 것을 우리는 안다), 될 수 있는 대로 한 문장이라도 그대로 쓰지 않도록 하는 것이 좋다. 설사 원저자의 뜻을 왜곡해서 옮기게 되지 않을지 염려되더라도, 두 줄 이상을 똑같이 옮겨 쓰는 것은 피해야 한다. 논문글은 언제나 자기가 이해한 바를 자신의 표현으로 써야 한다는 원칙을 떠올리자. 만약에 반드시 다른 저자의 문장을 고스란히 옮겨올 필요가 있는 경우라면, 그 문장 앞뒤로 따옴표를 하거나 아래처럼 문단을 달리하여 (또는 다른 형식의 글씨나 문단으로 하여) 그대로 옮겼음을 표시해주는 것이 좋다. 출처를 밝혀야 함은 물론이다.

김일수 교수가 바라보기에, 이러한 죄형법정주의의 해석과 적용은 그 본래의 기능과 실천적인 원칙성으로부터 멀어져 있는 것이다. 여기서 그는 죄형법정주의가 보호하고자 하는 인간의 존엄을 구체화해야 한다고 말한다.

> "이제는 죄형법정주의의 원칙에 대해서 한 걸음 더 심도 있는 차원으로 나아갈 필요가 있는 것 아니겠는가? 우리는 이제 법치국가이념의 핵심요소로서 인간의 존엄이라는 정도의 의미를 넘어서, 민주주의적 법치국가의 보편적인 가치를 이루는 데에 필요한 하나의 치료수단으로서의 인간의 존엄을 바라봐야 되지 않을까? 이제는 인간의 존엄의 토대로서 "모두를 위한 정의(justice for all)" 대신에 "일부를 위한 정의(justice for some)"를 주목해야 할 필요가 있지는 않겠는가?"[29]

이처럼 죄형법정주의에 대한 전통적인 견해를 취하면서도 단지 '시민의 자유보호'라는 지나치게 넓은 폭을 지니는 데에 근본적으로 의문을 제기하는 김일수 교수의 시각은, 필연적으로 그 사상적인 근간인 그리스도의 가르침에 근원적인 뿌리를 내리고 있는 특유의 법철학으로 향하게 된다.

---

29) Il-Su Kim, Der Gesetzlichkeitsgrundsatz im Lichte der Rechtsidee, in: Festschrift für Claus Roxin zum 70. Geburtstag, Berlin; New York, 2001, 140면.

출처를 밝히고 표현을 달리한다고 하더라도 다른 문헌의 전부 또는 큰 부분을 옮겨오는 것은 잘못이다

논문 본문의 한 면 이상, 심지어 서너 면 정도를 한꺼번에 옮겨 적었으면서 앞부분이나 맨 뒤 또는 해당 목차에 각주를 달아 '이하의 내용은 ……' 정도의 인용방식으로 한꺼번에 처리하는 때가 있는데, 이것은 옳은 논문작성이 될 수 없다. 각주를 만들어 출처를 밝힌다고 하더라도, 옮겨오는 것이 허용될 수 있는 양은 많아야 학위논문 모양 기준으로 반 페이지 정도라고 생각한다. 될 수 있으면 그렇게 만들어서는 안 된다.

'그와 같은 내용을 담고 있는 다른 문헌도 있을텐데, 왜 유독 그 글만 계속 인용했느냐'는 것도 논문심사과정에서 자주 입에 오르내리는 질문이다.

어느 저자의 서술 부분을 길게 인용해야 하는 순간도 물론 있을 수 있다. 특히 특정 저자의 작품 자체가 논문의 소재인 경우에는 더 불가피할 것이다. 이런 때라도 '이하의 내용은 ……' 식으로 통째로 인용하지 말고, 한 페이지에 두 번 이상씩 해당 부분이 어느 출처에서 비롯된 것인지를 계속 반복해서 명시해주어야 한다. 매 문장마다 출처를 밝힐 필요는 없지만, 특히 이야기의 흐름이 달라진 문장이거나 출처의 다른 페이지에서 옮기게 되면 반복해서 해당 부분마다 출처를 명시해야 한다.

> 어떠한 '존재', 즉 '있는 것'은 언제나 그것을 특정하게 드러내어주는 질과 전체의 질에 영향을 미치는 양을 지니고 있다.[13] 그 결과 주어진 요소 각자의 특징과 그 요소들의 양[수량]은 언제나 전체 존재의 본질을 좌우하는 중요성을 갖게 된다. 이러한 존재가 '왜 존재하는가' 또는 '어떠한 방식으로 존재하는가' 하는 물음에 대한 답은 따라서 그 존재됨을 구성하고 있는 구성요건들의 필요성 내지 그 존재하는 양상을 밝힘으로서 설명된다. 그러나 '부존재' 요건의 경우에는 이와 다르

다. '없음'은 그 안에 담긴 내용이 있지 아니하므로, 서로 구별되는 특성도 없다. 양도 질도 갖고 있지 않다.[14]

---

13) Hegel, Wissenschaft der Logik I, 4. Aufl., Suhrkamp, 2000, 80면.
14) Hegel, 위의 책, 83면.

특정 작가의 글 자체를 소개하는 논문을 제외하면, 전체 내용에 비추어볼 때 일정 부분 이상을 다른 문헌에서 참고하면 표절이 되기 쉽다. 계속 인용표시를 해주더라도 그렇다는 뜻이다. 이 또한 정확한 양을 따져 결정하지는 못한다. 15% 이상이라는 견해, 30% 이상이라는 견해 등이 있었지만 역시 규범력은 없다. 문장을 달리 쓰는 것, 출처를 밝히는 것만으로 해결하려 하지 말고, 다른 문헌에 크게 의존해서 본문 글을 채우려고 하면 안 된다는 생각을 기본적으로 갖고 있어야 한다.

학술논문은 가요와 다르다. 노래를 똑같이 부른 다음에, "원곡은 이문세의 '깊은 밤을 날아서'이다"라고 표시만 해주어도 표절이 되지 않는다. 그러나 자신의 생각을 모아 엮는 학술논문을 다른 저자의 글에 기대어 써서는 안 된다.

'공지의 사실'은 인용이 필요하지 않다

거의 대부분의 학문적 내용은 맨 처음에 누군가로부터 비롯된 것임에 틀림없다. 아리스토텔레스가 '학문의 아버지'라고 불린다 하여, 모든 학술논문에 아리스토텔레스를 인용해야 하는 것은 아니다. 해당 분야 전문가집단이 대체로 알고 있는 내용인 때에는 자기의 생각이 아니라고 하더라도 출처를 밝힐 필요가 없다. '대체로 알고 있다'는 표현은 모호하다. 기준을 제시해본다면 '복수의 (법학) 교과서가 공통적으로 쓰고 있는 수준'의 글에는 출처 표시가 필요 없다고 하겠다.

"자유주의 이념은 근대적 의미의 법치주의를 뿌리내리게 한 사상적 배경이다."

위와 같은 내용에 특정한 인용문헌을 달면 오히려 어색할 것이다.

"고의는 객관적 구성요건 실현에 대한 인식과 의욕으로 이루어진 주관적 구성요건이다."

이 문장의 출처가 내 논문이라고 각주를 단 학생이 있었는데, 나는 벨첼(H. Welzel)이 아니다. 고의가 이 속성을 갖는 주관적 구성요건이라는 것은 어느 교과서에서든 반복되는 공지의 사실이라고 해야 한다.

출판되기 전 내용은 그대로 사용해도 된다

다른 사람의 생각에서 비롯된 것이지만 아직 그 사람이 출판하거나 발표하지 않은 것은 출처 없이 사용할 수 있다. 굳이 다음과 같이 인용을 표시할 필요는 없다.

"이는 고려대학교 상법 박사과정생인 김○○군과 대화하면서 얻은 생각이다. 감사를 표한다."

친한 사람의 생각을 이용한 것이라면 그에게 밥을 사면 되지만, 그 아이디어가 정말 소중한 때에는 그 정도로 그칠 수가 없다. 먼저 게재된 논문을 보게 된다면 위의 김군의 기분이 나빠질 가능성이 매우 높다. 자기가 먼저 생각해냈다는 증거가 없으니 아이디어 절도를 다툴 수 없을 뿐이다. 그러니 조심해야 한다. 좋은 아이디어가 있다면 출판 전에 다른 사람에게 함부로 이야기해주지 말 것.

학부나 대학원 수업의 '과제물'에서 본 독창적인 내용을 저자인 학생의 동의 없이 자기 논문 안에 넣는 것은 어떨까? 애매한 경계에 놓여 있다. '레포트', '페이퍼', '발표문' 같은 과제물은 출판된 것이라고 할 수 없기에 정식으로 문제삼는 데에는 한계가 있을 것이다. 그렇지만 아이디어 도용은 분명히 비윤리적인 일이다. 먼저 쓴 학생이 공식적인 대응을 하기가 쉽지는 않겠지만, 이 사실이 알려지면 나중에 쓴 저자가 그 분야에서 떳떳하기도 역시 쉽지는 않을 것이다. 연구윤리는 규범과 관행의 문제이기에 앞서 '윤리' 문제임을 잊어서는 안 된다. 형식적인 제재를 받지 않을 수는 있다. 그렇지만 도덕적 비난까지 피할 수 있을 것으로 기대해서는 안 된다. '금지되지 않은 것이면 허용된다'는 식의 선긋기는 윤리 영역에 어울리지 않는다.

솔직하게 인용한다

모르는 것을 안다고 하면 안 되고, 읽지 않은 것을 읽었다고 하면 안 된다. 매우 당연한 말처럼 들리지만 유혹에 빠지기는 쉽다.

앞에서 3차 문헌보다는 2차, 2차 문헌보다는 원전을 읽으라고 했는데, 원전을 구하지 못한 때에는 2, 3차 문헌을 보았노라고 각주를 달아야 하는 것은 물론이다. 본 적도 없는 글을 읽었다고 거짓으로 각주를 달면 안 된다. 원전이 아닌 자료에서 인용할 때에는 누군가의 글에 나온 내용을 다시 인용하는 것이라는 '재인용 표시'를 해야 한다.

이 말은 푸펜도르프(Pufendorf)가 원래 책임은 행위자가 자유롭게 선택한 행위 즉 actio libera에 귀속되는 것이라고 하면서, 예외적으로 발생원인 면에서(in causa) 자유롭게 자신의 행위를 선택했다면 그 이후에는 실제 부자유 상태에서

한 행위라고 해도 책임귀속이 이루어질 수 있다고 한 데에서 유래되었다.[47]

---

47) Pufendorf, Elementorum Jurisprudentiae Universalis, Lib. II., Axiom I § 1, 1660.
Hübner, Die Entwicklung der objektiven Zurechnung, S. 107에서 재인용.

유혹에 빠지기 쉽다고 했다. 대략 이런 유혹이다. '원전을 봤다고 표시해야 자료를 성실히 찾아본 것으로 알아주겠지. 원전을 봤는지 인용글을 본 것인지, 내용이 똑같은데 누가 구별하겠는가?' 이렇게 쉽게 생각하겠지만 심사를 해보면 뺀히 보이는 경우도 많다. 한 석사과정생이 발표문 각주를 이렇게 만들었다고 해보자.

7) vgl. BVerfGE 33, 247 [264 f.]; Hong, rechtsphilosophischen Grundlagen der Verjährung, S. 24.

몇 개만 물어보면 된다. vgl.나 BVerfGE가 뭔지, Hong이 쓴 책을 본적은 있는지(책 제목을 누군가 줄여 쓴 대로 옮겨놓아 문법도 틀려 있다). 정확하게 해명할 수 없다면 솔직한 인용이 아니다. 논문심사자인 전공교수들은 이런 꺼림칙한 부분을 작성자의 예상보다 훨씬 잘 찾아낸다. 다른 문헌의 각주를 그대로 옮겨오는 바람에 도저히 구할 수 없는 책들이 포함된 예도 적지 않게 보았다. 예전에 어느 교수님이, 입수하기 어려운 자료들이 각주에 무심코 나열된 석사논문을 보시고는 "자네가 보았다고 인용되어 있는 책들 지금 다 가져와보게"라고 하신 적이 있다고 들었다. 그 학생은 아마 다시는 학문 마당에 발을 들여놓지 못하게 되었을 것이다.

어떤 조건에서든 글은 솔직하게 써야 한다. 읽은 것만 읽었다고 쓰면 된다. 한두 문헌만으로 논문의 많은 분량을 채워놓았을 때, 그 모든 페이지에 같은 자료를 계속 인용하는 것이 민망해지기 때문에 솔직해지기 싫을 수도 있겠다. 민망한 수준이라면 더 시간을 들이더라도 논문을 제출하지 않는 것이 맞다. 한 학기 더 공부하면서 관계되는 문헌을 많이 찾아 읽어서 해결하면 된다.

늦은 제출은 약간의 실망을 초래하게 되지만, 거짓된 논문은 영구적인 퇴출사유이다.

■ 논문 수량에 대해서

바로 아래에 '양적 평가'라는 말이 나온다. 무슨 뜻인지 모르는 독자들이 많을 것 같아서 미리 이야기를 해놓으려 한다(학위논문을 쓰는 과정에 있다면 아직 알 필요가 없는 것이기는 하다. 연구윤리 관련하여 지금부터 설명할 내용은 학위논문을 다 쓴 독자들이 주의할 점이다). 양적 평가란, 쉽게 말하면 '누가 논문을 몇 편 써서 발표했는지를 세는 것'으로 학자들의 우열을 가리는 작업을 말한다. 셈에 들어가는 것으로서는 특히 학술지 논문이 중요하다. 학위과정생들은 아직 못 느끼겠지만, 일단 박사학위를 받은 사람 또는 학계에 발을 들여놓은 사람이라면 누구도 이로부터 자유롭지 않다고 해도 과언이 아니다.

세는 방법은 간단하다. '일정한 수준을 검증받은 것으로 되어 있는 학술지에 논문을 내면 100점' 이런 식이다. SSCI(미국의 Thomson Scientific이 부여한 사회과학 학술논문 인용지수) 등의 인증을 받은 외국잡지에 외국말로 논문을 써내면 훨씬 많은 점수를 받고, 우리나라의 연구재단의 인정을 받지 못한(또는 받지 않은) 잡지에 글을 내면 훨씬 낮은 점수를 얻거나 아예 점수를 받지 못한다.

그 셈은 다음 예와 같이 쓰인다. 대학교수가 되기 위한 지원의 최소자격으로서 박사학위 이외에 추가로 200점, 일단 교수 임용이 되고 나서 재임용되기 위한 조건으로서 일정 기간 내에 몇 백 점, 조교수에서 부교수, 다시금 정교수가 되기 위한 조건으로서 몇 년에 몇 백 점, 그 안에서 다시 호봉승급을 위해서 해마다 몇 백 점, 해당 학과의 모든 교수들의 점수를 합쳐서 그 학과가 몇 천 점, 그것들을 총괄하여 세어서 한 대학 전체가 몇 십만 점.

이제 순위를 매긴다. 교수 또는 연구원이 되기 위한 후보 가운데 A 박사는 몇 점, B 박사는 몇 점이니 A 박사가 양적 평가에서 우월. A 법대 교수들 총점은 몇 점, B 법대 교수들 총점은 몇 점이니 이 방면에서 A 법대 승, B 법대 패. A 대학 교수들 총점은 몇 점, B 대학 교수들 총점은 몇 점이니 이제 대학을 서열화하면 1등 A 대학, 2등 B 대학, 3등 C 대학

…… 200등 Z 대학.

이런 걸 나열하면서 책 분량을 할애하는 것이 독자들에게 죄송스럽다. 그런데 전혀 과장 없이 실제 이런 일이 벌어지고 있다. 딱 보기에 어떤가? 논문의 질이라면 모를까, 순전히 논문 양으로 학자의 등급을 매기다니! 우유를 많이 생산하는 젖소가 1등급이 되는 것은, 그래도 인간 삶에 기여하는 젖소의 존재 속성에 부합하기라도 하지. 학자가 타자치는 직업인도 아니고, 학문의 내용에 더 신경을 써야 하고, 강단에 서는 사람이라면 학생들도 잘 가르쳐야 할 텐데, 그런 평가는 거의 의미가 없고 중요한 게 오로지 '논문 양'이라니, 이게 뭐란 말인가!

정년하신 원로로서, 모두가 존경하는 조규창 선생님이 생각난다. 내가 대학원에서 조교생활을 할 때에, 방학을 통째로 반납하시고 1990년대 중반 정말 화끈했던 여름에도 속옷 바람으로 연구실을 지키시며 오로지 연구에만 매진하신 길고 긴 작업 끝에, 지금도 형법학자들이 가까이 두고 즐겨 읽는 『로마형법』을 750페이지에 걸쳐 완성하셨다. 그런데 그 대작이 이 시대에 쓰여졌다면, 운 좋게 '연구재단등재후보지'가 된 잡지에 실질적인 심사도 거의 거치지 않고 실린, 열 페이지짜리 논문 한 편과 같은(경우에 따라 더 못한) 양적 평가를 받을 수 있다. 바로 얼마 전에 니클라스 루만(N. Luhmann)의 『사회의 법』을 10년 이상 들여서 완역하여 775페이지짜리 책을 내신 윤재왕 교수님은 번역에 불과한(?) 그 책으로는 점수를 거의 획득하지 못할 것이다. 본인은 점수에 신경도 안 쓰겠지만 그래도 위로를 드린다. 내가 지금 쓰고 있는 이 책은 그나마 '이론서'도 아니기 때문에 보나마나 빵점짜리다. 이런 게 바로 양적 평가이다.

그나마 다행스러운 것은, 이런 평가 방법이 좋다고 생각하는 사람을 단 한 명도 만나 보지 못했다는 사실이다. 학자 중에 논문수량으로 학문의 우수성을 진지하게 판단하는 사람은 없다고 장담할 수 있다. 그저 편의만을 추구한 방식이라는 것을 잘 알기에 누구도 그 이상의 가치를 부여하지 않는다. 편리하다는 것은 계량화하여 쉽게 판정할 수 있다는 뜻이다(아주 쉽게 나의 등급도 계산할 수 있다. 발표한 논문 양을 세어본다면 같은 세대에서 '中下' 정도에 들어갈 것 같다). 경쟁 없이 살아갈 수 있는 시절이 아니기 때문에, 그리고 그 경쟁 가운데에서 '진짜 실력'을 평가할 기준도, 평가할 사람도, 또는 그 평가자에 대한 신뢰도 없기 때문에 불가피하게 우리는 이런 '셈'을 이어가게 될 것이다. 좋다는 사람은 아무도 없지만 양적 평가에 대한 완벽한 대안을 제시하는 사람도 역시 없다.

글을 읽는 독자들 가운데 이 계량적 평가의 대상이거나 앞으로 대상이 될 가능성이 있는 분이라면 바로 이 정도의 가치만 부여기길 바란다. '평가주체가 원하는 최소한의 양적 수준은 그래도 갖추어준다'는 마음가짐은 필요하다는 뜻이다. 바로 그 만큼만! 짧은 시간 안에 지나치게 많은 논문을 내려 억지로 노력하라고 권할 수는 없다. 오히려 다른 사람들과의 경쟁에서 이기려고만 애쓴다는 좋지 않은 인상을 심어줄 우려마저 있다.

반대로 글쓰는 게 더딘 사람들에게는 힘든 세월이다. 많은 문헌을 천천히 숙독하여 충분히 소화시킨 다음에 자신의 고유한 생각을 만들어 무게 있는 문장으로 써내는 것. 예전에는 단연 중요한 덕목이었지만 이제는 그게 전부가 아니다. 그런 작업은 지금도 계속 추앙받을 일이기는 하다. 하지만 이제 그런 글쓰기를 하는 사람이라고 하더라도, 그와 동시에 간단한 글로 최소한의 논문 개수를 채우는 작업을 병행해야 한다. 충분히 생각을 묵혔다가 글쓰는 습관을 가진 학자들에게 날림으로 여겨질 논문을 자꾸 '번외로' 내야 한다고 밀어붙이는 것은, 어려운 일을 강요하는 정도가 아니라 그의 인간의 존엄을 훼손하는 것임을 잘 알고 있다. 그렇지만 어찌됐든 간에 시대가 이런데 '부적합' 판정을 받고서도 마냥 웃을 수만은 없지 않겠는가!

그리고 더 중요한 것은… 정말 안타깝게도, 무게 있는 글의 가치를 알아봐줄 독자의 수가 서서히 줄어들고 있다는 사실이다. 극소수의 사람만 글의 진가를 인정해주는 이때에 '방망이 깎는 노인' 식의 장인정신은 이제 설 자리가 넉넉하지 않다. 오로지 부끄러운 글을 쓰지 않는 자기 스스로에게 위로를 해줄 수밖에.

자기표절과 중복게재

누구나 한 번씩은 들어본 단어일 것이다. 자기표절……. 참으로 많은 논란을 야기하는 단어임에 틀림없다. 표절의 정의가 "다른 사람이 창작한 저작물의 일부 또는 전부를 도용하여 사용함으로서 자신의 창작물인 것처럼 발표하는 것"이라고 하고 있는데(두산백과), 자기가 쓴 말을 다시 쓴다고 해서 표절이 된다고 하니, 이에 대해 다툼이 없을 수가 없다.

단정적으로 말한다. '자기표절'이란 결코 있을 수 없다. 개념자체를 잘못 만든 것이다. 자기의 독창적인 생각을 반복해서 이용하는 것이 표절일 수 없음은 물론, 자기가 이미 써놓은 문장과 유사한 문장을 다른 데에 또 쓴다고 해도 표절이 아니다.

논문들이 취급한 테마는 서로 다르더라도, 그 아래 똬리를 틀고 있는 저자의 고유한 방법과 핵심적인 이론은 유사한 경우가 많다. 그러니 비슷한 내용이 다시 쓰이는 것은 이상한 게 아니다. 오히려 테마를 관통하는 핵심적인 생각이 없이 그때그때마다 가벼운 아이디어 위에 표류하는 글을 쓰는 사람들은 이러한 의미의 '자기표절'을 할 수가 없을 것이다.

비슷한 문장이 나오는 이유도 마찬가지이다. 사람마다 흔히 쓰는 고유한 문체가 있을 텐데, 하나의 머리로 여러 논문을 쓰다보면 같은 표현이 이루어지는 때는 얼마든지 있을 수 있다. 소설가라면 일부러 계속 다르게 쓰겠지만 사회과학을 하는 사람들에게 그런 것까지 일일이 신경 쓰라고 할 수는 없다. 그렇지 않아도 자질구레한 데에 에너지를 들여야 할 일이 많은 요즘 사람들에게 번거로운 부담을 하나 덧입히는 것에 지나지 않는다.

그래도 자기 고유의 문장이나 내용을 반복해서 쓰는 것이 여전히 비윤리적이라고 생각하는 사람이 있다면 이 시대 사상의 거목인 롤즈(J. Rawls)의 논문집 『공정으로서의 정의』(황경식 외 번역, 1988)를 한 번 읽어보고 이야기하자. 자기 생각을 같은 표현으로 계속 반복하여 글을 쓴 롤즈가 '당신의 학문활동은 정의롭지 못하다'라는 비난을 들으면 뭐라고 말할지 갑자기 궁금해진다.

그렇다면 이 문제는 연구윤리 테마에서 완전히 사라져야만 하는 망령인가? 과연 자기표절 개념은 우리를 더 이상 괴롭히지 않아야 할 것인가?

당해보면 문제점을 쉽게 인식한다고 했다. 이른바 자기표절도 당해봐야 그 문제가 드러난다. 그러나 이때는 자기가 피해를 당하는 것이 아니라, 자신과 비슷한 처지에 있는 타인이 당하게 된다. 극단적으로, 어떤 연구자가 논문 하나를 작성한 이후에 그야말로 'ctrl + c (복사)'와 'ctrl + v (붙여넣기)'를 반복하여 비슷한 글을 또 하나 작성하고, 그런 작업을 또다시 거쳐 테마는 약간 다르지만 유사한 글을 계속 만들었다고 치자. 혼자서 취미생활로 그랬다면 문제나 되겠는가? 그렇지만 그 논문들을 학술지에 발표하게 된다면 상황은 달라진다. 그렇게 나온 성과가 양적으로 세어져서 그 연구자의 '실력'으로 둔갑하게 될 것이기 때문이다. 그 사람과 (잠재적으로) 경쟁할 수 있는 다른 연구자는 그 행위로 인해 '손해'를 볼 수가 있다. 경쟁자가 없다고 하더라도 양적인 평가를 하는, 즉 논문 개수를 세는 주체를 현혹하게 된다.

이 상황에서 보듯이, 자기표절은 유사한 논문을 무분별하게 생산함으로써 양적 평가제도를 악용하는 것, 즉 '중복게재' 문제를 세밀하게 들여다본 것에 지나지 않는다. 이것은 학자를 논문 수량으로 평가하는 우리의 기형적인 문화와, 워드프로세서라는 수단이 낳은 이 시대의 독창적인 개념이다. 사실 예전에는 중복게재도 아무런 문제가 되지 않았다. 학술지에 낸 논문을 조금만 손봐서 화갑기념논문집에 내고, 그걸 다소 축약하여 고시잡지에 내고, 이런 논문들을 모아 단행본을 내는 일들도 많이 있었다. 양적인 평가라는 말 자체가 없었을 당시에, 이런 일들이 도대체 문젯거리나 되었겠는가?

자기표절, 중복게재가 논문의 양적 평가와 관련해서 불거진 문제이기에, 우리는 이 상황과 무관하게 만듦으로서 비난으로부터 자유로워질 수가 있다.

우선 자기표절도 일반적인 표절과 유사한 것이라고 우기는 사람들도 있을 수 있기 때문에, 자신의 문헌을 인용하더라도 출처를 밝혀주는 것이 연구윤리적으로 안전하다고 할 수 있다. 표절을 테마로 이야기할 때, '시비를 걸 사람'을 자꾸 염두에 두는 것이 기괴하지만 현실이 그렇다.

> 중요한 과거사 처리문제에 대응하는 견해를 다음과 같이 크게 대별해 볼 수 있다.[14] 첫째 일반 법논리와 특수한 법논리를 나누는 입장으로서 ......

---

14) 아래의 분류는 홍영기, 법이념관점에서 죄형법정주의, 한국형법학의 새로운 지평(심온 김일수교수화갑기념논문집) 2006, 611면 이하에 제시한 바 있다.

이미 평가받은 글과 유사한 내용을 담은 다른 글을 평가 대상으로 또 제출해서는 안 된다. 반면에 자신의 과거의 논문을 대폭 응용해서 하나의 새로운 글을 만들어내더라도 그 중에 한 편이 양적인 평가와 무관한 저작으로 이용된다면 문제가 없다. 그렇기 때문에 논문과 동일한 내용을 신문이나 교양잡지 등에 내는 것은 이중게재가 아니다. 그렇지만 학술지에 유사한 글을 두 번 발표한 때라면, 그 중의 한 학술지가 연구재단등재(후보)지가 아니라고 하더라도, 또는 발행지가 국외인 외국학술지라고 하더라도 중복게재가 된다. 그러므로 국내에서 출판된 논문과 유사한 내용을 외국학술지에 외국어로 바꾸어서 다시 게재했다면 양자를 모두 평가에 동원해서는 안 된다.

하나의 글이 활자화되었다고 하더라도, 그것이 일반에게 검색이 가능하도록 출판된 것이 아니고 양적 평가에 쓰이지 않는다면, 이를 새롭게 논문으로 만들어 게재한다 해도 윤리적인 문제가 되지 않는다. 예를 들어 (정부)보고서 등은 공개되지 않고 특정한 사람들만 참고하기 위해 만들어지기 때문에, 보고서를 쓴 사람이 그 내용을 이용해서 논문을 발표해도 중복게재가 아니다.

> 강제처분법정주의와 영장주의를 실천하기 위한 전제로서, 대물적 강제수사가 요

구되는 대상을 다음과 같이 확정하는 것이 중요하다.[19)

19) 이하 서술 중 일부는 2013년 경찰청 연구용역 보고서인 "경찰 현장수사의 적법성 제고를 위한 압수·수색 및 증거 관계법령 개선방안 연구" 가운데 필자가 작성한 곳과 내용면에서 부분적으로 유사할 수 있음을 밝힌다. 이 보고서는 필자의 연구실적에 포함되어 있지 않다.

그렇다면 정식 출판이나 공개가 안 되었다는 이유로, 다른 사람의 보고서 글을 마음대로 써먹을 수 있다고 할 것인가? 그렇지 않다. 양적 평가에서 중복의 문제가 안 된다는 것일 뿐이지, 아이디어를 차용한 것은 맞기 때문에 이때는 표절이다. 반드시 다른 저자의 보고서에서 가져왔다는 인용표시를 하여야 한다.

발표하는 논문마다 반복될 수 있는 저자 고유의 이론에 해당하는 부분에 대해서는 출처표시가 필요하지 않다. 그렇지만 될 수 있는 대로 다른 표현으로 쓸 것을 권한다. 손쉽게 옮겨 붙였다는 인상을 주면 표절시비를 떠나서라도 성의가 없어 보인다.

책을 논문으로, 논문을 책으로 만들기

가장 난해한 상황은 학술지 논문과 단행본(또는 학위논문) 사이에 놓여 있다. 예를 들어 박사학위논문으로 썼던 내용을 약간만 손봐서 두세 편의 학술지 논문으로 나누어 내는 경우, 또는 여러 편의 학술지 논문을 묶어서 단행본인 책으로 펴내는 경우 등이다. 박사학위논문을 조금 고쳐서 단행본 책으로 다시 내는 경우도 마찬가지이다. 이 경우에 결과물들 대부분을 양적 평가에서 셈하므로, 위 원칙에 따르면 '자기표절', '중복 게재'라는 굴레를 쓰게 될 것이다.

이 경우에 대해서는 나도 더 고민을 많이 해봐야 할 것 같다. 위에서 말한 허용기준에 맞지 않지만, 이들을 모두 중복게재, 자기표절이라고 하기에는 너무도 광범위하게 이루어지는 관행이기 때문이다. 권장되어야 할 관행일 수도 있다. 두꺼운 박사학위논문을 직접 구해서 다 읽기란 쉽지 않을 것이기에, 그 가운데 핵심적인 내용을 학술지에 요약해서 싣는 것은 신진학자가 자신을 소개하는 유일한 방법이자, 예의라고 생각되기도 한다. 여러 학술지에 퍼져 있는 학자의 글을 모두 찾아서 읽어보는 것은 쉽지 않고, 그의 생각의 흐름을 고스란히 따라가는 것도 어려우므로, 그 논문들을 모으고 새로운 내용을 추가하여 책으로 만드는 것은 특히 후학들에게 좋은 읽을거리를 제공하게 될 것이다.

상황이 이렇기 때문에 다음과 같이 막연히 제안해보고자 한다.

박사학위논문을 양적 평가의 대상에서 뺄 수는 없다. 그리고 지금 막 박사학위를 딴 연구자들이야말로 양적 평가 대상이 되는 결과물이 절실한 사람들일 텐데, 학위논문을 이용해서 학술지에 낸 글은 모두 중복에 해당하니까 양적 평가에서 빼라고 요구하는 것도 현실성이 없다. 다만, 다른 사람들과의 '공정한 경쟁'을 가능하게 하기 위해서, 그리고 연구윤리가 중요하다는 것을 일깨우는 측면에서라도 비공식적인 제어는 필요할 것으로 생각한다.

박사학위자가 학위논문을 직접 이용하여 쓴 학술지 논문의 수량이 지나치게 많아지는 것은 윤리적이지 않다고 해야 할 것이다. 전공에 따라 다를 것이므로 분명하게 재단할 수는 없지만, 아무리 학위논문을 쪼개어 낸다고 하더라도 세 편을 초과하여 학술지에 게재하는 것은 권하고 싶지 않다. 두 편 정도까지는 문제가 없는 것이고, 많아야 세 편이라는 뜻이다. 이를 넘어 지나치게 많이 쪼개거나 반복해서 내는 것은 다른 사람의 지적이 없더라도 스스로 자제하는 것이 좋겠다. 학술지 게재 여부를 정하는 심사위원들은 피심사자가 누군지 전혀 알 수가 없기 때문에, 그가 얼마나 중복해서 이용한 것인지 통제할 수가 없다. 학자 스스로 연구윤리 안에 머물도록 조심할 수밖에 없다. 그리고 학위논문에 실렸던 내용을 이용한 것임을 각주에 명시해주면 더욱 좋다. 물론 그대로 사용하는 수준이 아니라 박사학위의 이론을 발전·변형시켜 쓴 결과물이라면 무한히 많아져도 상관없다.

학술지 논문을 묶어서 책으로 만드는 작업에 대해서도 조금 완화된 기준이 필요할 것으로 보인다. 기존 논문에 썼던 아이디어나 문장이 들어있기 때문에 이 단행본을 양적 평가에서 배제한다고 하면, 단행본을 쓸 엄두를 낼 수 있는 학자는 더 줄어들 것이다. 지금 우리들이 사용하는 기준에 따르면 양적인 평가 면에서 학술 단행본에 그리 큰 장점이 있지도 않다. 그렇지 않아도 학술 단행본이 매우 빈약한 우리 법학의 상황에서 저술활동을 더 위축시키는 것은 바람직하지 않아 보인다. 그렇기에 학술지 논문을 모아 편집을 통해 단행본으로 내는 것은 연구윤리적으로 문제가 없다고 생각한다. 그냥 모으기만 하는 것이 아니라 편집과 추가적인 서술을 통해서 자연스러운 단행본의 모양을 갖추도록 하는 것은 독자에 대한 예의에 속한다.

물론 이것도 너무 과하면 안 된다. 순서와 내용이 한 권의 책 안에서 일관된 흐름을 좇아갈 수 있도록 짜여야지, 생뚱맞은 두어 편만 모아 한 권의 책이 되게 하는 것은 윤리에도 반하지만 자원의 낭비이기도 하다. 소비자도 얼마 없는 이론서를 모두 내어주기에 요즘 출판사들의 사정도 너무 딱하다. 로스쿨제도가 들어서던 무렵, 대학별 양적 평가가 너무도 중요한 나머지, 학술지 논문을 모아 단행본, 그 단행본을 쪼개어 상·중·하 단행본 등으로 책을 내던 짧은 시절이 있었다. 이제는 하라고 해도 그런 작업을 할 사람은 없기 때문에, 이 또한 각자의 연구윤리에 맡겨두어도 될 것으로 생각한다.

지금 박사학위논문을 쓰고 있는 연구자들은 이 책의 이 부분을 기억해두는 것도 좋겠다. 나중에 자기표절에 대해 시비가 붙거든 나의 책 이 부분을 읽고 그대로 했다고 주장해볼 수도 있다. 나의 이야기가 표절 기준으로서 정답이어서가 아니다. '법학논문의 작성방법을 다룬 어떤 책을 신뢰하였다'고 말함으로써 비윤리적인 동기로 그렇게 한 것이 아님을 보여줄 수 있기 때문이다.

■ 표절 판례 ▨▨▨▨▨▨▨▨▨

표절을 소재로 이야기할 때 마음에 걸리는 것이 하나 있다. 우리가 대표적인 법적 판단의 글로 알고 있는 '판례'가 표절을 너무도 쉽게 저지르고 있다는 사실 때문이다.

과거와 달리 요즘에는 판시이유를 길게, 논증적으로 서술하는 판례가 늘어나고 있다. 반가운 변화다. 학생들에게 요지만 읽을 것이 아니라 판시의 이유까지 세심하게 읽는 버릇을 가지라고 이야기한다. 그런데 유사한 분야를 다룬 판례를 읽다보면 지루해지는 때가 있다. 주요한 논증부분에서 논거를 똑같이 쓴 판례가 많기 때문이다. 예전 것을 보고 타자를 그대로 쳤는지, 아니면 블록을 씌워서 옮겨다 붙여놓았는지 물어보고 싶은 수준이다. 판시이유가 길기만 하면 뭐하나. 그 판례만의 특별한 이론적 근거가 없는데. 다음은 우리네 전공자들이 흔히 읽는 긴 문장이다.

"······ 증거 수집 과정에서 이루어진 절차 위반행위와 관련된 모든 사정 즉, 절차 조항의 취지와 그 위반의 내용 및 정도, 구체적인 위반 경위와 회피가능성, 절차 조항이 보호하고자 하는 권리 또는 법익의 성질과 침해 정도 및 피고인과의 관련성, 절차 위반행위와 증거수집 사이의 인과관계 등 관련성의 정도, 수사기관의 인식과 의도 등을 전체적·종합적으로 살펴볼 때, 수사기관의 절차 위반행위가 적법절차의 실질적인 내용을 침해하는 경우에 해당하지 아니하고, 오히려 그 증거의 증거능력을 배제하는 것이 헌법과 형사소송법이 형사소송에 관한 절차 조항을 마련하여 적법절차의 원칙과 실체적 진실 규명의 조화를 도모하고······."

똑같은 문장이 위법수집증거배제법칙이라는 원칙을 적용하는 사안에 자주 등장한다. 물론 이런 식으로 같은 문장을 쓸 때 선(先)판례, 참조판례를 나열하거나 괄호에 넣어 인용하기는 한다. 그렇다고 해도 문장을 고스란히 똑같이 쓰는 것은 표절이라고 하지 않았던가.

그대로 옮겨 쓰는 이유를 판사들에게 물어본 적이 있다. 기존 판례의 표현을 글자 그대로 적지 않으면 판례가 변경된 것으로 오해되는 등, 불필요한 논란이 있을 수 있기 때문이라고 말했다. 이해는 했다. 그렇지만 논거의 뜻이 같은데, 문장과 단어가 완전히 똑같지 않다고 해서 '변경된 태도'에 주목하는 사람이 과연 있을까? 판례를 접하는 사람들의 이해 수준을 너무 못 믿는 것은 아닐까?

사안을 대하는 판사가 기존 판례의 뜻을 변경시키지 않으면서도, 자기의 언어로 다시 한 번 새로 쓸 수 있는 능력이 없을 리는 없다. 그렇다면 자신의 시각을 고유한 글로 표현한 다음에 기존 판례와 대조하고 인용하는 것이 훨씬 더 바람직한 방법이 아닐까 한다. 전 판례의 문장을 그대로 옮겨 붙이는 것과 큰 차이가 있다. 글쓰기의 문제만이 아니다. 개별 당사자가 짊어지는 사안마다의 구체성을 목전에 둔 법관의 마음가짐부터 다를 것이라고 생각한다.

위 이야기는 스스로 선판례가 된, 즉 새로운 법원의 입장을 논증하기 위해 심사숙고한 결과에 대해서는 해당하지 않는 말이었다. 그 부담스러운 작업에 몰두하는 판사들의 수고는 충분히 짐작하고도 남는다. 그렇지만 그런 수고로운 업무의 결과물 또한 글쓰기 윤리 문제에서 자유롭지 않은 것으로 보일 때가 있다. 사안을 바라보는 새로운 시각을 갖고 연구하고 성찰한 결과를 내어놓을 때까지 학술논문이나 다른 나라의 문헌 또는 자료 등을 참고했다면, 반드시 도움받은 곳을 인용해주어야 한다. 그런데 아쉽게도 우리나라 판례는 문헌 인용에 매우 인색하다. 판시이유 곳곳에 각주를 통해 문헌과 자료 인용표시를 하고 있는 외국 판례와 이 점에서 차이가 크다. 헌법재판소 결정문을 비교하자면 차이는 더 벌어진다. 인용할 만한 수준의 학술논문이 없다고 말한다면 학자로서 안타깝고 부끄러운 일이지만, 지금껏 오랜 역사에서 그 어느 법서나 논문도 판례에 영향을 주지 못했을 리는 없다. 그렇다면 특정한 자료로부터 도움을 받아놓고, 왜 인용표시를 하지 않을까? 생각을 같이하는 이론의 출처를 밝히면 근거도 분명해 보이고 깊은 고민을 하였다는 표시도 되니, 작성한 사람의 입장에서도 훨씬 더 좋은 일일 텐데도 말이다. 판례에서 문헌인용을 하지 않으니, 실무에 도움이 되는 논문을 쓴 학자들도 '나의 견해가 반영된 것처럼 보이는 새로운 판례……'라는 식으로 구차하게 말할 수밖에 없다. 실무와 학문은 바로 이 상황에서도 여전히 거리를 줄여가지 못한다.

접하고 있는 자료가 주로 판례이기 때문에 이렇게 이야기할 뿐, 법정에 등장하는 거의 모든 문서의 사정이 다르지 않다. 심지어 저작권 보호를 위해 제시된 전문가의 의견이나 변호사의 변론요지도 따지고 보면 많은 경우 저작권을 침해한 글일 것이다. 판례와 달리 이런 글들은 절차 안에서만 주고받는 것이기에 표면적으로 문제가 되지 않을 뿐이다. 법을 다루는 주체 스스로 아무 주의도 하지 않으면서, 다른 사람의 문장이나 아이디어를 출처표시 없이 가져오는 것이 권리침해라는 말을 어떻게 쉽게 할 수 있겠는가.

논문이든 판례든, 글쓰기의 윤리문제에서 자유로울 수 있는 예외는 없다. 먼저 나온 결과물을 분석하는 작업이 번거로우면 그것을 생략하고 자기 생각을 그냥 쓰면 된다. 게으르다는 비평이 있을 수는 있지만 적어도 형식적인 결함은 없다. 그러나 다른 곳에서 참조해 놓고 온전히 자기 자신의 생각인 것처럼 문장을 만들어 쓴 것은 이미 형식과 자격부터 문제된다. 문장에 설득력이 있는지 여부는 그 다음 관건일 것이다.

너무 빡빡하다고 여길 사람들이 많다. 그렇지만 역지사지해보자. 자기가 생각해낸 아이디어를 누군가 그의 생각처럼 발표하고 있는 것에 대해 조금도 신경이 쓰이지 않는 사람은 많지 않을 것 같다. 그걸 학술논문이 아닌 다른 형식의 문서로 써먹고 있다고 해서 기분이 나아지지는 않는다.

14
글의 교정과 꾸미기

교정

이제 이 책을 마무리지을 때가 다가오나 보다. 이 부분에 관심을 갖는 연구자들도 논문 완성에 대한 기대에 부풀어 있을 것이다. 맞다. 교정을 남긴 논문은 큰 틀에서 완성되어 있다고 해도 된다. 그대로 제출할 수 없을 뿐이다. 글의 교정상태, 형식, 모양을 완벽에 가깝도록 고치고 매만지고 난 후에야 제출가능한 논문이 된다.

학술지 논문의 심사서에는 내용에 대한 판단 이외에 '학술논문으로서 형식을 잘 갖추고 있는지', '오탈자 등 글의 결함은 없는지'를 비중 있게 평가하도록 되어 있는 때가 많다. 그런데 이런 평가기준보다 더 중요한 것은 심사위원이나 독자들의 내심이다. 현실적으로 이야기하면 논문의 줄기보다 더 중요한 것이 글의 교정이라고 할 수 있을 정도이다. 독자들이 한번 논문심사자가 되었다고 상상해보자. 글의 중요한 내용은 어느 정도를 읽어야 어렴풋이 다가온다. 그렇지만 교정이 허술하게 되어 있는 부분은 책을 펴들자마자 곧바로 발견되기 마련이다. 논문심사를 하다보면, 꼼꼼히 교정을 본 것은 고사하고 흔글프로그램의 맞춤법 교정기 능도 모르나 싶을 정도로 오탈자가 심각한 것들이 제법 있다. 내용을 떠나 우선 성의부터 없어 보인다. 논문의 품위가 곧장 떨어지는 동시에, 글쓴이의 학문성에 대한 불신마저 고개를 들고 일어난다. 일단 그 상태가 되어버리면, 논문을 다잡고 계속 읽어봐야 연구자의 작품에 제대로 된 평가를 하지 못할 수도 있다.

교정은 끝이 없는 노동이다. 다 되었다고 생각하더라도 다시 찬찬히 살펴보면 교정할 것이 또 나온다. 책으로 만든 이후에 다시 읽어보면 틀린 곳이 다시 눈에 띈다. 그러니 교정을 힘겹게 반복하여 정말 다 고쳐졌다고 생각하는 그 순간까지 이르렀다면, '이제 한 번만 더 보자.'

소리 내어 읽어본다

글을 소리 내어 읽어본 것은 아마 오래전 일일 것이다. 초중고 시절 이후에 경험이 없을 수도 있다. 그런데 막상 글을 입으로 읽어보면 왜 어릴 때 이런 교육을 시키는지를 알게 된다. 글은 기본적으로 말을 옮기는 도구가 아닌가. 글이 말을 제대로 옮겼는지는 다시 그것을 말로 바꾸어보아야 분명히 알 수 있다.

소리 내어 읽어보면 오탈자가 금방 발견되는 것은 물론이다. 그 다음으로는 문장의 호응관계가 귀에 들려온다. 주어가 없는 글, 목적어와 주어가 바뀐 글, 서술어와 호응이 안 되는 글, 단어순서가 어색한 글 등을 쉽게 찾을 수가 있다. 쉬운 글이라면 문법이 약간 안 맞더라도 개성으로 넘길 수 있지만 학술적인 논문에서는 곤란하다. 더 중요한 이유가 있다. 소리를 내어 입으로 읽어볼 때, 지나치게 긴 글도 가려낼 수 있다. 숨이 차서 읽기가 어려운 글이면 바꾸어 쓰길 권한다. 글을 쓴 본인도 길어서 읽기가 어려운데 처음 접하는 독자가 어떻게 이해할 수 있겠는가? 미사여구가 현란하게 섞인 글도 마찬가지이다. 읽다가 혀가 꼬일 정도라면 지우고 다시 간략하게 써야 한다.

소리 내어 읽을 때, 단어나 문장의 반복도 짚어낼 수가 있다. 눈으로만 봐서는 좀처럼 찾아내기 어려운 것이다. 문제되는 것은 같은 단어를 반복적으로 반복해서 쓰는 것의 문제의 지적의 이야기만이 아니라, 비슷한 표현을 연속으로 씀으로써, 읽을 때 좋지 않은 느낌을 줌으로써, 글의 완성도를 떨어뜨림으로써 일어나는 상황이다. 랩을 하는 것도 아닌데 라임을 살릴 필요는 없다.

좋은 우리말로

학위논문은 학술적인 글이기에 앞서서 우리글이다. 쉽게 이해할 수 있는 우리말로 쓰였는지 검토해보자. 소리를 내어 읽다보면 너무 어려운 단어로 쓴 것도 바꾸어야 한다는 느낌을 받게 된다. 읽을 때에 자연스럽지 않다면 글로 바꾼다고 해도 마찬가지이다.

의미가 같다면 더 좋게 들리는 단어를 넣는 연습도 학위논문을 쓰면서 해볼 필요가 있다. 국어사전을 한 번도 찾아보지 않고서 두꺼운 책 한 권을 쓸 수는 없을 것이다. 온라인에서는 국립국어원(www.korean.go.kr) 사이트가 도움을 줄 수 있다.

외국 언어식 표현을 줄이는 것이 좋다. 법학에서는 예전부터 일본식 말투를 많이 써왔다. '~적', '~에 있어서', '~함에 있어서의', '~되어지다', '~라 불리우다', '~할 시', '~과의', '~에의', '다름아니다' 등등. '이것이'라는 주어를 '이가'라고 쓰는 사람도 있던데, 일본식 표현인지 법률가식 표현인지 정체를 모르겠다. 우리가 흔히 말하는 대로 쓰려 노력하면 이런 표현은 줄어들 것이다. 영어, 독어 등의 번역투도 우리말에 가깝게 바꾸어야 한다. 이와 같이 외국식 문체가 원어로 서술되어져 있다면,

모국어사용자들에게는 어려움 없이 읽혔을 텐데. 그와 같지 아니한 상황에서 있어서, 그럼에도 불구하고 자연스럽게 독해되어져야 한다는 그러한 원칙을 우리는 이제 지키지 아니할 수 없을 것이다.

漢字의 使用頻度는 研究하는 各自의 個性에 依存한다. 예전에는 논문표지의 제목을 비롯해서 어지간한 곳에는 한자를 쓰는 것이 학위논문의 특성이라고 생각되었지만 이제는 그렇지 않은 것 같다. 최근 알고 놀란 것은, 요즘 20대 학생들은 초중고 때에 한자교육을 받은 경험이 거의 없다는 사실이다. 강의를 하다보면 교과서에 나온 한자 아래에 우리말 발음을 열심히 받아쓰는 학생들이 많다. 일반대학원에 막 들어온 학생들에게 책을 권할 때에도 한자가 너무 많이 섞여 있는 것은 선뜻 추천해줄 수가 없다. '차라리 독일어를 배우는 게 빠를 정도'라고까지 이야기하니. 사정이 그렇기에 한자가 많이 써 있는 학술논문의 효용은 차츰 떨어질 것 같다.

물론 우리글로만 썼을 때 발음이 같아서 혼동이 있을 수 있는 데에는 괄호 안에 한자 또는 다른 외국어를 넣는 것이 바람직하다. 그러나 의미를 모를 우려도 없고 단어의 유래도 궁금하지 않으며, 정확한 개념이해가 필요하지도 않은 곳에 굳이 외국어(Fremdwörter)를 함께 넣은 것을 비난(Vorwurf)하는 사람도 있을 수 있다.

다른 사람에게 도움을 구하자

그런데 자기 글은 아무리 오래 들여다보아도 문제점이 잘 안 보이는 때가 있다. 그 글에 이미 눈과 머리가 고정되어버렸기 때문이다. 시간이 허락한다면 다른 사람에게 도움을 구하는 것이 좋다. 글을 처음 읽는 사람은 글쓴이보다 부자연스러운 말을 잘 가려낼 수 있다. 글을 잘 읽어줄 만한 이해력이 있는 사람이라면 선배이거나 같은 전공자일 필요도 없다. 후배나 비전공자도 괜찮다. 오히려 비전공자가 자연스럽지 못한 표현을 더 잘 발견하는 때가 많이 있다.

　교정을 도와달라는 부탁을 하였으면 사례를 해야 한다. 학위논문을 전부 읽는 것은 결코 쉬운 노동이 아니므로 최소한 밥 한 끼는 사야 마땅하다. 그런데 사례보다 더 중요한 것은 읽어준 사람의 조언을 경청하는 일이다. 글쓴이는 자기 글의 단점을 듣는 것에 대해 아주 민감해지기 쉽다. 특히 거의 완성된 글을 몇 달 넘게 계속 붙들고 있었던 사람이라면, 초고에서 단 한 단어도 바꿀 수 없을 것이라는 식의 집착을 갖는 수도 있다. '이 글은 부자연스럽다', '우리말이 아니다', '좋은 글이 아니다' 이런 지적을 받게 되면 언제든 맞상대할 태세가 되기도 한다. 글을 읽어달라는 부탁을 받은 사람으로서는 저자의 까칠한 반응에 기분 좋을 리 없다. 그럴 거면 부탁을 하지나 말든가.

　머리가 자기 글에 고착되어버리기 쉽다는 것을 깨닫고, 다른 사람의 말을 경청하기 위해서 일부러 노력해야 한다. 글의 결함이 드러나는 것을 학문적인 약점이 노출되는 것으로 과장할 필요는 없다. 나는 조교에게 논문 초고를 주면서 교정을 부탁할 때, '될 수 있는 대로 많이 고쳐보라'고 한다. 가끔 조교가 바꾼 것을 보면 '괜한 이야기를 했나. 뭐 이런 것까지 지적했을까' 싶을 때도 있지만, 막상 그렇게 바꾸어 써놓고 다시 읽어보면 그 교정이 의미 있는 것일 때가 훨씬 더 많았다.

■ 대학원에 글을 읽어줄 동료가 없다면

예나 지금이나 학부 졸업 후 학문을 하러 바로 일반대학원에 진학하는 학생들은 전공을 불문하고 많지가 않다. 이 학생들과 처음 인사를 할 때 이런 말을 건넬 때가 있다. '대학원에 온 이상, 본인 초상을 치러 조의를 표하러 올 순간까지 보게 될 것'이라고. 오싹한 말이라고 생각할 수도 있지만 과장은 아니다. 대학원 때 만난 선후배와 교수는 다른 진로로 빠져나가지 않는 이상, 그야말로 평생을 만나게 될 사람들이다. 같은 연구실 소속이 아니라고 하더라도 마찬가지이다.

나는 처음 대학원에 들어왔을 때에 그런 것인 줄 몰랐다. 지도교수를 가까이 뵈면서 교과서를 선물로 받고 악수를 했을 때, 그 의미가 이렇게까지 큰 것인 줄 몰랐다. 대학원 첫날 선배들과 회식 때 건넸던 인사의 무게도 몰랐다. 몰랐기에 대학원 생활 초기에 마음대로 살았던 때가 있었던 것 같다. 선배들이 하라는 일과 공부는 그럭저럭 했지만 '나의 일'이라고 생각해서 먼저 스스로 떠맡아 하지는 않았다. 지금 돌이켜보면 이기적인 것으로 비쳐졌을 캐릭터임에도, 따돌리지 않고 용납해준 선배들이 그저 고마울 따름이다. 일일이 이름을 꼽으며 마음을 표현하지 않아도 다 알아주실 것으로 믿는다.

깨달은 지금은 학생들에게 이야기해준다. 대학원 생활은 '공부 반, 인간관계 반'이라고. 딱 절반 씩이다. 공부가 더 중요하지도, 인간관계가 더 중요하지도 않다. '인간관계가 공부만큼 중요하다니!' 요즘 세상에서 인간관계나 강조하는 문화는 미개한 것으로 여겨지기 십상이다. 관계에 질척거림 없는 쿨한 실력자가 더 멋있어 보이는 것 같기도 하다. 그렇지만 대학원이란 아직 그렇게 심플한 사회가 아니라는 것을 너무 늦게 알게 된다면 돌이키기 어려울 수가 있다.

구조가 그렇다. 시험을 잘 보아 실력이 드러나는 곳도 아니고, 학기당 한두 번 발표를 하는 것으로 능력을 평가받기에도 한계가 있다. 대학원 안에서 진정한 평가는 구성원 집단 전체를 통해서 은연중에 이루어진다. 스스로도 늘 평가받지만 반대로 다른 사람을 평가하기도 한다. 그렇다고 비인간적이거나 무서운 곳이 아니다. 오히려 반대이다. 같은 처지에 놓여 있어서 서로를 위해주기 때문에, 그렇게 살지 않으면 오히려 눈에 띈다고 보는 게 맞다. 행정사무 처리도 나누어서 하고, 다른 방 시험감독도 자발적으로 도와준다. 자기 앞으로 나온 장학금을 돌려서 쓸 때도 있고, 선후배 논문테마와 관련된 자료를 찾아주거나 번역을 해주는 일도 많다. 자기 공부할 시간도 부족하지만 흔쾌히 선후배나 동료 학위논문의 교정을 보아주는 것은 물론이다. 대학원은 그런 곳이었고, 지금이나 앞으로도 그렇게 남아 있게 되면 좋겠다.

아주 가끔, 혼자 공부를 열심히 하는 것으로도 충분하다고 여기면서 선후배, 동료들의 생활에 대해서 아무 관심도 없는 듯이 살아가는 대학원생을 볼 때가 있다. 아예 대학원 생활이라는 것이 존재하는지도 모르고 살다가, 한 학기에 한 번 정도 연구실에 전화를 하여 조교가 전화를 받으면 심부름 시키듯이 염치없는 부탁을 하거나, 필요한 것만 쏙 물어보고 끊는 이들도 있다. 학위논문을 낸다는 한 변호사는 논문심사일정을 잡는 것과 학교에 와서 논문을 내는 것, 심지어 최종논문에 심사교수들 서명을 받는 것과 완성된 논문을 갖다 주는 등의 과정을 모두 자기의 비서를 시켜서 했다. 심사나마 스스로 받는 게 의외일 정도였다. 일상이 바쁘다는 이유를 댔다. 인간관계나 예의를 무시하는 것은 그렇다 치고, 그렇게까지 바쁘다면 공부는 어떻게 했고, 학위논문은 어떻게 썼을까? 그렇게 살아도, 끝에 학위논문만 쓰면 무엇인가 이룰 것으로 생각하는 모양이다. 학위논문이라는 형식 이외에 무엇을 더 얻을 수 있을 것인지 궁금하다.

법학은 인간을 취급하는 학문이라고 하였다. 학문 안에서 인간의 삶을 다룬다고 하면서, 실제 삶에 인간됨이 결여되어 있다면 그것을 온전한 법학능력으로 평가하기는 힘들다. 학문영역에서만이 아니다. 인간이 덜 되어 있는 변호사를 누가 믿고 의지하겠는가? 사람에 관심이 없는 판·검사는 성공할 수 없고, 성공해서도 안 된다. 법학은 그렇기 때문에라도 특별하다. 인간관계가 시대착오적인 집단문화인 것처럼 생각되고 마는 것이 아니라, 실력의 중요한 요소로 엄연히 인정받는 드문 분야이다.

보이지 않는 오탈자에 주의하자

특히 심사위원을 비롯해서 전공자만 볼 수 있는 오탈자는 글쓴이의 전문지식에 대한 실망을 가져올 수도 있다. 비전공자에게 교정을 부탁해서는 발견되지 않는 것들이다. 예를 들자면 어느 각주에는 '대법원 1995. 2. 24. 선고 94도252 판결'로 인용하고 다른 각주에서는 '대판 1984. 10. 23. 84도1704' 식으로 인용하는 경우이다.

외국어 표기가 잘못된 것도 잘 보이지 않으니 아주 조심해야 한다. 특히 연구자 본인이 독일어 등 제2외국어에 익숙하지 아니한데, 다른 사람의 문헌에서 본 단어나 문장을 그대로 옮겨서 사용하는 경우에 오탈자 없이 쓰기가 쉽지 않다. 형사소송법전을 뜻하는 'Strafprozeßordnung'이 'Strafproze Bordnung'이라고 표기된 것을 본 기억이 난다.

특히 예의에 어긋나는 오탈자는 정말 돌이킬 수 없다. 법학도라면 거의 다 아는, 저명한 민법학자 김형배 선생 수업을 듣는 한 학생이 과제물을 쓰면서 선생의 학술지 논문을 보았던 모양이다. 그 논문에 김형

배 선생 자신의 책이 인용되어 있었는데, 그 학생도 과제물을 쓰면서 그 논문과 똑같이 각주를 달았다. "拙著, 채권총론, 128면"['拙著(졸저)'는 지은이가 스스로의 글을 일컫는 겸양의 말로서 '보잘 것 없는 책'이라는 뜻이다]. 그 과제물을 본 선생의 기분은 어떠셨을까?

친한 형님이니 용서하실 것이다. 충북대학교에서 형법을 가르치는 박강우(朴剛玕) 교수님이 오래 전 논문작업을 할 때, 인쇄소의 실수로 이름이 '朴剛旰'으로 새겨진 적이 있었다. 끝부분 획이 휘지 않고 뻗어있는 마지막 글자는 '해질 간'이라는 글자이기 때문에 이름을 붙여 읽어보면 웃지 않을 수가 없는데, 또 웃을 수도 없다.

형식과 꾸미기

모양도 아주 중요하다고 말하고 싶다. 학술지 논문이라면 아무 상관 없지만 학위논문은 작성자가 만든 모양 그대로 제본이 된다. 신경을 안 쓰고 그냥 인쇄를 하면 나중에 후회하는 경우가 많이 생긴다. 형식과 모양이 논문을 의외로 더 빛나게 할 수도, 실망을 줄 수도 있다.

모양과 형식의 기본적인 요건은 각 대학(원)의 홈페이지에 나와 있을 것이므로 그 내용을 참고하면 된다. 논문을 먼저 낸 선배한테 물어보는 것도 중요한데, 소속된 곳의 분위기에 따라 대학에서 요구하는 형식에 맞추기보다는 작성자의 개성을 그대로 놓아두는 것이 허용될 수 있기 때문이다. 보기 좋게 만들려는 의도와 전통이 요구하는 바를 적절히 조화시키는 것이 중요하다.

기본적으로는 글씨크기, 간격 등이 일치되고 정돈되어 보이도록 해야 한다. (휴먼명조 11pt, 장평 98%)

좋게 보인다고 해도 당시에 유행하는 새로운 폰트로는 쓰지 않는 것이 좋겠다. 무거운 내용을 담아내는 글씨로서 어울리지 않게 가벼워 보일 수 있고, 나중에 유행이 지나면 후회할 수도 있다. 시간을 두고 계속 봐도 질리지 않는 것이 좋다. 글씨체는 목차마다 어느 정도 통일되게 하는 것이 좋다. 목차마다 폰트를 전부 다르게 하는 것은 단정해 보이지 않는다. (이숍체)

글씨가 명확하고 힘 있게 보이는 것도 중요하다(화면에서 잘 보인다고 해도 인쇄의 특징상 흐리게 만들어지는 경우가 있다). (신명세명조)

논문 전체의 양이 중요할 수는 있지만 그렇다고 해서 글씨를 너무 크게, 줄 간격을 아주 넓게, 그리고 위아래 좌우를 대폭 비워서 쓰는 것은 권하고 싶지 않다. 겉으로는 두꺼워질 수 있지만 안의 내용이 비어보인다. 얇더라도 논의가 치밀한 것처럼 만드는 게 낫다. 두껍게 만들기 위해서 양 면 가운데 한 면만 쓰인 학위논문도 있지만 법학에서는 일반적인 방식이 아니다. (함초롬바탕, 줄간격 300%)

문단 들여쓰기, 간격, 글씨 모양과 크기, 장평, 문장부호 등 기초가 되는 형식은 기준이 되는 다른 논문이나 주어진 양식을 참고해야 한다. 각주나 참고문헌 목록을 쓸 때에 단행본과 논문을 구별하는 예, 겹낫표나 인용부호 안에 또는 기울임체로 문헌이름을 써야 한다는 예, 번역(편역)

서 표현의 주의점 등은 경우마다 다르므로 역시 소속된 곳의 분위기, 또는 작성자의 뜻에 따라 만들면 된다. 이러한 모양(형식)에 정답은 없다. 알아두면 좋은 몇 가지만 간단히 언급해본다.

흔글 워드프로세서를 쓰는 경우에는 스타일(F6) 기능을 반드시 활용해야 한다. 논문 작성 후 모양을 만들 때 알면 되는 것이 아니라, 논문쓰기를 하는 첫 단계부터 알고 있어야 한다. 스타일 기능을 몰라서 한 문단, 한 줄마다 블록을 씌워 모양바꾸기를 계속 해주는 작업은 옆에서 지켜보는 것조차 힘겹다.

긴 외국어 단어로 인해서 자간 간격이 왜곡되지 않도록 하는 것도 신경 써야 한다. 하이픈을 적절히 활용해야 한다. 외국어 단어 중간의 하이픈은 아무 데나 넣는 것이 아니다. 해당 외국어의 규칙을 알아보아야 한다.

논문 안에서 큰제목, 작은제목 등 목차제목만 페이지 밑부분에 나오고, 해당 본문이 다음 페이지로 넘어가게 만들어서는 안 된다. 또한 제목이후에 본문내용이 한 줄만 남는 것도 잘못된 것이다. 한 면 아래 부분이 많이 비워져서 허전해 보이더라도, 두 경우 모두 제목부터 다음 면으로 넘어가도록 써야 한다.

… … … … … … …	……………………
……………	……………………
… … … … … … …	… … … … … … …
… … … … …	……………
…………	……………………
……………………	……………………
……… …… …… ……	……………………
…… … ……………	………………… ……
제3장 체포현장의 의미	………………… ……

… … … … … … …	제3장 체포현장의 의미
……………	……………………
…………	… … … … … … …
……………	… … … … … … …
……………	…………
……	……………………
……	……………………
	……………
(비움)	……………………
	……………………

X 큰 제목을 페이지 하단에 넣음.　　　O 전 페이지 하단의 공간이 남았더라도 큰 제목을 다음 면 상단으로 올림.

한 면의 맨 위 첫 줄에 단 한두 글자와 마침표만 남아 있고, 그 아래 새로운 큰 목차가 시작되도록 두는 것도 보기에 좋지 않은 경우가 많다. 그 앞면의 단어 등을 손봐서 그 한두 글자를 앞쪽으로 옮겨 붙이는 것이 낫다.

본문 중 각주번호는 앞면에 있고, 해당 각주는 뒷면으로 넘어가는 때도 드물지 않다. 두 쪽을 대조하면서 보는 것이 불편하기 때문에, 역시 문장길이 등을 고쳐서 각주번호와 해당 각주가 한 면에 오도록 교정하는 것이 좋다.

15

학위논문 심사

심사과정은 각 대학마다 조금씩 차이가 있을 것이다. 대체로 다음과 같이 진행된다고 보면 된다.

석사학위논문인 경우에는 한 번의 심사로 학위수여 여부를 결정한다. 대개 세 명의 심사위원이 참여한다. 논문작성자가 어떤 목표로 무슨 내용의 논문을 작성한 것인지 그의 생각을 들어본 후에 추가적인 질문을 하는 순서로 이루어지는 것이 보통이다. 너무 길어지지 않게 분명히 논문의 개요를 설명할 수 있도록 준비를 해두는 것이 좋다. 질문을 받으면 솔직하게 아는 만큼 이야기하면 된다.

박사학위논문심사는 세 번으로 나누어 이루어진다. 다섯 명의 심사위원이 일정한 기간 동안 1, 2, 3차 심사로 나누어 진행하는데, 경험에 비추어보면 첫 번째 심사에서는 논문의 목표나 테마, 목차 등 기본적인 내용에 대한 질의를 하고, 두 번째와 세 번째 심사에서 논문의 구체적인 내용들에 대한 평가를 진행하는 것이 일반적이었다. 1차 심사에서 곧바로 아무 문제없는 것으로 판정된 논문은 기억에 없다. 크고 작은 지적사항이 있으면 논문작성자는 이를 다 기록했다가 다음 심사 이전에 전부 반영하여 최대한 완벽한 형태가 되도록 수정해야만 한다. 많은 경우에

3차 심사에서도 여전히 심사위원들의 권고가 이어지므로 논문이 제본되기 전까지는 그야말로 피를 말리는 작업이 이어질 것이다. 대부분의 사람들은 바로 이 기간, 즉 1차 심사가 시작되는 때부터 논문출판 전까지 자기 일생에서 가장 집중적으로 공부를 하게 되어 있다.

논문작성자에 따라 심사에 반응하는 방법은 크게 다른 것 같다. 지나치게 겸손한 나머지, 자신 없어 보이는 태도로 일관하면서 논문 수정에 대한 조언을 너무도 심각한 일로 받아들이는 학생들도 있던데, 그럴 필요는 없다고 생각한다. 논문 내용은 심사위원보다 연구자 자신이 더 오랜 기간 고민해온 것이라는 사실을 잊으면 안 된다. 자기의 특유한 생각이 논문의 골격을 이루고 있다면 그것을 흔들어가면서까지 다음 심사에 대비할 필요는 없다.

반대로 오랜 기간 논문을 붙잡고 있는 바람에 그 테마에만 몰입하여 모든 논문내용, 논문글에 대해 지나친 확신을 갖고 있는 듯한 피심사자도 보았다. 심사위원의 질문을 끝까지 들으려 하지도 않은 채, 말을 끊어가며 자기 이야기만 반복하는 느낌을 주는 경우도 있다. 석사학위 논증방식의 문제점을 지적받자, 심사위원 판단이 오히려 잘못되었다는 항변을 장황하게 늘어놓는 사람도 있었다. 옆에서 내가 참다못해 '학위논문 심사는 학술세미나가 아니다!'라고 한마디 해야 했는데, 아마도 나를 '꼰대의 전형'으로 생각했을 것이다.

자기 논문을 수정하려 하지 않는 사람도 있다. 심지어는 그 학기에 논문이 통과되지 못하고 다음 학기로 미루어졌는데도, 다음 학기 심사에서 전 학기 때 탈락된 논문을 전혀 바꾸지 않고 그대로 제출한 경우도 봤다. 그 정도 되면 논문이 이상하다고 보기에 앞서, 논문작성자의 성격이 학문에 안 맞는다는 생각을 하게 된다. 학문활동이란 늘 자기 자신의 생각이 틀릴 수 있다는 사실을 인정할 때에 가능해진다는 사실을 더 먼저 배워야 하는 게 아닐까 싶다. 만약에 지적한 내용이 무슨 뜻인지를 아예 몰라서 고칠 수 없는 경우라면, 아쉽지만 다음 학기에도 역시 논문 통과의 가능성은 희박하다.

이야기가 길었지만, 즐거운 마음으로 꾸준히 학문을 해왔다면 논문 심사에 대한 준비는 따로 할 필요가 없다.

■ 4차 산업시대와 법학 ■

A.I.(인공지능)는 이른바 리걸테크(legaltech) 시대를 열어보이며 법조계에 막대한 영향을 끼칠 태세를 이미 갖추었다. 미국에서 개발된 법률 A.I.인 ROSS는 1초당 10억 장에 가까운 판례를 검토한다고 한다. 우리나라의 대형로펌 가운데 A.I.를 자료검색에 이미 도입하고 있는 데도 적지 않다. 수많은 법률과 판례, 그리고 그것과 직·간접적으로 관련되는 국내외 문헌을 찾아내는 것과 외국자료 번역하는 것을 법조인 역할의 큰 부분이라고 생각한다면 법실무는 완벽하게 A.I.로 대체되고 말 것이 틀림없다.

법조인이라는 직업의 미래에 대해 질문을 받을 때마다 A.I.가 담당할 수 없는 역할이 남아 있다고 답하곤 했다. 도움을 원하는 사람들을 대할 때 자기 일처럼 마음을 헤아려주고, 그 곁에서 당신 혼자 싸워가는 것이 아니라는 사실을 느끼도록 해주는 것이라고 대답하지만 썩 자신 있지는 않다. 주인공과 인공지능이 서로 우정과 애정을 주고받는 이야기를 담은 '그녀'(Her)라는 영화를 보자면, 그런 역할마저 A.I.가 더 잘 할 수 있을 것 같기도 하다.

학문과 논문작성의 미래는 어떨까? 어느 탐사보도를 봤다. 한 웹프로그램에 특정 주제만 넣었는데 이후에 A.I.가 수많은 자료를 짜깁기하여 영어로 된 학술지논문 하나를 뚝딱 만들어 냈다. 그것을 수정 없이 어느 학술단체에 보냈더니 학술지에 게재하도록 허가된 것은 물론, 학술발표도 해달라고 세미나에 초대되는 것을 보았다. 보도는 그 학술발표회의 수준을 탓하기 위한 것이었지만 많은 생각을 하게 만든다. 우리들이 쓸 논문이라는 게 도대체 앞으로도 그 가치를 유지할 수가 있을 것인가? 자료를 편집하고 구성하는 것을 넘어 창의적인 작업은 여전히 중요할 것이라고 생각해보지만, 법학은 그렇게 특별한 독창성이 요구되는 분야도 아니다. 사람이 연구해야 하는 남은 과제는 이제 없어지는 것일까?

법학은 인간삶에 직접 개입하는 분야이자 경제적 이해관계에 곧장 연결되는 학문이기에 그만큼 새 시대에 더욱 거센 도전을 받게 될 것이다. 그러나 바로 그러한 성격 때문에 기계에 내맡겨지는 데에 한계가 있을 것으로 생각한다. 다른 학문에 비할 때, 법학은 매일 새로운 연구대상이 등장한다는 특징이 있다. 그 사안들을 평가하기 위하여 관련테마를 찾아내고, 판례와 문헌을 분석하는 한편 새로운 해결방법에 대한 아이디어를 떠올린다. 장래에 미칠 영향을 예측하거나 필요한 법률을 제안해야 하는 경우도 많이 있다.

다른 한편으로 학문활동 자체의 효용도 있다. 새로운 공부거리를 발견하고, 몰랐던 것을 알아가고, 고유한 관점을 찾아가는 과정에서 우리 자신이 학문의 효과를 체험하게 된다. 즉 우리는 다른 이들에게 쓸모 있는 지식을 제공하는 사람이어야 하지만, 그 활동 자체를 누리는 사람이기도 하다.

물론 학문 영역에서도 기계장치가 우리와 경쟁할 날이 올 것이다. 그래도 당분간은 자료를 찾아 정리하고 외국어를 대신 읽어주는 등 우리 학문활동을 도와주는 보조역할만 담당할 것으로 예상해본다. 우리는 그 이외에 사람만이 할 수 있는 차원 높은 사고에 집중할 수 있게 될 것이다. 번거로운 절차를 생략하면서 생각의 양을 늘려갈 수가 있게 되어, 우리 학문활동이 더욱 다채로워지길 아울러 기대한다.

다른 이의 논문을 평가하기도 하는 직업을 가진 나로서는, 인공지능이 절묘하게 섞어 놓은 자료와 오랜 시간 자신의 학문적 삶을 내걸고 반복해온 생각을 눌러담은 작품을 여전히 구별할 수 있을 것이라 믿고 싶다. 비록 아주 창의적인 아이디어가 담겨 있지 않더라도 자신의 실존을 글에 녹이려는 노력이 글 안에서 비치고 있을 때, 그 글의 진수를 발견할 수 있는 혜안을 더 갖추어갈 수 있으면 좋겠다.

16

학술지 논문의 경우

여기까지 석·박사학위논문을 염두에 두고 설명을 해왔다. 그런데 학술단체의 학술지에 게재하려는 목적으로 쓰는 논문도 학위논문과 작성 방법 면에서 큰 차이가 없기 때문에 따로 설명할 것은 많지 않다.

테마

학술지 논문의 경우에는 학위논문보다 더 구체적이면서도 좁은 테마를 정하게 된다. 학술지 논문을 조금 길게 쓰고자 하는 경우라면 석사논문 수준의 폭을 가진 테마로 작성될 수는 있다. 그렇지만 어떠한 경우에도 박사학위논문 테마를 곧 학술지 논문감으로 만들 수는 없다.

당시 유행하는 시의적절한 테마를 잡는 것은 아무런 문제가 되지 않는다. 학위논문과 달리 저자 학문성의 대표작으로 고정되는 것이 아니기 때문이다. 하지만 그때 너무 많이 취급되고 있는 테마라면 생각만큼 기대를 얻지 못하게 될 수도 있으니, 주제를 생각할 때 미리 검색을 해보아야 한다.

학위논문을 기준으로 하여, 이후에도 계속 일관된 분야(테마)의 글만 학술지에 게재하는 학자도 있고, 다른 분위기의 테마로 옮겨가며 글을 쓰는 사람도 있다. 개성에 속하는 문제라서 무엇이 더 좋다고 할 수는 없다. 그런데 학자의 이미지가 이미 박사학위논문이나 이전의 논문 테마를 통해 각인되어 있는데, 크게 차이 없는 소재의 글, 다르지 않은 분위기의 논문만 계속 학술지에 싣게 되면 독자들의 관심이 차차 떨어질 수도 있다.

간결한 논증

학술단체에 따라 해당 학술지의 논문 분량을 200자 원고지 기준 120~200장 정도로 제한하고 있다(200자 원고지 매수는 흔글프로그램 [문서정보]에서 볼 수 있다). 이에 훨씬 못 미치거나 지나치게 많은 경우는 문제가 된다. 분량이 많으면 논문게재비(이것으로 학술지 제작에 필요한 돈을 마련함)도 많이 내야 한다.

그러니 학위논문에 비해서 목차의 개수를 훨씬 줄이고 간결한 흐름에 더 부합하게 쓰도록 한다. 지은이의 독창적인 견해에 집중되도록 작성하는 것이 좋다. 교과서에 나열된 수준의 논의를 앞에 길게 붙이는 것은 짧은 논문의 성격에 맞지 않는다. 문제제기를 너무 장황하게 하거나 결론 분량이 두 페이지를 넘어가게 쓰는 것도 바람직하지 않다.

글쓰기를 요약적으로 하라는 것은 아니다. 논증의 대화는 충분히 이루어져야 한다. 학위논문에 비해 단지 전체 길이만 짧을 뿐이다. 반면에 글투는 학위논문에 비할 때 긴장감을 좀 덜어도 된다. 학위논문과 달리 고도로 중립적이면서 객관적인 문장으로 쓸 필요까지는 없다. 쉬운 문장으로 잘 읽히도록 쓰는 것이 더 중요하다.

초록과 주제어

학위논문에서는 초록과 주제어를 따로 만들지 않는 경우도 있지만, 학술지 논문에서는 지금 이 두 가지가 필수적인 게재요건으로 되어 있다. 게다가 국문과 외국어로 각각 만들어야 한다(학술지에 따라서는 독어, 불어, 일어 등 다른 외국어는 허용되지 않고 오로지 영어만 가능한 것으로 정해놓은 데도 있으니 미리 알아봐야 한다).

국문과 외국어초록은 학술지 지면 기준으로 한 면을 넘지 않도록 하는 것이 좋지만, 그렇다고 열 줄이 안 될 정도로 분량이 너무 적어 논문 개요를 파악하기 어렵게 만들면 안 된다. 역시 학위논문초록과 마찬가지로, 논문의 결론부분을 그대로 옮겨 적을 것이 아니라 다른 표현으로 다시 한 번 논문을 요약해서 쓰는 것이 바람직하다.

주제어(키워드, 검색어, 색인어, 핵심어)는 흔히 다섯 개 안팎으로, 역시 우리말 단어와 외국어 단어로 각각 만들어야 한다. 이는 독자가 인터넷 학술자료 사이트에서 관심주제를 검색할 때 이용하는 단어라고 보면 된다. 어떤 단어를 넣었을 때 자기 논문이 검색되도록 하는 것이 좋은지 독자 입장에서 생각하여 주제어를 선별해야 한다. 예를 들어 '진술거부권'을 주제어로 할 때, 많은 독자들에게 더 친밀한 '묵비권'도 함께 넣는 것이 좋다.

우리말 주제어와 외국어 키워드를 반드시 일 대 일로 정확하게 대응하여 만들어야 하는 것은 아니다. 이때도 외국인들이 어느 영어단어를 넣어 검색할 것인지를 짐작해보아야 한다. 예를 들어 '공수처'를 주제어로 하고자 할 때, 없는 영어단어를 억지로 창조해낼 필요는 없으며, 'Investigation of corruption(비리 수사)' 정도로 키워드를 만드는 것이 더 유용할 것이다.

학위논문의 이용

　박사학위논문을 이용하여 학술지 논문으로 만드는 것은 연구윤리에 문제가 없다고 말했다. 그렇지만 학술지 게재용 논문의 양과 질에 맞도록 다시 고쳐서 써야 한다. 연구자 중에는 무책임하게도 학위논문의 한 부분을 떼어다가 그대로 게재심사를 받겠다고 제출하는 사람이 있다. 학술지에 싣기에는 분량이 턱없이 많은 경우도 있고, 서술도 정갈하지 않은 데다가 각주도 복잡하게 보이게 되면 게재가능 판정을 하기가 어려워진다. 때로는 전체 학위논문 목차를 그대로 둔 채 본문을 대폭 요약하여 학술지에 게재하고자 하는 경우도 있는데, 그렇게 되면 목차가 너무 많고 요약글 모양이 되어 논문의 속성에서 멀어진다. 학위를 방금 마쳤다고 하더라도 시간을 내어 원하는 학술지에 나와 있는 논문들을 읽어보고 분위기파악을 먼저 해야 한다. 그에 맞게 다시 쓰고 형식도 정돈해서 제출해야 한다.

　박사학위논문을 쓴 이후에 취업을 원하는 연구자들은 학술지 논문 개수가 급하게 필요한 때가 있다. 그렇지만 조심하자. 이때에 학술지에 낸 논문들이 박사학위자의 인상을 좌우하는 수가 있음을. 학위논문을 찾아서 다 읽어볼 사람은 극히 드물기 때문에, 대부분은 초창기의 학술지 논문을 통해 신진학자의 학문성을 알게 된다. 그런데 논문의 수량을 채우기 급급하여 심사숙고가 결여된 글들을 양산하게 되면, 논문편수는 채우게 되겠지만 그로부터 빚어지는 좋지 않은 이미지 또한 그 연구자의 몫이 된다는 점을 간과해서는 안 된다.

　과정을 마친 후 학술지 논문의 개수가 필요한 것도 사실이므로, 가장 바람직한 방법은 박사학위논문을 다 써갈 때에, 또는 써놓고 나서 출판을 전후로 학술지 논문을 위해 학위논문과 다른 주제를 떠올려 미리 준비를 해놓는 것이다. 앞에서 이야기한 것처럼 논문테마가 될 만한 주제들을 정리해두었다면 큰 도움을 받을 수 있다. 그리고 아주 의외로, 석·박사시절 대학원수업을 겪으며 만들어 둔 페이퍼 가운데 좋은 소재가 있을 수도 있다. 잊혀지고 있던 그것들을 다시 한 번 열어서 확인해보자.

학술지 선택

논문 작성이 어느 정도 이루어졌으면, 게재하고 싶은 학술지를 정한다. 학술지마다 개성이 뚜렷하기 때문에 어떤 학술지에 투고를 할 것인지 신중하게 생각해야 한다. 법학에서는 매우 많은 전공분야, 많은 기관에서 학술지를 발간하고 있다. 학술지의 개수는 아마 독자들이 상상하는 것보다 훨씬 많을 것이다. 투고할 데가 없어서 고민하는 사람은 거의 없다.

학술지는 크게 세 종류로 나뉜다. 우선 특정한 전공의 학술단체에서 발간하는 것으로서 예를 들면 '공법연구(한국공법학회)', '민사법학(한국민사법학회)', '형사법연구(한국형사법학회)'와 같은 것들이 있다. 다음으로, 대학 이외의 기관이 발행하는 학술지는 상대적으로 실무가들이 많이 본다. '저스티스(한국법학원)', '인권과 정의(대한변호사협회)', '법조(법조협회)' 등이 여기에 해당한다. 마지막으로 대학에서 발행하는 학술지는 '고려법학', '연세법학' 같은 식이다.

연구재단등재(후보)지인지 아닌지는 중요하지만, 그 밖에는 어느 학술지에 투고하는 것이 좋다고 이야기할 수 없다. 학술지 사이에 우열이라는 것이 형식적으로는 없기 때문이다. 다만 학위를 방금 마친 신진학자라면, 대학이 발간하는 학술지에만 논문을 게재하는 것이 바람직하지 않다는 이야기를 할 수는 있다. 특정 전공의 학술지는 전국의 많은 전공자의 손에 들어간다. 법조인들이 많이 보는 학술지도 그러하며, 실무와 학문이 의사소통을 하는 통로로서 가치도 있다. 그런데 대학의 학술지는 대체로 그 대학에 소속된, 또는 관계된 학자들만 관심을 갖는 것이 보통이다. 아무래도 더 많은 전문가들이 읽어줄 때에 논문의 효용이 커질 것이므로 전자의 두 학술지를 외면하는 것은 좋지 않다고 생각한다. 신진학자가 자신의 존재를 알리려는 목적이 있다면 더욱 그렇다. 전통적으로 유명한 전공학술지에 글을 한 번 게재하는 것이, 학회마다 사람들을 만나 인사하는 것보다 낫다. 가장 나은 것은 저명한 학회에서 학술발표를 하는 것이다. 발표할 기회가 생기면 용기 있게 나서볼 것을 권한다.

학술지 논문을 읽는 사람들

전문 학술지가 거의 없었던 과거에는, 고시잡지에 게재된 논문은 주로 학생들이, 기념논문집 같은 데에 실린 글은 주로 학자들이 읽는 것으로 생각했다. 학술지를 많이 만드는 지금은 이렇게 나누기 어려울 것이다. 전문학술지여서 기성학자들만 읽을 것이라고 생각할 수 없다. 이제 교과서도 간소하게 추려지는 경향이 있고, 논의가 더 생략된 '시험용 요약집'으로 공부하는 학생도 많다. 그렇기에 앞으로는 특히 중요하다고 생각하거나 관심을 갖는 주제를 발견한 실무가나 학생들이 학술지 논문을 찾는 일도 많아지지 않을까 생각한다. 그렇다면 장차 학술지 논문의 독자 폭이 좀 더 넓어질 것을 감안해볼 필요도 있다. 물론 교과서에 나오는 수준까지 일일이 다 서술할 필요까지는 없을 것이다. 분량 제한도 있기 때문이다. 그렇지만 '이 정도는 다 아는 이야기'라고 생략하고 싶은 내용이라도 자기 말로 새롭게 설명하여 더 많은 독자가 같이 논의를 따라올 수 있도록 쓰는 친절함이 점점 더 필요한 상황인 듯하다.

마음가짐

연구자가 '양적 평가'에서 점수를 제대로 얻기 위해서는 일정한 요건을 갖춘 학술지에 게재를 해야 한다. 그 요건은 한국연구재단이 심사한다. '등재지', '등재후보지'가 그 요건을 갖춘 학술지에 붙는 타이틀이다(이 둘의 차이는 크지 않으나, 드물게 차등을 두는 경우도 있다). 그러니 이 자격을 확보한 학술지에는 많은 저자들이 논문을 내고 싶어 하지만, 자격을 획득하지 못한 학술지는 투고자들이 부족한 편이다. 학술단체는 저자로부터 논문심사비 및 논문게재비를 받는 것이 일반적인데, 등재(후보)지가 아닌 학술지에 게재하면 저자가 원고비를 받는 경우도 있다.

그렇기 때문에 '등재(후보)지'라는 형식적 요건을 획득하는 것, 그리고 그 자격을 유지하는 데에 학술지와 학술단체의 관심이 집중되는 것은 자연스러운 일이다. 그 요건심사에서 가장 중요한 표지가 바로 '논문게재율'이다. 논문게재율은 저자들이 논문을 투고한 개수를 분모로 하고 실제 게재된 논문의 수를 분자로 하여 계산한다. 낮을수록 심사가 까다로운 것이므로, 더 제대로 된 학술지라는 인상을 심어주게 된다. 일정 비율 이하로 일정 기간 이상 지속되어야 등재(후보)지의 타이틀을 획득하고 유지할 수가 있다.

이 설명이 길어진 이유가 있다. '논문게재심사에서 탈락되어도 실망하지 말라'는 것이다. 학술지를 만드는 기관의 고충에 따라 일정부분 논문은 반드시 탈락시켜야만 한다. 논문의 완성도가 떨어지는 것만으로 탈락률을 채우지 못하는 때도 많기 때문에 그냥 임의적으로 '게재불가'로 분류되는 원고도 있다고 들었다. 그럴 때에는 심사위원들의 이야기를 참고하여 더 완벽하게 만들어서 다음에 투고하든지, 다른 학술지에 투고하면 된다.

이 모든 게 논문의 양적 평가로 연구자의 능력을 가늠하는 현실에서 비롯된 것이다. 법학분야는 그래도 등재(후보)지를 많이 확보하고 있어서 저자들의 글이 영원히 빛을 못 볼 가능성이 높지 않아 다행이다. 그렇게 투고하고, 평가하고, 탈락되고, 게재되는 그 많은 논문들이 결국에는 우리 법문화를 조금이라도 낫게 만드는 데에 기여하리라고 보는 것이, 그저 막연한 기대만은 아니길 바란다.

학문의 목적

지금껏 이 책은 진지하게 학문을 하여 논문을 잘 써보기 위한 내용을 적고 있었다. '과연 그런가', '왜 그런가'가 중요하다고 하였으니, 마지막으로 한번 물어보고 싶다.

그렇다면 '우리는 왜 학문을 하는가?'

만약 학위를 따기 위해서라고 한다면 '왜 학위를 따야 하는가'라고 물어보자. '학술지에 논문을 게재하고자 하는 이유'도 물어볼 수 있다. 이 물음들은 '왜 밥을 먹어야 하는가'와 다르고 '부모에게 왜 효도해야 하는가'와도 같지 않다. 대부분의 사람들은 굳이 학문을 하여 글을 쓰지 않아도 된다고 생각하고 있을 것이다.

더 그럴 듯한 직업이나 직위를 얻기 위해서 학문을 하려는 사람들이 많다. 다른 이들은 공부가 재미있기 때문에 시작했다고 말한다. 이제 학문활동의 후반전에 막 들어선 나로서도 정답을 찾았다고 말할 수는 없다. 그렇지만 공부를 하는 보람이 어디에 있는지 정도는 이제 어렴풋이 알 수 있을 것 같기도 하다.

학문하는 사람, 즉 끊임없이 '과연 그럴까, 왜 그럴까'를 묻는 사람은 진리를 만나기가 참으로 어렵다. 당연히 사실이라고 믿어야 하는 존재도 없고, 묻지 않고 지켜야 하는 당위도 없다는 것을 알게 되기 때문이다. 그러나 쉽게 진리를 받아들이지 못하는 운명이 그렇게 불행한 것은 아니다. 따지지 않고도 믿게 된 쉬운 내용은 실상 가짜 사실, 헛된 규범일 수도 있을 텐데, 우리는 바로 학문의 과정을 통해 아까운 가치를 그들에게 부여하는 것을 중단할 수가 있기 때문이다. 그 결과, 즉 학문을 한 보람으로서 우리는 '자유'에 더 가까이 다가서게 된다.

지금도 한번 더 물어보자. 사실이라고 주장되는 말 가운데 진리로 받아들일 만한 것이 무엇인지. 그리고 지금 자신을 둘러싸고 있는 규범들 가운데 '왜 지켜야 하는지'를 진지하게 물었을 때 가치를 유지할 것은 무엇인지⋯⋯. 무의미한 것을 덜어내는 이러한 학문의 습관 덕분에 우리 실존은 아주 가뿐해질 수가 있다. 이 책을 읽는 모든 독자들이 어느 순간, 진정한 공부가 가져다주는 진짜 자유를 큰 호흡으로 들이켜볼 수 있기를 바란다.

　지금까지의 이야기를 '어떻게 논문을 써야만 한다'는 규범으로 여긴다면 이 책이 오히려 자유를 찾는 데에 걸림돌이 될 것이다. 논문을 쓰는 요령에 대해서 말하고 있지만, 결국 옳은 학문의 방법을 찾도록 안내하는 역할을 하게 된다면, 독자들이 자유의 길로 접어드는 데에 조금이나마 기여하지 않을까 생각한다. 어쩌면 그렇게 될 수도 있을 것이라는 기대를 가져보니, 나 자신이 처음 순간 물었던, '과연 이 책을 써야 하는가'라는 질문에 대해서도 이제 조금은 긍정적인 답을 하면서 글을 마칠 수 있을 것 같다.

약어표시

이 책에 나오는, 또는 법학논문을 읽을 때 반복되는 중요한 약어는 다음과 같다.

영미문헌

art.	article (법조문의 '조')
c. 또는 ch. 또는 chap.	chapter (법률의 장)
cf. 또는 cfr.	confer (~을 참조)
ebd.	ebenda (같은 저자의 같은 책. 독일문헌에서도 쓰임)
ed.	edition (책의 몇 '판') editor (편집자)
et al.	et alii/alia (… 등. 이외의 저자)
e.g. 또는 ex. 또는 per es.	exempli gratia (예를 들어)
Ibid.	ibidem (같은 저자의 같은 책. id.라고 쓰기도 함)
i.e.	id est (즉, 말하자면)

infra	(아래라는 뜻의 접두어. 아래를 보시오)
op. cit.	opere citato (같은 저자의 책. 바로 앞에 다른 저자의 문헌이 있는 경우)
p.	page (쪽)
para.	paragraph (법조문의 '항')
passim	(여기저기. 이미 언급되어 있어 어디인지 명시할 필요가 없을 때)
prtg.	printing (자료의 몇 '쇄')
pt.	part (장. 절)
reg.	regulation (법조문의 '조')
rev.	revised (개정(판))
s. 또는 sec.	section (법조문의 '조')
Sched.	Schedule (법률의 효력일)
supra	('앞에, 위에' 반대말은 infra)
viz.	videlicet (말하자면, 정확하게)
vol.	volume (몇 '권')
vs.	versus (~에 반대하여, ~對)

독일문헌

a. a. O.	am angegebenen Ort (같은 저자의 앞에서 표시한 곳)
Abs.	Absatz (법조문의 '항')
Art.	Artikel (법조문의 '조')
AT	Allgemeiner Teil (총칙; 총론)

Aufl.	Auflage (책의 몇 '판')
Bd.	Band (권)
BGH	Bundesgerichtshof (연방대법원)
BT	Besonderer Teil (각칙; 각론)
BVerfG	Bundesverfassungsgericht (연방헌법재판소)
BVerfGE	Entscheidung(en) des Bundesverfassungsgerichts (연방헌법재판소의 결정)
ders.	derselbe (같은 저자)
f.	folgende Seite (그 다음 페이지)
ff.	fortfolgende Seiten (그 다음 페이지들)
Fn.	Fußnote(n) (각주)
Hrsg.	Herausgeber (편집자)
Kap.	Kapitel (장(章))
Rn.	Randnummer (페이지 옆의 숫자: 방주 번호)
S.	Seite(n) (쪽, 페이지)
u. a.	und andere/unter anderem (… 등. 이외의 저자)
vgl.	vergleiche (…를 참조하라)
z. B.	zum Beispiel (예를 들어)
zit.	zitiert (인용됨)

참고한 자료

박창원/김성원/정연경, 논문 작성법, 이화여자대학교출판부, 2013

정병기, 사회과학 논문작성법, 서울대학교출판문화원, 2013

Bänsch, A./Alewell, D., Wissenschaftliches Arbeiten, 10. Aufl., Oldenbourg, 2009

Berger, D., Wissenschaftliches Arbeiten in den Wirtschafts- und Sozialwissenschaften. Hilfreiche Tipps und praktische Beispiele, Gabler, 2010

Beyerbach, H., Die juristische Doktorarbeit. Ein Ratgeber für das gesamte Promotions- verfahren, Vahlen, 2015

Boeglin, M., Wissenschaftlich arbeiten Schritt für Schritt. Gelassen und effektiv studieren, 2. Aufl., C. F. Müller, 2012

Booth, W./Colomb, G./Williams, J., The Craft of Research, 3. ed., 2008 [양기석/신순옥 역], 학술논문작성법, 제3판, 나남, 2014

Brink, A., Anfertigung wissenschaftlicher Arbeiten. Ein prozessorientierter Leitfaden zur Erstellung von Bachelor-, Master- und Diplomarbeiten, 4. Aufl., Springer, 2013

Ebster, C./Stalzer, L., Wissenschaftliches Arbeiten für Wirtschafts- und Sozialwissen- schatler, 3. Aufl., C. F. Müller, 2008

Eco, U., Wie man eine wissenschaftliche Abschlußarbeit schreibt, 13. Aufl., C. F. Mueller, 2010 [김운찬 역], 움베르토 에코의 논문 잘 쓰는 방법, 열린책들, 2014

Esselborn-Krumbiegel, H., Richtig wissenschaftlich schreiben, Wissenschaftssprache in Regeln und Übungen, 2. Aufl., C. F. Müller, 2012

Frank, N./Stary, J., Die Technik wissenschaftlien Arbeitens. Eine praktische Anleitung, 16. Aufl., C. F. Müller, 2011

Heppner, P. P./Heppner. M. J., Writing and Publishing Your Thesis, Dissertation & Research [유미숙/김혜진/조유진/진미경/최명선 역], 논문의 저술에서 출판까지, 시그마프레스, 2008

Kornmeier, M., Wissenschaftlich schreiben leicht gemacht. Für Bachelor, Master und Dissertation, 5. Aufl., C. F. Müller, 2012

May, Y., Kompaktwissen. Wissenschaftliches Arbeiten. Eine Anleitung zu Techniken und Schriftform, Reclam, 2011

Pospiech, U., Wie schreibt man wissenschaftliche Arbeiten? Alles Wichtige von der Planung bis zum fertigen Text, Duden, 2012

Preißner, A., Wissenschaftliches Arbeiten. Internet nutzen – Text erstellen – Überblick behalten, 3. Aufl., Oldenbourg Verlag, 2012

Rossig, W. E., Wissenschaftliche Arbeiten, 9. Aufl., Berlin Druck · Achim, 2011

체크리스트

　　논문을 작성하는 중에 또는 다 되었다고 생각하는 때에 다음의 사항을 염두에 두면서 하나씩 점검해봐도 좋을 것이다.

목차	☐ 논문이 다루는 대상이 정확히 드러나는가? ☐ 일반론과 구체적인 결론이 모두 포함되어 있는가? ☐ 목차구성이 독자의 생각흐름을 따라서 진행되는가? ☐ 목차가 너무 잘게 쪼개어져 있지 않은가?
서론	☐ 논문주제에 대한 구체적인 문제제기가 있는가? ☐ 연구필요성과 연구범위를 밝히고 있는가? ☐ 연구방법 및 논문진행방식을 밝히고 있는가? ☐ 논문내용에 대한 호기심을 불러일으키는가?
본론	☐ 기존연구의 논의가 빠짐 없이 분석되어 있는가? ☐ 기존연구와 사견의 다른 점이 드러나는가? ☐ 사견이 다른 논의와 주장에 기대어 있지 않고 분명하면서 구체적인가? ☐ 사견에 대한 반론가능성 및 재반론이 포함되어 있는가? ☐ 모든 문장이 자신이 소화한 자신의 언어로 이루어져 있는가?
결론	☐ 기존연구와 자신의 견해가 명확하게 요약되어 있는가? ☐ 서론의 문제제기에 대한 답이 분명히 드러나는가?
형식	☐ 학위논문 필요형식(참고문헌목록, 목차 등)이 모두 잘 갖추어져 있는가? ☐ 문법이 맞지 않는 문장이나 오탈자를 모두 수정하였는가? ☐ 꼭 필요한 곳에 각주가 있는가? ☐ 각주나 참고문헌목록의 표기방식은 모든 문헌에서 통일적인가? ☐ 각주와 참고문헌에 있는 자료가 서로 일치하는가? ☐ 논문의 모든 부분이 읽기에 편하도록 단정한 모양을 갖추고 있는가?

정리 기록 예 (자료목록, 엑셀, 본문 103페이지 관련)

	Verfasser	Titel (evtl. unvollständig)	Quelle	Ordnernumme	Abteilur
1	Verfasser	Titel (evtl. unvollständig)	Quelle	Ordnernumme	Abteilur
2	Abegg, J. F. H	Über die Verjährung rechtskräftig erkannter Strafen	Buch 1862	37	D
3	Achenbach, H	Prävention von Unfällen und soziale Kontrolle im Bereich der industriell	Aufgeklärte Kriminalpolitik	XXII	AT,RP
4	Achter, Viktor	Geburt der Strafe	Buch 1951	38	D,ST
5	Adomeit, K	Die Mauerschützenprozesse - rechtsphilosophisch	NJW (1993)	XXVII	D
6	Adomeit, K	Rechts- und Staatsphilosophie I Antike Denker über den Staat 3.Aufl.	Buch 2001		ST,P
7	Adomeit, K	Rechtstheorie für Studien	Buch 1990		RT
8	Agamben, G	Homo sacer (U)	Buch 1995		P
9	Agamben, G	Il Tempo che resta (U)	Buch 2000		P
10	Agamben, G	Che cos'e un dispositivo? (U)	Buch 2008		P
11	Agamben, G	Profanazioni (U)	Buch 2005		P
12	Agamben, G	Mezzi senza fine: Note sulla politica (U)	Buch 1996		P
13	Agamben u. a.	Democratie, dans quel etat? (U)	Buch 2009		P
14	Agamben, G	Stato di eccezione (U)	Buch 2003		P
15	Alangbe, T	Naissance d'une Nation (U)	Buch 2001		P,U
16	Albert/Popper	Briefwechsel	Buch 2005		P
17	Albrecht, D	Deutsche Wiedervereinigung und strafrechtliche Verjährung - eine Überblick	KJCCL (2002-3)	XXVII	D
18	Albrecht, D	Verfolgungsvejährung und DDR-bezogene Straftaten - Keine Aussicht auf ein Ende der Ausseina	GA (2000)	XIII	D
19	Albrecht, P-A	Das Bundesverfassungsgericht und die strafrechtliche Verarbeitung von Systemunrecht - eine d	NJ (1997)	XXXIII	D
20	Albrecht, P-A	Das Strafrecht Zugriff populistischer Politik	StV (1994)	VIII,XVII	RP
21	Albrecht, P-A	Das Zugriff des Strafrechts auf die Kriminologie	FS-Wolff (1998)	IX	KP
22	Albrecht, P-A	Entkriminalisierung als Gebot des Rechtsstaat	KritV (1996)	X	RP
23	Albrecht, P-A	Jugendkriminalität	Buch		KP
24	Albrecht, P-A	Kriminologie	Buch 1999		KP,D
25	Albrecht, P-A	Spezialprävention angesichts neuer Tätergruppen	ZStW (1985)	XI	RP,KP,ST
26	Albrecht/Backes(h)	Verdeckte Gewalt	Buch 1990		RP
27	Albrecht/Kadelbach	Zur strafrechtlichen Verfolgung von DDR-Außenspionage	NJ (1992)	XXXII	D
28	Albuquerque, P.A. de M	Funktionen und Struktur der Rechtsprechung im demokratischen Rechtsstaat in normen- und s	Buch 2001	15	P
29	Albuquerque, P.P. de	Ein unaustrottbares Mißverständnis(Jakobs Schuldbegriff)	ZStW (1998)	XVIII	AT,ST
30	Alexander, J	Twenty Lecture - Sociological Theory	Buch 1987		S
31	Alexy, R	Begriff und Geltung des Rechts	Buch 2002	49	P,D
32	Alexy, R	Begriff und Geltung des Rechts (U)	Buch 2000		RP
33	Alexy, R	Mauerschützen	Buch 1993	XXXVII	D
34	Alexy, R	Theorie der Grundrechte	Buch 1985		RT
35	Alexy, R	Theorie der Grundrechte (U)	Buch 2007		RT
36	Alexy, R	Theorie der juristischen Argumentation	Buch 1991		P
37	Alexy, R	Theorie der juristischen Argumentation (U)	Buch 2007		RT
38	Alexy, R	Walter Ulbrichts Rechtsbegriff	RuP (1993)	XXIX	P
39	Allfeld, P	Lehrbuch des Deutschen Strafrechts(Teil)	Buch 1922	XXI	P
40	Allgayer, P	Rechtsfolgen und Wirkungen der Gläubigeranfechtung	Buch 2000		RT
41	Ambos, K	Der Allgemeiner Teil des Völkerstrafrechts	Buch 2002		D
42	Ambos, K	Cesare Beccaria und der Folter	ZStW (2010)	L	KP,P
43	Ambos, K	Internationales Strafrecht	Buch 2006		D,AT
44	Ambos, K	Nuremberg revisited	StV (1997)	XXXIII	D
45	Ambos, K	Zur Bekämpfung der Makrokriminilität durch eine supranationale Strafgerichtsbarkeit	Aufgeklärte Kriminalpolitik	XXII	RP,D
46	Amelung, K	Der frühe Luhmann und das Gesellschaftsbild bundesrepublikanischer Juristen	FS-Lüderssen (2002)	XXX	P
47	Amelung, K	Der Rechtsschutz gegen strafprozessuale Grundrechtsbegriffe und die Rechtsprechung zur Aus	StV (2001)	XVIII	SP
48	Amelung, K	Rechtsgüterverletzung und Sozialschädlichkeit	Recht und Moral	I	RT
49	Amelung, K	Rechtsschutz gegen strafprozessuale Grundrechtseingriff	Buch 1976	XXXVI	SP
50	Amelung, K	Strafbarkeit von "Mauerschützen" - BGH, NJW 1993. 141	JuS (1993)	XXVII	D
51	Amelung, K	Strafrechtswissenschaft und Strafgesetzgebung	ZStW (1980)	VI	RP
52	Amelung, K	Zum Streit über die Grundlagen der Lehre von den Beweisverwertungsverbot	FS-Roxin (2001)(S)	XXXVIII	SP
53	Amelung, K	Zur Theorie der Freiwilligkeit eines strafbefreienden Rücktritts vom Versuch	ZStW (2008)	XLVI	AT
54	Amiel, H. F	Fragments d'un journal intime (U)	Buch 2005		U,P
55	Ancel, M	La Defense Sociale Nouvelle (U)	Buch 1985		KP
56	Anderson, B	Imagined Communities (U)	Buch 1991		P,U
57	Aoi, M	Die sogenannten verdecken Lücken - Typenjurisprudenz contra Begriffsjurisprudenz?	FS-Arth.Kaufmann 70GT.	XV	P
58	Archbold	Criminal Pleading, Evidence and Practice	Buch 2008		SP
59	Arendt, H	The Origins of Totalitarianism I, II (U)	Buch 1979		P
60	Arendt, H	Zwischen Vergangenheit und Zukunft (U)	Buch 1958		P
61	Aristoteles	Nikomachische Ethik	Buch 1969		P,D
62	Aristoteles	Nikomachische Ethik (U)	Buch 1984		P
63	Arndt, A	Die Zeit im Recht	NJW (1961)	XXXIV	D
64	Arndt, A	Zum Problem der strafrechtlichen Verjährung	JZ (1965)	XIII	D
65	Arndt, C	Wiedervereinigung und Ostgrenzen Deutschlands	ZRP (1989)	XXIX	RP,U
66	Arnim, H. H. v.	Finanzierung der Politik	ZRP (1989)	XXIX	KP
67	Arnio, A	Das Regulative Prinzip der Gesetzausregung	Rechtstheorie (1989)	X	P
68	Arnold, J	"Normales" Strafrecht der DDR?	KritV (1994)	XVI	D
69	Arnold, J	Bundesverfassungsgericht contra Einigungsvertrag	NJ (1997)	XXVII	D
70	Arnold, J	Die "Bewältigung" der DDR-Vergangenheit vor den Schranken des rechtsstaatlichen Strafrechts	Vom unmöglichen Zustand	XVI	D
71	Arnold, J	Die Berücksichtigung der systemimmanaten Auslegung des DDR-Rechts	wistra (1994)	XVI	D
72	Arnold, J	Strafgesetzgebung der systemimmanaten Auslegung als Mittel der Politik in der ehemaligen DDR	Deutsche Wiedervereinigun	XVI	D
73	Arnold/Kühl	Probleme der Strafbarkeit von "Mauerschützen"	JuS (1992)	XVI	D
74	Arzt, G	Amerikanisierung der Gerechtigkeit, Die Roll des Strafrecht	FS-Trffterer (1996)	VII,VIII	RP

C21 | Das Zugriff des Strafrechts auf die Kriminologie

Sheet1 Sheet2 Sheet3

저자는 고려대학교 법과대학에서 학부와 대학원을, 독일 베를린대학(Humboldt Universität zu Berlin)에서 박사과정을 마쳤다. 독일 막스플랑크 연구소에서 연구원, 가톨릭대학교 법학부에서 교수로 일한 경력이 있고, 지금은 고려대학교 법학전문대학원과 자유전공학부의 교수로 재직하고 있다. "국가형벌권의 한계로서 시간의 흐름(Zeitablauf als Grenze des staatlichen Strafanspruchs, Frankfurt a. M., u. a., 2005)"이라는 논문으로 박사학위를 취득하였으며, "죄형법정주의의 근본적 의미", "법개념요소의 법비판작용" 등 여러 편의 글을 발표하였다. 저서로서 「형사소송법」과 「형사정책」을 배종대 교수와 함께 썼다. 2013년에는 "actio libera in causa: 형법 제10조 제3항의 단순한 해석"이라는 논문으로 한국형사법학회로부터 정암학술상을 받았다.

제3판
법학논문작성법 법학의 연구방법과 학문적인 글쓰기

초판발행	2014년 7월 25일
제2판발행	2016년 2월 20일
제3판발행	2020년 8월 20일
중판발행	2024년 11월 13일

지은이	홍영기
펴낸이	안종만·안상준

편 집	이승현
기획/마케팅	조성호
표지디자인	조아라
제 작	고철민·김원표

펴낸곳	(주) **박영사**
	서울특별시 금천구 가산디지털2로 53, 210호(가산동, 한라시그마밸리)
	등록 1959. 3. 11. 제300-1959-1호(倫)
전 화	02)733-6771
f a x	02)736-4818
e-mail	pys@pybook.co.kr
homepage	www.pybook.co.kr
ISBN	979-11-303-1078-7 93300

copyright©홍영기, 2020, Printed in Korea

정 가   18,000원